잘 통하는
보고서 작성의
비밀

지은이 임영균

기획 및 보고서 작성 분야에서 활동하며 LG디스플레이, LG에너지솔루션, 한화그룹, KT&G, 현대자동차, 현대백화점그룹, 현대글로비스, 한국타이어, 오리온, 한국항공우주산업, 기타 대학, 공공기관 등에 출강하며 1년에 200회 이상 강의 활동을 하고 있다. 틈틈이 블로그나 브런치에 글을 쓰며 대중들에게 보고서를 주제로 자신의 생각을 전파하고 있다.

연세대학교 교육학 학사
(현) 갓기획 대표
(전) 이음컨설팅 그룹 상무
(전) 캐논코리아 기획팀 파트장
(전) 한국능률협회 선임연구원

블로그 blog.naver.com/kingkayg123
브런치 brunch.co.kr/@kingkayg123

1,000만 직장인을 위한 성공적인 보고서 작성의 4가지 조건
잘 통하는 보고서 작성의 비밀

초판 1쇄 발행 2025년 07월 04일

지은이 임영균 / **펴낸이** 전태호
펴낸곳 한빛미디어(주) / **주소** 서울특별시 서대문구 연희로2길 62 한빛미디어(주) IT출판1부
전화 02-325-5544 / **팩스** 02-336-7124
등록 1999년 6월 24일 제25100-2017-000058호 / **ISBN** 979-11-6921-396-7 13320

총괄 배윤미 / **책임편집** 장용희 / **기획** 박지수 / **교정** 강민철
디자인 표지 박정우 내지 윤혜원 / **전산편집 · 일러스트** 김보경
영업마케팅 송경석, 김형진, 장경환, 조유미, 한종진, 이행은, 김선아, 고광일, 성화정, 김한솔 / **제작** 박성우, 김정우

이 책에 대한 의견이나 오탈자 및 잘못된 내용은 출판사 홈페이지나 아래 이메일로 알려주십시오.
파본은 구매처에서 교환하실 수 있습니다. 책값은 뒤표지에 표시되어 있습니다.
홈페이지 www.hanbit.co.kr / **이메일** ask@hanbit.co.kr

Published by HANBIT Media, Inc. Printed in Korea
Copyright © 2025 임영균 & HANBIT Media, Inc.
이 책의 저작권은 임영균과 한빛미디어(주)에 있습니다.
저작권법에 의해 보호를 받는 저작물이므로 무단 복제 및 무단 전재를 금합니다.

지금 하지 않으면 할 수 없는 일이 있습니다.
책으로 펴내고 싶은 아이디어나 원고를 메일(writer@hanbit.co.kr)로 보내주세요.
한빛미디어(주)는 여러분의 소중한 경험과 지식을 기다리고 있습니다.

머리글

지난 5년간 보고서 관련 강의를 하면서 본격적인 교육을 시작하기 전에 빠뜨리지 않는 활동이 하나 있습니다. 바로 '보고서란 무엇입니까?'라는 질문을 던지고 교육생들에게 딱 다섯 글자로 답하게 하는 5자 토크입니다. 간단한 활동이지만 이 질문을 통해 강의장의 분위기를 풀고 동시에 '보고서'라는 단어에 담긴 교육생들의 생각을 엿볼 수 있습니다.

이때 가장 흔하게 나오는 답변은 이렇습니다.

**간결한원칙, 핵심만간결, 한눈에쏙쏙, 한장으로끝,
상사맞춤형, 논리적설득, 빼기의기술**

보고서의 이상적인 모습이라고 할 수 있습니다.

가끔은 웃음을 자아내는 답도 있습니다.

성형전얼굴 → 고쳐도 고쳐도 끝이 없다는 뜻입니다.
모아니면도 → 운이 좋으면 통과되고, 운이 없으면 반려된다는 의미입니다.
최최최최종 → 끝도 없이 고쳐야 한다는 뜻입니다.

하지만 교육 중에 가장 많이 나오는 답변 유형은 다음과 같습니다.

**어차피까임, 답정녀상사, 잘해야본전, 데드리프트, 나만아니면,
전임자모방, 복사붙이기, 반려가생활, 안쓰면안돼?**

조금은 씁쓸하고 피하고 싶고 어딘가 두려움이 담긴 표현들입니다. 보고서라는 단어에 '부담', '스트레스', '자신 없음'이 자연스럽게 따라붙는 현상은 어쩌

면 이 시대 직장인들의 고충을 반영한 현실이라고 생각합니다.

이런 분들께 저는 영화 〈사이코〉와 〈새〉로 유명한 스릴러 영화의 거장, 알프레드 히치콕 감독의 말로 위로를 전하고 싶습니다.

공포는 알지 못하는 것에서 나온다.

사람이 무엇을 두려워하는 이유는 결국 그것을 모르기 때문입니다. 보고서도 마찬가지라고 생각합니다. 무엇을 써야 할지, 어떻게 써야 할지, 왜 써야 하는지 몰라서 피하고 싶은 것이죠. 모르기 때문에 무섭고, 피하고 싶고, 손대기 싫은 것입니다. 보고서에 대한 막연한 두려움과 회피 본능은 결국 '모른다'는 감정에서 시작됩니다.

이는 마치 자전거를 처음 탈 때 느끼는 감정과 비슷하다고 생각합니다. 자전거를 처음 탈 때를 떠올려보면 페달을 밟기도 어렵고, 중심을 잡는 것도 쉽지 않고, 넘어지지 않을까 어디에 부딪히진 않을까 두려움이 앞섭니다. 자전거 타는 방법을 모르기 때문이죠. 하지만 한 번만 제대로 배우고 나면 어느 순간부터는 의식하지 않아도 속도와 방향을 조절할 수 있고 풍경을 즐기며 자전거를 탈 수 있게 됩니다.

보고서도 마찬가지라고 생각합니다. 처음엔 목차를 잡고 문단을 구성하고 문장을 쓰는 일이 어색하고 막막하게 느껴질 수 있습니다. 하지만 단 한 번만 제대로 쓰는 방법을 익혀두면 그다음부터는 논리와 흐름이 자연스럽게 연결되고 어느 순간부터는 '보고서 쓴다'는 생각조차 없이 글이 써집니다. 그때부터 보고서는 더 이상 두렵거나 피하고 싶은 대상이 아닙니다. 그 순간부터 보고서는 '괴물'이 아니라 내 생각을 움직이는 '무기'가 됩니다.

요즘은 시대가 변해서 AI가 보고서를 대신 써주고 우리의 생각까지 대변해주는 시대입니다. 하지만 문서의 구조를 이해한 사람만이 AI가 쓴 초안을 다듬고 스스로의 생각을 설득력 있게 표현할 수 있습니다. AI가 문장을 대신 써준다 해도 문장 표현의 원리를 아는 사람만이 그게 맞는지 틀린지 검증할 수 있습니다.

도구는 계속 진화합니다. 앞으로 AI 기술이 어디까지 발전할지는 아무도 알 수 없습니다. 하지만 '무엇을 쓸 것인가'는 여전히 사람의 몫이라고 생각합니다. AI가 초안을 써줄 수는 있어도 맥락을 파악하고 강조할 메시지를 고르고 최종 판단자의 시선을 예측해 조율하는 일은 당신이 해야 할 일입니다.

이 책은 그 일을 돕기 위한 책입니다. AI가 대신 써준 보고서가 아니라 AI를 활용해서 보고서를 쓰는 능력을 키우는 데 일조하길 기대합니다. 두렵고 막막하고 질려 있던 보고서라는 두려움 앞에서 "이 정도면 괜찮게 썼다."고 자신 있게 말할 수 있는 순간이 오길 희망합니다.

2025년 7월
갓기획 대표 **임영균**

목차

머리글 ·· 4
PROLOGUE 보고서, 최종 퍼즐을 맞추다 ·· 14

CHAPTER 01 잘 통과되는 보고서 개론

LESSON 01 보고서 작성의 어려움 ·· 20

LESSON 02 보고서가 까이는 백만 스물한 가지 이유 ······························ 24
　　　❶ 뭐가 많긴 많은데, 그래서 하고 싶은 말이 뭐야? ····················· 25
　　　❷ 앞뒤가 하나도 안 맞잖아 ··· 26
　　　❸ 뭐 이리 중언부언이야? ··· 26
　　　❹ 지금 소설 쓰냐? 근거 있는 이야기야? ································· 26
　　　❺ 무슨 말인지 하나도 모르겠어 ··· 26
　　　❻ 나보고 이걸 다 읽으라고 가져온 거야? ································ 27
　　　❼ 뭐가 이리 애매모호해? 하겠다는 거야, 말겠다는 거야? ··············· 27
　　　❽ 뭐가 이렇게 내용이 많아? 내가 알아야 하는 게 뭐야? ················ 27
　　　❾ 기본은 좀 지키자 ··· 28
　　　❿ 이건 내가 지시한 내용이 아닌데? ······································ 28

LESSON 03 통하는 보고서의 4가지 조건 ·· 29
　　　❶ 보고서의 작성 목적을 확인하라 ·· 30

목차

❷ 보고서의 문장은 상대방의 입장에서 생각하라 · 30
❸ 보고서의 내용은 낱개가 아닌 덩어리로 묶자 · 31
❹ 시각적 표현력으로 상대방의 머릿속에 그림을 그리자 · · · · · · · · · · · · · · · · 32

CHAPTER 02 보고서의 유형

LESSON 01 직장인 3대 보고서 유형 · 36
　　　　보고서는 '왜' 작성하는가? · 36
　　　　직장인 보고서 유형 세 가지 · 38

LESSON 02 형식은 달라도 본질은 같다 · 42
　　　　목차는 달라도 본질은 동일하다 · 42
　　　　보고서의 유형을 관통하는 네 가지 구성 방법 3W 1H · · · · · · · · · · · · · · · · · 43

LESSON 03 결과 보고서, 장단을 맞춰서 쓰자 · 49
　　　　다시 정리해보는 보고서의 작성 목적 · 49
　　　　장단을 맞춰서 쓰는 보고서란 · 50
　　　　보고서를 업그레이드하는 세 가지 포인트 · 51

LESSON 04 현황 보고서, 예쁜 쓰레기를 만들지는 말자 · 56
　　　　보고서의 메시지에는 작성자의 의견이 보여야 한다 · · · · · · · · · · · · · · · · · · 56
　　　　현황 보고서에 포함되어야 할 내용은 무엇인가 · 58

LESSON 05 기획 보고서, 스토리와 논리로 무장하자 ································ 67
　　보고서계의 최고봉, 기획 보고서 ··· 67
　　❶ 기획 보고서의 스토리는 Why-What-How-So What으로 구성한다 ···· 70
　　❷ Why : 기획서의 도입부를 결론-이유-근거의 논리로 구성하자 ··········· 73
　　❸ What : 본문은 낱개가 아닌 덩어리로 정리하고, 강력한 한 줄로 마무리한다 ·· 78
　　❹ How : 실행 계획이 구체화되지 않으면 기획 보고서가 갈 곳이 없다 ········ 89
　　❺ So What : 기획 보고서의 마지막 방점, 실리를 강조하라 ················ 96

LESSON 06 기획 보고서, 세 가지 업그레이드 포인트 ··························· 110
　　❶ 제목이 열일한다 ··· 111
　　❷ 상사의 시간을 절약해주는 세 줄 요약의 기술 ···························· 114
　　❸ 기획 보고서의 추가 구성 요소 ·· 116

CHAPTER 03 보고서의 문장

LESSON 01 보고서 문장은 상대방 입장에서 생각하고 쓴다 ···················· 126
　　보고서의 시작이자 기초가 되는 문장 ······································ 126
　　❶ 보고서 문장은 명확하게 써야 한다 ···································· 129
　　❷ 보고서 문장은 쉬워야 한다 ·· 132
　　❸ 보고서 문장은 간결해야 한다 ·· 135

목차

LESSON 02 명확한 문장 표현의 기술 다섯 가지 ··············· 139
- ❶ 문장의 주요 성분 생략에 유의한다 ··············· 140
- ❷ 문장 성분 간의 호응에 유의한다 ··············· 142
- ❸ 문장은 한 번만 꺾어서 쓴다 ··············· 144
- ❹ 수식어의 위치를 명확하게 한다 ··············· 146
- ❺ 애매모호한 표현은 지양하고, 명확한 수치 표현을 쓴다 ··············· 148

LESSON 03 쉬운 문장 표현의 기술 다섯 가지 ··············· 154
- ❶ 전문 용어와 외래어 사용은 자제하자 ··············· 155
- ❷ 구와 절의 혼용은 피하자 ··············· 159
- ❸ 명사 뭉치기 표현은 지양하자 ··············· 161
- ❹ 문장 앞에 태그를 달아보자 ··············· 163
- ❺ 브리징 스킬로 문장과 문장의 연결성을 확보하자 ··············· 167

LESSON 04 간결한 문장 표현의 기술 다섯 가지 ··············· 171
- ❶ 문장 내에서 단어 중복을 피하자 ··············· 172
- ❷ 문장 내에서 의미 중복을 제거하자 ··············· 175
- ❸ 뱀의 다리는 제거하자, 사족과 같은 표현 ··············· 178
- ❹ 복잡한 글을 기호로 표현하자 ··············· 181
- ❺ 하이라이팅 표현으로 간결함을 더하자 ··············· 188

CHAPTER 04 보고서의 문단

LESSON 01 문단 정리 기술의 양대 산맥, 구조화와 피라미드 ·············· 192
　　　　　　문단을 정리하는 두 가지 방법 ································· 192

LESSON 02 구조화 사고 기법 세 가지 ································· 195
　　　　　❶ 자주 쓰는 구조화 패턴 세 가지 ································· 198
　　　　　❷ MECE 사고를 적용해보자 ····································· 201
　　　　　❸ 3의 법칙을 적용하자 ··· 203

LESSON 03 구조화 표현 기법 세 가지 ································· 207
　　　　　❶ 키워드형, 문장형, 결합형 패턴 ································· 208
　　　　　❷ 운율 맞추기 ··· 213
　　　　　❸ 영어 구조화 표현 ·· 216

LESSON 04 피라미드 구조 ① 주장-이유-근거 ························· 221

LESSON 05 피라미드 구조 ② 워드 보고서에 적용하기 ················· 227

LESSON 06 피라미드 구조 ③ PPT 보고서에 적용하기 ················· 234
　　　　　❶ 전체 내용은 한 장으로 간결하게 정리하자 ······················ 235
　　　　　❷ 전체 내용을 세 장으로 풀어 정리하자 ························· 237

목차

CHAPTER 05 보고서의 시각화

LESSON 01 보고서의 시각적 표현력 3대장 ········· 242
　　　　　상사의 우뇌를 공략하는 시각적 표현 방법 ········· 243

LESSON 02 보고서에 자주 쓰는 이미지 유형 네 가지 ········· 246
　　　　　보고서에 사진을 활용하는 방법 ········· 247
　　　　　보고서에 픽토그램을 활용하는 방법 ········· 251

LESSON 03 보고서에 자주 쓰는 도해화 패턴 네 가지 ········· 255
　　　　　❶ 테이블형 도해화 패턴 ········· 256
　　　　　❷ 프로세스형 도해화 패턴 ········· 262
　　　　　❸ 변화형 도해화 패턴 ········· 265
　　　　　❹ 계층형 도해화 패턴 ········· 267

LESSON 04 보고서에 자주 쓰는 차트 유형 아홉 가지 ········· 269
　　　　　❶ 비교를 나타내는 그래프 활용 기술 ········· 271
　　　　　❷ 추이를 나타내는 그래프 활용 기술 ········· 275
　　　　　❸ 비중을 나타내는 그래프 활용 기술 ········· 279

LESSON 05 차트 사용 고급 기술 ········· 287
  ❶ 뺄 것은 뺀다 ········· 287
  ❷ 더할 것은 더한다 ········· 289

EPILOGUE 정답이 없는 세계, 보고서 ········· 294

PROLOGUE

보고서,
최종 퍼즐을 맞추다

'나는 한 놈만 팬다'

오래된 한국 영화 〈주유소 습격사건〉에 나온 명대사이자, 제가 제일 좋아하는 말입니다. 제가 이 말에 왜 꽂혔는지는 아직까지 미스터리지만, 시시각각 제 인생에 끼어들고, 소소한 것부터 중요한 의사결정을 할 때마다 삶의 지침으로 삼고 있는 말입니다.

점심 먹을 식당을 정할 때도, 냉면이면 냉면, 김치찌개면 김치찌개 딱 하나만 파는 곳을 선택합니다. 일을 할 때도 이것저것 벌려 놓고 멀티 태스킹을 하지 않습니다. 딱 한 가지 일에만 집중합니다. 강의 분야를 정할 때도 리더십, 커뮤니케이션, 인간관계, 전략 등은 기웃거리지 않았습니다. 보고서 영역에만 발을 담그고 5년 동안 이 분야에서 강의하고 있습니다. 물론 한 놈만 패는 제 삶의 방식이 정답이라는 뜻은 아닙니다. 사람마다 각자의 방식이 있는 것이니까요. 다만 저는 이런 방식으로 일과 인생에 있어서 좋은 결과를 많이 만들어냈습니다.

책을 집필함에 있어서도 보고서 관련된 책만 집중해서 썼습니다. 때론 지인들이

"또 보고서 책이야?"
"신간 나왔다면서? 설마 보고서는 아니지?"
"아직 쓸 게 남아 있어?"

라고 장난 섞인 농담을 던져도, 저는 계속해서 한 놈만 패는 정신으로 보고서 관련 책을 꾸준히 써왔습니다. 《기획의 신》(2017, 스몰빅라이프)을 시작으로 《기획서 잘 쓰는 법》(2018, 스몰빅라이프), 《보고서의 정석》(2021, 소운서가), 《진짜 기획을 만나다》(2022, 소운서가), 《시선의 발견》(2023, 휴먼큐브), 《잘 읽히는 보고서 문장의 비밀》(2024, 한빛미디어)에 이르기까지 다양한 보고서 책을 집필했습니다. 책을 출간할 때마다 복잡했던 생각도 정리되고 뭔가 해낸 듯한 성취감을 느꼈습니다. 하지만 그 순간은 길지 않았습니다. 이내 '부족하다'라는 생각이 '잘했다'라는 생각을 밀어내고 반성과 후회의 시간이 이어졌습니다.

'이번 책엔 이런 게 좀 부족했네. 좀 더 고민하고 쓸걸.'
'이런 부분을 추가할 걸 그랬다. 왜 놓쳤을까?'
'A라고 써야 했는데, B라고 썼네. 망했네.'

책을 쓸 때는 완벽해 보였는데, 출간을 하고 나면 그제서야 빈틈이 보이고 부족함이 모습을 드러냈습니다. 보고서 구조에 집중하다 보니 보고서 표현을 다루지 못한 책도 있고, 사례만 늘어놓다 보니 실질적인 방법론이 부족한 책도 있습니다. 어떤 책은 PPT 보고서를 중점적으로 다루다 보니 워드(한글) 보고서를 놓쳤습니다. 책을 많이 쓰긴 했는데, 어느 한쪽에 치중되어 있거나 파편적

인 정보만 다룬 듯해서 못내 아쉬움이 컸습니다.

"Connecting the Dots"

스탠포드 대학 졸업식 축사, 스티브 잡스(Steve Jobs)

점을 하나로 이어서 연결하면 유의미한 선이 만들어지는 것처럼, 저도 보고서와 관련된 강의, 컨설팅, 프로젝트 등을 하면서 쌓인 수많은 점들이 하나로 이어졌던 것 같습니다. 그 점들이 모여 선으로, 선이 다시 면으로 만들어지며, 이 책의 페이지들을 채웠습니다. 그동안 이 책 저 책에 흩어져 있던 퍼즐 조각들이 비로소 이 한 권의 책에서 하나의 그림으로 완성되었다고 생각합니다.

이 책을 통해 보고서에 관한 한 장의 통합된 그림을 보여드릴 수 있을 것 같아, 다시 한번 보고서 책을 출간하게 되었습니다. 저는 이 책의 콘셉트를 '통합'이라고 생각합니다. 기획부터 보고서 작성까지, 구조부터 표현까지, 워드부터 PPT까지, 작성에서 보고 방법까지 빈틈을 놓치지 않기 위해 최선을 다했습니다. 한마디로, 보고서의 A to Z를 다루는 보고서 관련 종합 서적을 표방합니다.

다만 책의 수준은 전작들과 마찬가지로 최대한 쉽게 쓰려고 노력했습니다. 보고서도 어려운데 보고서를 가르치는 책이 어려우면 누가 이 책을 보겠습니까? 문장 표현이나 예시는 최대한 가볍고 쉬운 내용, 일상적인 내용을 활용했습니다. 여기에 더해 현업에서 도움이 될 수 있도록 실제 제가 작성한 보고서나 강의 중에 교육생들이 작성했던 보고서를 예시로 추가했습니다. 쉬운 예시를 통해 이론과 방법을 익히고, 실제 예시를 통해 '아 저렇게 적용하는 거구나'라는 통찰을 느낄 수 있기 바랍니다.

이런 의미에서 이 책은 크게 세 가지 효과가 있다고 생각합니다. 첫째, 보고서가 낯설고 보고서를 처음 작성해보는 분들께는 좋은 길잡이가 되어줄 것입니다. 쉬운 설명과 친근한 예시로 보고서 작성 방법을 쉽게 배우고 익힐 수 있습니다.

둘째, 보고서 작성 경험이 많거나 이미 잘 쓰는 분들은 그동안 암묵적으로만 알고 있었던 내용을 정리할 수 있는 기회가 될 것입니다. 아마 책을 읽으면서 '내가 쓰는 방식이 이런 이유 때문에 이렇게 쓰는 거였구나!'라고 느끼며, 보고서를 좀 더 체계적으로 작성하는 데 도움이 될 거라 생각합니다.

마지막으로, 소위 보고서 달인이나 더 이상 보고서를 쓰지 않고 검토하는 위치에 계신 분들께는 부하 직원에게 피드백을 하는 데 도움이 되는 책이 될 거라 생각합니다. 알음알음 알고는 있지만, 막상 설명을 하려면 말문이 막혔던 분들께 적절한 피드백 방법과 스킬에 대한 지침을 제공할 것입니다.

책을 꼭 앞에서부터 순서대로 볼 필요는 없습니다. 책의 전체 내용을 볼 필요도 없습니다. 보고서의 구조나 목차가 궁금하다면 CHAPTER 02를 보면 됩니다. 문장 표현이 부족하다면 CHAPTER 03을 보면 됩니다. 보고서 내용을 정리하는 데 어려움이 있었다면 CHAPTER 04를 보고, 체계적인 보고서 시각화 방법이 알고 싶다면 CHAPTER 05를 보면 됩니다.

이도 저도 아니라면, 그냥 책꽂이에 꽂아두고 필요할 때마다 꺼내 보는 보고서 반려 사전으로 활용해도 좋습니다. 각자 필요에 맞게 자유롭게 활용하시기 바랍니다.

책을 다 쓰고 이 책이 세상에 나오는 날, 저는 또 한 번 같은 생각을 하게 될 것 같습니다.

'아 내가 또 부족했구나.'

하지만 책을 쓰고 있는 지금 순간만큼은 보고서에 관한 모든 것을 꾹꾹 눌러 담아, 최대한 쉽고 재미있는 책이 될 수 있도록 진심을 다하고 있습니다. 부디 그 진심이 독자 여러분께 전해지길 바랍니다. 제가 완성한 이 퍼즐이 독자 여러분께서 보고서를 쉽고 빠르게 작성하는 데 도움이 되기를 희망합니다.

CHAPTER 01
잘 통과되는 보고서 개론

"내 보고서는 왜 까이는 걸까?"

LESSON 01
보고서 작성의 어려움

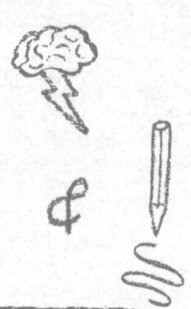

혹시 세상에서 제일 어려운 것 두 가지가 있다고 하는데 뭔지 알고 계신가요? 먼저 2위는 남의 주머니 안에 있는 돈을 내 주머니로 옮기는 일이라고 합니다. 이거 진짜 어렵습니다. 월급 받는 것, 아르바이트하는 것, 주식으로 수익을 내는 것 등 남의 주머니 안에 있는 돈을 내 주머니로 옮기는 일은 참 쉽지 않습니다. 그런데 이것보다 더 어려운 1위가 있습니다. 바로 내 머릿속에 들어있는 생각을 남의 머릿속으로 옮기는 일이라고 합니다. 어떤가요? 공감하시나요?

[세상에서 가장 어려운 것 두 가지]

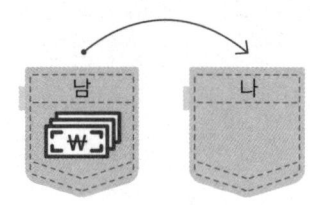

2위 : 남의 [주머니] 안 **돈**을 내 [주머니]로

1위 : 내 [머리] 속 **생각**을 남의 [머리]로

세상에 내 마음 같은 사람은 없습니다. 개떡 같이 말해도 찰떡 같이 알아들으면 좋으련만, 개떡 같이 말하면 개떡 같이 알아듣는 게 세상 이치입니다. 게다가 예전에 유명했던 CM송처럼 '말하지 않아도 알아요' 같은 일은 세상에 존재하지 않습니다. 머릿속 생각을 밖으로 꺼내지 않는 이상 상대방이 알아줄 리 만무합니다. 일단 밖으로 꺼내야겠죠. 이때 우리는 주로 두 가지 방법 '말'과 '글'을 활용합니다.

통상 '말'로 내 생각을 꺼내는 걸 '구두 보고'라고 하고, '글'로 내 생각을 꺼내는 것을 '보고서'라고 합니다. 여러분은 둘 중에 뭐가 더 어려우신가요? 아마 후자가 아닐까 생각해봅니다. 말은 일상에서도 많이 쓰고, 익숙한 방법입니다. 하지만 글은 자주 쓰지도 않고, 제대로 배워본 적도 없기에 늘 어렵고 부담스러운 일로 다가옵니다. 그래서일까요? 대한민국 직장인이라면 누구나 한 번쯤 이렇게 생각해보셨을 겁니다.

> '일만 잘하면 되지 보고서를 꼭 써야 되나?'
> '아이디어만 좋으면 됐지, 보고서까지 꼭 필요해?'
> '어차피 전부 형식적인 거 아니야?'
> '하는 일도 바빠 죽겠는데, 보고서까지 쓰는 건 진짜 최악이다.'

물론 누구나 충분히 할 수 있는 생각입니다. 사실 저도 한때는 그런 생각들로 충만했으니까요. 하지만 오랜 시간이 지나 돌이켜 생각해보니 다 의미 있고 도움이 되는 일이었다고 생각합니다. 그때는 몰랐지만 나이가 들고 경험이 쌓이니까 알게 되는 것들이 있더라고요.

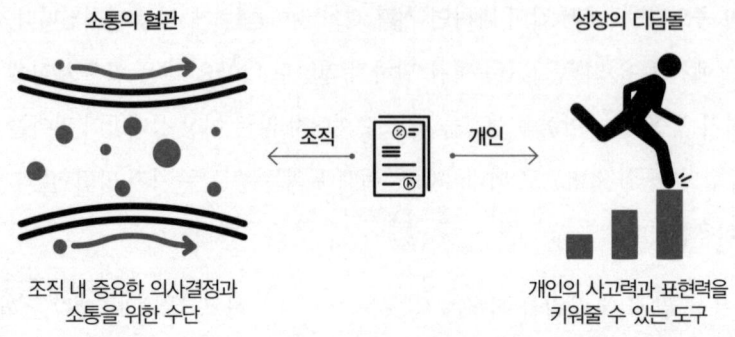

먼저 보고서는 조직 차원에서 의미가 있습니다. 보고서는 우리 몸의 혈관에 비유할 수 있습니다. 혈관을 통해 혈액이 몸 곳곳에 공급되어 몸이 정상적인 기능을 할 수 있는 것처럼, 조직 내 핵심 정보가 보고서를 통해 조직 곳곳에 공급되어 조직이 성과를 내고 성장할 수 있습니다.

경영진과 팀장에게는 신뢰성 있는 정보를 바탕으로 의사결정을 하는 데 필수 자료가 되며, 구성원에게는 기록된 문서로 동일한 내용을 공유할 수 있어 소통의 오류를 줄이고 협업을 수월하게 합니다. 또한 보고서는 주요 의사결정 사항과 업무 과정을 기록함으로써 향후 유사한 상황에 대비할 수 있는 지식 자산으로서 축적됩니다.

보고서는 개인에게도 의미 있고, 가치가 있는 일입니다. 보고서를 작성하는 과정에서 복잡했던 생각들이 정리되고 사고의 틀이 잡히며, 논리적으로 사고하는 능력이 향상됩니다. 무엇보다 보고자인 나와 보고 대상인 상사가 완벽히 다른 사람(?)임을 깨닫고, 이를 극복하는 과정에서 설득력이나 표현력이 개발됩니다. 물론 그 과정에서 극심한 스트레스가 발생하기는 하지만, 그 고통의 끝에는 분명 성장이라는 반대급부가 있기에 꽤 의미 있는 일이라고 생각합니다.

그러니까 지금부터는 생각을 바꿀 필요가 있습니다. 하기 싫은 일, 시켜서 하는 일, 쓸데없는 일이 아니라 개인과 회사의 성장을 위해 한 번쯤 도전해볼 만한 가치가 있는 일이라고 말이죠.

> 안 된다고 생각하면 핑계를 찾고,
> 된다고 생각하면 방법을 찾는다.
>
> 방송인 강호동

가치 있는 일에 도전하는 여러분께 조금이나마 도움이 되고자, 지금부터 본격적으로 보고서 작성에 관한 이야기를 시작해보려고 합니다. 제가 회사에서 했던 경험, 강의했던 내용, 출간했던 다양한 책의 내용을 토대로 어떻게 하면 보고서를 좀 더 잘 쓸 수 있을까를 전하고자 합니다.

단, 제가 하는 이야기가 정답은 아닐 수도 있습니다. 세상에 정답이 없는데, 보고서에 어떻게 정답이 있겠습니까? 다만 기획자로, 평가자로, 코치로, 컨설턴트로 활동하며 경험했던 다양한 사례를 토대로 세상에서 통용되는 보고서 작성에 대한 실질적인 방법을 제시하고자 합니다. 정답은 아니지만, 정답에 가까운 이야기가 될 거라고 생각합니다.

본격적인 시작에 앞서 진단이 필요합니다. 의사가 제대로 된 처방을 하려면 청진기나 CT 등으로 환자의 병을 진단하는 것처럼, 저도 사람들이 보고서를 쓰면서 하는 실수들, 오류들, 상사들이 지적하는 부분에 대한 진단을 해보려고 합니다. 아래 질문으로 시작해보도록 하죠.

'내 보고서는 도대체 왜 까이는 걸까요?'

LESSON 02
보고서가 까이는
백만 스물한 가지 이유

보고서가 중요한 것은 알겠는데, 보고서라는 녀석은 친해지기 꽤 어려운 녀석입니다. 가까이 하기에는 너무 먼 당신이랄까요? 친하게 지내고 싶지만, 보고서는 쓸 때마다 어렵고 불편한 일로 다가옵니다. 게다가 보고서가 한 방에 통과되는 일도 거의 없습니다. 오죽하면 내 보고서가 까이는 데는 백만 스물한 가지 이유가 있다고 할 정도로 상사들은 각양각색의 이유로 내 보고서를 공격해 옵니다.

[각양각색의 이유로 내 보고서를 공격하는 상사]

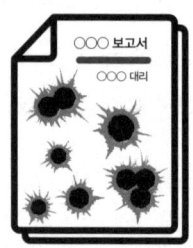

그중 가장 대표적인 피드백 10가지를 아래와 같이 정리해봤습니다.

[내 보고서가 까이는 10가지 이유]

① 뭐가 많긴 많은데, 그래서 하고 싶은 말이 뭐야?
② 앞뒤가 하나도 안 맞잖아.
③ 뭐 이리 중언부언이야?
④ 지금 소설 쓰냐? 근거 있는 이야기야?
⑤ 무슨 말인지 하나도 모르겠어.
⑥ 나보고 이걸 다 읽으라고 가져온 거야?
⑦ 뭐가 이리 애매모호해? 하겠다는 거야, 말겠다는 거야?
⑧ 뭐가 이렇게 내용이 많아? 내가 알아야 하는 게 뭐야?
⑨ 기본은 좀 지키자.
⑩ 이건 내가 지시한 내용이 아닌데?

조직의 환경이나 상사 스타일에 따라 다를 수는 있지만 위에서 살펴본 10가지 내용이 가장 보편적이고 빈도수가 많은 상사들의 공격 패턴입니다. 그렇다면 상사들은 왜 이런 피드백을 하는 것일까요? 좀 더 구체적으로 알아보도록 하겠습니다.

① 뭐가 많긴 많은데, 그래서 하고 싶은 말이 뭐야?

내용은 많은데 결정적인 한 방이 없는 보고서입니다. 이런 보고서에는 대부분 핵심이나 결론이 없는 경우가 많습니다. 현황이나 분석 결과는 잔뜩 있는데 상사가 그토록 원하는 '그래서 뭐?'에 대한 답이 없습니다. 사실을 기반으로 도출한 자신의 의견이나 결론을 추가해야 합니다.

② 앞뒤가 하나도 안 맞잖아

　보고서의 스토리가 부재하다는 뜻입니다. 여기서 스토리는 보고서의 흐름이자 맥락이라고 할 수 있는데요. 쉽게 말해서 A 다음에 B가 나오고 B 다음에 C가 나오는 순서를 의미합니다. A 다음에 C가 나오거나 전혀 쌩뚱맞은 '가'가 포함되는 보고서는 설득력이 떨어집니다. 보고서 수요자가 궁금해하는 내용과 그 순서에 맞게 보고서의 흐름을 정리해야 합니다.

③ 뭐 이리 중언부언이야?

　내용이 정리되어 있지 않거나 체계적이지 못한 보고서가 여기에 해당합니다. 틀을 가지고 생각을 정리해서 구조로 표현하는 능력이 요구됩니다. 구조화, 피라미드 구조 등의 정리 기법을 익혀서 보고서에 적용할 필요가 있습니다.

④ 지금 소설 쓰냐? 근거 있는 이야기야?

　보고서는 기본적으로 나의 생각을 담는 문서입니다. 하지만 상대방은 나와 생각이 다른 경우가 많습니다. 내 생각을 증명할 수 있는 근거가 필요합니다. 통계, 설문, 문헌, 전문가 의견, 사례 등을 통해 내 생각을 증명하는 습관을 가져야 합니다.

⑤ 무슨 말인지 하나도 모르겠어

　보고서에 쓰인 용어들이 어렵거나 문장이 복잡하게 꼬여 있다는 뜻입니다. 상사는 내 보고서를 보면서 많은 생각을 하고 싶지 않습니다. 쉽고 빠르게 내용을 파악하고 싶습니다. 이런 상사의 성향을 고려해서 보고서는 좀 더 명확하고 쉽고 간결하게 쓰는 것이 좋습니다.

⑥ 나보고 이걸 다 읽으라고 가져온 거야?

상사는 내 보고서를 다 읽고 싶은 마음이 없는 사람입니다. 한 번 쓱 보고 내용을 파악하길 원합니다. '읽히는' 보고서가 아니라 '보이는' 보고서를 쓰는 것이 좋습니다. 이미지, 도해화 표현, 차트 표현 등 시각적 표현력을 추가할 필요가 있습니다.

⑦ 뭐가 이리 애매모호해? 하겠다는 거야, 말겠다는 거야?

보고서의 내용이 구체적이지 못하다는 뜻입니다. '최선을 다하겠습니다, 열심히 하겠습니다'와 같이 누구나 할 수 있는 애매모호한 이야기만 담긴 보고서는 설득력을 얻지 못합니다. 좀 더 구체화할 필요가 있습니다. '영어 공부 열심히 하겠습니다'보다 '매일 아침 10시에 전화 영어 10분 하겠습니다'가 더 설득력 있게 느껴집니다.

⑧ 뭐가 이렇게 내용이 많아? 내가 알아야 하는 게 뭐야?

요약이 없는 보고서입니다. 때로는 10페이지 보고서보다 세 줄로 요약된 문장이 강력할 수 있습니다. 가장 중요한 내용이 뭔지, 상사가 꼭 알아야 하는 내용이 뭔지를 고민해서 요약하는 습관을 가져야 합니다. 요약이 어렵다면 핵심 메시지나 주요 정보에 일명 하이라이팅 기술을 적용해서 강조 표현을 하는 것도 좋은 방법입니다.

⑨ 기본은 좀 지키자

보고서의 기본적인 형식을 지키지 않았거나 오탈자, 수치 오류, 띄어쓰기, 간격 등 기초적인 실수가 포함된 보고서입니다. 조직에서 요구하는 형식을 반영하고 좀 더 꼼꼼하게 보고서를 검토한 후 제출해야 합니다.

⑩ 이건 내가 지시한 내용이 아닌데?

보고의 목적이나 상사의 의도를 잘못 파악하고 작성한 보고서입니다. 한마디로 헛다리 짚은 보고서입니다. 안타깝지만 이런 경우는 지구상에 수정 방법이 존재하지 않습니다. 처음부터 다시 쓰는 것만이 유일한 방법입니다.

이제 진단을 내렸으니 처방이 필요한 순간입니다. 처방전은 그리 복잡하지 않습니다. 위에 언급한 내용 외에도 적(상사)이 쏘는 무수히 많은 총알을 피해 적진(상사의 마음)에 깃발을 꽂을 수 있는 방법으로 네 가지 방법을 제시하고 싶습니다. 더도 말고 덜도 말고 딱 네 가지 조건만 갖추면 좋은 보고서를 쓸 수 있습니다.

LESSON 03

통하는 보고서의 4가지 조건

앞서 보고서가 까이는 여러 가지 이유에 대해서 살펴봤는데요. 한마디로 정리하면 보고서에 예의가 없기 때문이라고 생각해봅니다. 그래서 저는 보고서를 좀 4가지 있게 쓰면 어떨까 하는 생각으로 좋은 보고서의 조건을 아래 4가지로 제시해봅니다.

[4가지 있는 보고서]

① 보고서 작성의 목적을 알고 보고서의 성격에 맞게 목차를 구성한다.
② 보고서 문장은 상대방 입장에서 생각하고 쓴다.
③ 보고서 내용은 낱개가 아닌 덩어리로 묶어서 정리한다.
④ 시각적 표현력으로 상대방의 머릿속에 그림을 그려준다.

① 보고서의 작성 목적을 확인하라

보고서의 성격에 맞춰 유형별로 목차를 구성해야 합니다. 보고서를 써야 하는 상황이나 목적은 천차만별이겠지만 제가 생각하기에는 크게 두 가지로 정리할 수 있습니다.

[목적에 따른 두 가지 보고서 유형]

정보 전달 보고서	구분	의사결정 보고서
정보를 정리해서 상사를 이해시킴	목적	의견을 정리해서 상사를 설득시킴
객관적 사실 중심의 간결한 정보	주요 내용	사실을 토대로 한 생각과 의견
별 3.5개	난이도	별 5개

첫 번째 보고서 유형은 상사가 알고 싶거나 알아야 하는 정보를 사실 위주로 정리하는 보고서입니다. 사실을 중심으로 빠르고 간결하게 정리해서 상사를 이해시키는 게 주 목적입니다.

두 번째 유형의 보고서는 성격이 완전히 다릅니다. 사실을 토대로 추론한 생각과 의견을 중심으로 작성하는 보고서입니다. 정보 전달이 목적이 아니라 내 생각과 방법을 전달해서 상사를 설득하고 의사결정을 받아내기 위해 쓰는 보고서입니다. 내가 쓰는 보고서가 두 가지 유형 중 어디에 해당하는지에 따라 보고서의 목차나 포함될 내용이 달라집니다.

② 보고서의 문장은 상대방의 입장에서 생각하라

보고서의 문장은 내가 아니라 상대방 입장에서 생각하고 써야 합니다. 보고서 내용이 아무리 좋아도 그것을 표현하는 문장이 제대로 기술되어 있지 않으면 좋은 보고서라고 할 수 없습니다. 문장을 잘 쓰는 방법에는 여러 가지가 있지만 가장 중요한 원칙이자 본질은 상대방 입장에서 생각하고 쓰는 겁니다. 사람마다 사고 체계가 다르기 때문에 같은 문장을 보고도 서로 다른 해석을 하기 마련입니다.

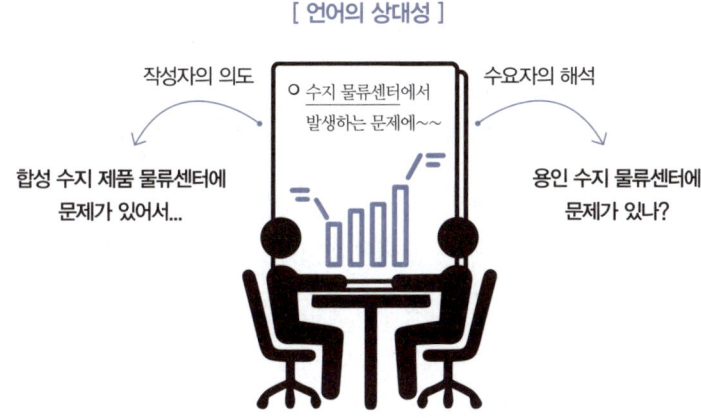

[언어의 상대성]

내 입장에서는 A라고 썼지만 상대방 입장에서는 A'나 B로 충분히 잘못 알아들을 수 있습니다. 그래서 보고서 문장을 쓸 때는 항상 상대방 입장에서 생각하고 상대방 입장에서 점검해보는 노력이 필요합니다.

③ 보고서의 내용은 낱개가 아닌 덩어리로 묶자

보고서의 문단은 낱개로 주절주절 늘어놓는 것이 아니라 덩어리로 묶어서 체계적인 구조를 보여줘야 합니다. 보고서의 문장은 쌓이고 쌓여서 하나의 문단을 이루게 됩니다. 이때 문단의 내용은 낱개로 흩어져 있는 것보다 일정한 규칙을 가지고 덩어리로 정리하는 것이 좋습니다. 아무리 좋은 내용도 흩어져 있으면 상대방 머릿속에 기억되기 어렵기 때문입니다.

낱개를 덩어리로 정리하는 기술에는 두 가지 방법이 있습니다. 일명 컴퓨터 폴더 정리법으로 불리는 '구조화 기법'과 인류 최고의 설득술이라고 불리는 '피라미드 구조'입니다. 이 두 가지 방법만 제대로 알고 적용하면 내 보고서는 보다 체계적으로 상대방에게 전달될 것입니다.

④ 시각적 표현력으로 상대방의 머릿속에 그림을 그리자

상대방이 다 읽어야 이해되는 보고서가 아니라 상대방의 머릿속에 그림이 그려질 수 있게 시각적 표현력을 더해야 합니다. 상사는 내 보고서를 다 읽을 시간도 없고 다 읽고 싶은 인내심도 없습니다. 한마디로 상사가 꾸역꾸역 오랜 시간을 들여 다 읽고 나서야 이해되는 보고서는 좋을 게 없다는 뜻입니다. 한 번에 쓱 보고 이해되는 보고서가 좋습니다. 구구절절 복잡한 텍스트 대신에 도형이나 차트, 이미지 등을 활용해서 그림처럼 정보를 전달해야 합니다.

[집 짓기와 보고서 작성의 유사성]

1. 설계 및 철골 구조
2. 벽돌 쌓기
3. 벽과 공간 형성
4. 색칠하기

1. 보고서 목적 및 유형
2. 문장 쓰기
3. 문단 구성하기
4. 시각화하기

보고서를 작성하는 과정은 집을 짓는 과정과 매우 유사합니다. 집을 지을 때 가장 먼저 하는 일은 설계를 하고 철골 구조를 세우는 일입니다. 마찬가지로 보고서를 쓸 때도 보고서의 목적에 맞게 어떤 내용이 들어가야 하는지 설계하고 목차를 구성해야 합니다. 이 내용은 CHAPTER 02 보고서의 유형에서 설명할 예정입니다.

철골 구조를 완성했다면 이제 하나하나 벽돌을 쌓아 올려야 합니다. 보고서도 문장 하나하나가 모여서 문단을 이루고 문서로 완성됩니다. 보고서의 시작이자 기초가 되는 문장 표현에 관한 내용은 CHAPTER 03 보고서의 문장에서 확인할 수 있습니다.

벽돌이 모여 벽이 되고 벽이 모여 하나의 공간을 완성합니다. 비슷한 원리로 보고서의 문장들이 모여 하나의 문단을 이루며 조금 더 체계를 갖추게 됩니다. 낱개의 문장을 문단으로 정리하는 방법은 CHAPTER 04 보고서의 문단에서 이야기할 예정입니다.

벽에 색을 칠하고 인테리어를 더해 집을 완성하는 것처럼 보고서에도 시각적 표현이 더해져 좀 더 가독성 높은 보고서로 거듭나게 됩니다. 마지막으로 보고서의 시각적 표현력을 높이는 방법은 CHAPTER 05 보고서의 시각화에서 다룰 예정입니다.

MEMO

CHAPTER 02

보고서의 유형

"보고서라고 다 같은 보고서가 아니다."

LESSON 01
직장인 3대 보고서 유형

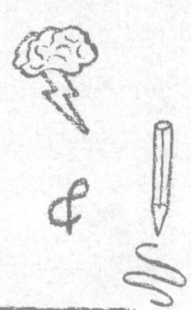

보고서는 '왜' 작성하는가?

　보고서 작성에 있어 모든 절차가 다 중요하지만 상대적으로 좀 더 중요한 절차가 있다면 그것은 바로 보고서 작성의 시작점이 아닐까 생각해봅니다. 상사에게 보고서 작성 지시를 받는 순간 혹은 스스로 보고서를 써야 한다고 판단하는 순간 상사의 '의도'가 무엇인지, 보고서를 '왜' 작성해야 하는지, 보고서 작성의 목적을 확인하는 과정이 가장 중요한 절차라고 생각합니다.

　하지만 말이 쉽지 상사의 의도나 보고서 작성의 목적을 파악하는 일이 생각보다 쉽지는 않습니다. 직접 물어보기도 애매하고 그렇다고 아무리 곱씹어봐도 '왜?'에 대한 답은 쉽게 떠오르지 않습니다. 그럼 어떻게 해야 할까요? 쉬운 접근 방법은 없는 것일까요?

저는 그 해답을 최근 유행했던 MBTI에서 찾을 수 있었습니다. 사실 지구 상에 존재하는 모든 사람은 개별 특성이 있고 성격은 천차만별입니다. 사람을 대할 때마다 그 사람의 성격을 일일이 파악하고 성격에 맞춰 대응하기가 쉽지 않습니다. 이때 혜성처럼 등장한 16가지의 MBTI 유형은 어떤 사람을 파악하고 대할 때 좀 더 쉬운 방법을 제공해주었습니다.

보고서 작성의 목적을 파악하는 일도 마찬가지라고 생각합니다. 건건이, 일일이 상사의 의도를 파악하고 보고서 작성의 목적을 확인하는 것이 가장 좋지만 이는 어렵고, 복잡하고, 때론 비효율적입니다. MBTI처럼 유형화된 틀을 가지고 파악해야 효과적입니다. 어느 정도는 자신만의 해석 기준이 있어야 한다는 뜻입니다. 지금부터 소개할 세 가지 보고서 유형이 답을 줄 수 있을 거라 생각합니다.

직장인 보고서 유형 세 가지

먼저 과거에 한 일을 정리하는 보고서를 **결과 보고서**라고 합니다. 어떤 일을 진행했는지 어떤 결과가 있었는지 등을 정리하는 보고서입니다. 성과 보고서, 종료 보고서, 결산 보고서, 평가 보고서, 출장 보고서 등이 이에 해당합니다.

두 번째는 현재 벌어지고 있는 상황이나 하고 있는 일을 정리한 보고서로 이를 **현황 보고서**라고 합니다. 내부 상황이나 외부 상황, 현재 진행하고 있는 업무나 프로젝트의 경과 등을 정리하는 보고서입니다. 검토 보고서, 동향 보고서, 벤치마킹 보고서, 시장 조사 보고서, 프로젝트 경과 보고서 등이 해당합니다.

마지막으로 단기, 장기에 관계없이 미래에 어떤 일을 하고자 할 때 쓰는 보고서를 **기획 보고서**라고 합니다. 목표 달성을 위해 해야 할 일, 문제 상황에 대한 대책, 새로운 시도를 하기 위해 쓰는 보고서입니다. 사업 기획서, 상품 기획서, 프로젝트 제안서, 대책 보고서 등이 해당합니다. 이를 표로 정리하면 다음과 같습니다.

[직장인 보고서 유형 세 가지]

구분	결과 보고서	현황 보고서	기획 보고서
내용	과거	현재	미래
정의	이미 수행한 일에 대한 보고서	현재 상황이나, 진행하고 있는 일에 대한 보고서	향후 수행할 일에 대한 보고서
종류	성과 보고서, 종료 보고서, 결산 보고서, 실적 보고서	검토 보고서, 동향 보고서, 트렌드 보고서, 시장 조사 보고서, 벤치마킹 보고서, 경과 보고서	대책 보고서, 전략 보고서, 개선 보고서, 사업 계획서, 제안서

물론 보고서의 유형을 세 가지로 딱 잘라 말하는 데는 한계가 있습니다. 마치 무지개 색깔이 정확하게 일곱 가지 색이 아닌 것과 같습니다. 다만 앞에서 알아본 바와 같이 어느 정도 틀을 가지고 정리할 필요가 있기에 보고서 유형을 크게 세 가지로 정리해봤습니다.

그럼 좀 더 명확한 이해를 위해 간단한 테스트를 진행해보도록 하겠습니다. 만약 아래와 같은 질문으로 상사가 여러분에게 보고서 작성을 요청한다면 어떤 보고서를 써야 할까요?

① 결혼하려면 어떻게 해?
② 결혼 생활 어때?
③ 결혼해봤더니 어때?

①번은 결혼을 하려는 방법에 대해서 묻고 있습니다. 미래에 어떤 일을 해야 할지를 정리해야 하는 보고서로 **기획 보고서**에 해당합니다. ②번은 결혼한

사람에게 결혼 생활은 어떤지 묻고 있습니다. 현재를 정리하는 **현황 보고서**가 적당합니다. ③번은 한 번 갔다가 돌아온 사람(?)에게 결혼해봤더니 어땠는지 과거의 일을 묻고 있습니다. **결과 보고서**를 작성해야 할 것입니다.

이제 실무 상황에 접목해보겠습니다. 아래와 같은 상사의 요청에 적합한 보고서 유형은 어떤 것일까요?

① 지난 주에 베트남 공장 출장 잘 갔다 왔어?
② 최근 ○○ 클레임 어떻게 대응할 거야?
③ 현재 매장 재고 상황은 어때?
④ 신제품에 대한 소비자 반응은 어때?
⑤ 최근 (경쟁사) A 업체에서 신제품 출시한 거 뭐 있어?
⑥ 최근 B2B 플랫폼 비즈니스 매출이 떨어지고 있는데, 좋은 방법 없어?
⑦ 한 달 전에 SNS 마케팅 진행한 거 효과가 좀 있었어?

이제 좀 감을 잡으셨나요? 아마 대부분 쉽게 맞췄을 거라 생각하고, 정답을 공개하겠습니다. 먼저, 과거의 일을 정리하는 **결과 보고서**는 ①번, ⑦번입니다. 이미 출장을 다녀왔고, 이미 SNS 마케팅을 진행했습니다. 과거에 끝난 일을 정리하면 됩니다.

③번, ④번, ⑤번은 현재 상황이나 하고 있는 일을 정리하는 보고서로 **현황 보고서**에 해당합니다. 작성 시점을 기준으로 현재 벌어지고 있는 내부 또는 외부의 상황을 정리하는 보고서입니다.

마지막으로 ②번, ⑥번은 미래에 해야 할 일을 정리하는 보고서로 **기획 보고서**에 해당합니다. 클레임에 어떻게 대처할지, 매출 증진을 위해 어떤 일을 해야 할지 정리해서 보고서를 써야 합니다.

[세상에 존재하는 보고서의 종류]

사업 계획서, 행사 기획서, 출장 보고서, 신제품 기획서, 홍보 기획서, 홍보 계획서, 프로젝트 결과 보고서, 제안서, 조사 보고서, 업무 보고서, 매출 현황 보고서, 클레임 현황 보고서, 소비자 동향 보고서, 경쟁 현황 보고서, 서비스 제안서, 상품 기획서, IT시스템 개발 기획서 외

세상에는 참 많은 유형의 보고서가 있습니다. 이 외에도 이름만 갖다 붙이면 다 보고서가 될 정도로 수많은 보고서가 있습니다. 건건이 목적을 파악하고 쓰기에는 다소 어려움이 있습니다. 이때 MBTI와 마찬가지로 결과 보고서, 현황 보고서, 기획 보고서로 큰 틀을 정하고 보고서 작성에 임한다면 보다 효율적이고 효과적으로 보고서를 작성할 수 있을 것입니다.

LESSON 02
형식은 달라도 본질은 같다

목차는 달라도 본질은 동일하다

지금까지 보고서 유형을 세 가지로 구분해 봤는데요. 여기서 다시 한 가지 고민이 이어집니다.

'보고서 유형별로 각각 다른 목차로 써야 돼? 너무 복잡한 거 아니야?'

이는 우리가 인정해야 할 부분입니다. I형인 사람과 E형인 사람을 대하는 방식이 다르듯이 보고서 유형이 다르면 당연히 목차가 달라질 수밖에 없습니다.

하지만 한 가지 다행인 사실은 유형별 보고서의 목차는 달라도 전체적인 흐름이나 스토리는 동일하다는 것입니다. 계란 라면, 떡 라면, 치즈 라면, 짬뽕 라면 등으로 수많은 라면이 있지만 라면의 본질은 결국 면과 국물로 구성되는 것과 같은 이치라고 생각합니다.

[종류는 달라도 본질은 하나]

본질은 면＋국물   본질은 Why-What-How-So What

보고서의 유형을 관통하는 네 가지 구성 방법 3W 1H

그렇다면 세 가지 유형의 보고서를 관통하는 본질이자 스토리는 어떻게 구성하면 될까요? 방법은 생각보다 쉽습니다. 상대방이 궁금해하는 내용에 착착 답해가는 순서로 작성하면 됩니다. 상대방이 머릿속에 띄우는 '?'에 나의 생각과 정보들을 결합해 '!'로 바꾸는 순서를 따르면 됩니다. 그럼 상대방은 내 보고서를 보면서 어떤 궁금증을 가질까요? 저는 네 가지라고 생각합니다.

[보고서의 스토리는 상대방의 궁금증에서 시작하고, 작성자의 대답으로 완성된다]

[상사의 머릿속에 뜨는 '?']
1. 왜 쓰는 건데?
2. 핵심이 뭐지?
3. 구체적으로 말해줄래?
4. 그래서 뭐 어떻게 되는데?

[내가 보고서에 담아내는 '!']
1. 왜 쓰냐면요 → Why
2. 핵심은요 → What
3. 어떻게 할 거냐면요 → How
4. 이렇게 될 겁니다→ So What

 나는 이게 궁금한데?
상사

 그래서 이렇게 답합니다.
직원

CHAPTER 02 보고서의 유형

예를 들어 친구와 싸우고 집에 돌아온 아이가 엄마에게 이야기하는 상황을 가정해보겠습니다. 보고서 유형으로 따지면 결과 보고서에 해당하겠네요. 아마 이 상황에서 엄마의 첫 질문은 이게 아닐까요?

엄마 : 이놈 시끼 너 **왜** 싸웠어?

아이 : (싸움의 이유를 밝힙니다.)

다음으로, 엄마는 싸움에서 무슨 일이 있었는지 궁금합니다.

엄마 : 아이구, 코피도 나고, 손도 긁히고 **무슨** 일이 있었던 건데?

아이 : (싸움 과정을 설명합니다.)

이제 엄마의 궁금증은 구체적인 내용으로 향합니다.

엄마 : **구체적으로** 말해봐, 누가 잘못했는데?

아이 : (좀 더 구체적으로 잘잘못을 따져봅니다.)

다 듣고 난 후, 엄마는 이제 앞으로의 결과가 궁금해집니다.

엄마 : 그래서 이제 **어떻게 되는 건데?**

아이 : (나중에 사과하겠다고 대답합니다.)

물론 아이의 싸움 과정과 보고서 작성 과정이 100% 일치한다고 할 수는 없지만 상사의 궁금증도 엄마의 궁금증과 크게 다르지 않습니다.

> '보고서는 왜 썼지?'
> '주요 내용은 뭐야?'
> '그래서 어떻게 하려고?'
> '앞으로 결과는 어떻게 되는데?'

아이가 엄마에게 보고했던 것과 마찬가지로 이 순서에 맞춰 보고서의 목차를 구성하면 됩니다. 이 보고서를 왜 쓰는지, 주요 내용은 무엇인지, 구체적으로 어떻게 진행되며, 그래서 향후 어떤 결과가 나올지 큰 틀을 Why-What-How-So What으로 가져가면 됩니다.

[모든 보고서에 통하는 3W 1H의 스토리 라인]

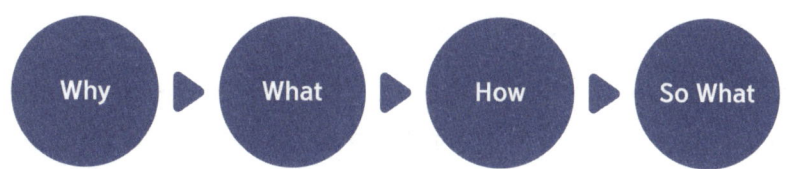

이때 Why-What-How-So What의 3W 1H는 보고서의 목차가 아닙니다. 보고서의 큰 틀이고, 얼개이며, 뼈대이자, 스토리입니다. 이 스토리 안에서 보고서 유형별로 목차를 구체화해서 보고서를 작성하면 됩니다.

	[결과 보고서]	[현황 보고서]	[기획 보고서]
Why 왜	왜 했는지? ■ 배경	왜 하는지? ■ 배경	왜 할 것이지? ■ 배경 ■ 현황
What 뭐	뭘 했는지? ■ 진행 내용 ■ 시행 결과	무슨 내용이지? ■ 조사 내용 ■ 진행 내용	뭘 할 거지? ■ 콘셉트 ■ 주요 특징 ■ 추진 과제
How 어떻게	어떤 의미가 있는지? ■ 주요 성과 ■ 개선 사항	어떻게 적용할 것인지? ■ 시사점 ■ 대응 방안	어떻게 실행할 것인지? ■ 실행 계획 ■ 일정, 조직, 예산
So What 그래서?	그래서 어떻게 할 건데? ■ 향후 계획	그래서 어떻게 할 건데? ■ 향후 계획	그래서 효과가 뭐야? ■ 목표 및 기대 효과

구체적인 목차 작성 방법은 다음 LESSON부터 설명하겠지만 우선 3W 1H가 적용된 간단한 보고서 예시를 확인해보도록 하겠습니다. 소개팅 앱 회사의 팀장이 직원에게 최근 성장하고 있는 VR 시장에 대한 조사를 지시해서 작성한 보고서입니다. 세 가지 보고서 유형 중 **현황 보고서**에 해당하는 내용으로 아래와 같이 Why-What-How-So What으로 정리할 수 있습니다.

소개팅 앱 VR 적용을 위한 시장 현황보고서

('24.03.02.서비스기획팀 김가동 대리)

□ **배경 (Why)**
  ○ 최근 VR(가상 현실) 기술 발전과 함께 다양한 분야에서 VR 활용이 급격히 증가하며 의료, 마케팅, 교육 분야에서 활용되고 있음
  ○ 당사 소개팅 어플에 몰입감 있는 가상 환경을 제공해 사용자 만족도와 매칭 성공률을 높임으로써 매출 향상 및 가입자 수 증대에 도움이 될 수 있음

□ **주요 내용 (What)**
  ○ 시장 현황
    - VR 시장은 2023년 약 20조 원 규모로 성장하였으며, 연평균 15% 이상 성장률을 보임
    - VR 기기 접근성과 사용성이 높아져 활용 범위가 점차 확대됨
  ○ 활용 분야
    - (의료) 의사와 간호사들이 가상 환경에서 수술 및 응급 상황을 연습함
    - (건축) 건축가들이 건물을 설계하고 미리 가상 환경에서 검토함
    - (게임) 사용자들이 가상 세계에서 실시간으로 상호작용함

□ **시사점 (How)**
  ○ **가상 프로필 체험**: 사용자가 가상 환경에서 상대방 프로필을 더 생동감 있게 체험
  ○ **VR 데이트 시뮬레이션**: 사용자가 가상 환경에서 다양한 데이트 시뮬레이션 경험
  ○ **소셜 VR 이벤트**: 가상 파티, 게임, 취미 활동 등 사용자가 교류할 수 있는 장 마련

□ **향후 계획 (So What)**
  ○ VR 콘텐츠 개발 및 테스트: 3개월 소요
  ○ 기술 인프라 구축 및 사용자 교육: 6개월 소요

3W 1H의 스토리에 대한 이해를 돕기 위해 간략하게 작성한 보고서지만 상사가 궁금해하는 내용에 착착 답하는 순서로 매끄러운 흐름이 만들어졌습니다. 갖출 건 갖추면서 논리적으로 자연스럽게 전개되는 보고서의 스토리가 완성되었습니다.

[형사가 가설을 세우고 범인을 잡듯, 보고서 유형을 결정하고 보고서를 쓰자]

이거 면식범의 소행이구만.

현황 보고서를 쓰면 되겠구나.

범죄물이나 미스터리 드라마를 보면 형사가 범인을 추적할 때 가설을 세우고 수사를 진행하는 장면을 볼 수 있습니다. '면식범일 거야, 우발 범죄일 거야, 연쇄 살인일 거야' 등으로 어느 정도 수사 방향을 정해야 수사가 급물살을 탑니다. 범인도 좀 더 빠르게 잡을 수 있습니다. 처음부터 모든 가능성을 열어 놓고 수사하면 속도는 더디고 시간만 질질 끌다가 범인을 놓칠 수도 있습니다.

마찬가지로 상사의 지시나 보고서가 '범인'이라고 가정하면 그 범인이 결과인지, 현황인지, 기획인지를 정하고 보고서를 써야 시간도 줄어들고 목적에 부합하는 보고서를 작성할 수 있습니다. 또한 범인 유형에 따라 수사 방법이 달라지듯이 보고서 유형별 목차를 이해하고 적용한다면 보고서라는 범인을 빨리 검거하고 보고서 작성 스트레스로부터 자유로워질 수 있습니다.

LESSON 03
결과 보고서, 장단을 맞춰서 쓰자

다시 정리해보는 보고서의 작성 목적

앞서 보고서를 작성하는 목적에 따라 '정보 전달을 위한 사실 중심의 보고서'와 '의사결정을 위한 의견 중심의 보고서'로 구분해봤습니다. 또한 보고서의 유형을 결과 보고서, 현황 보고서, 기획 보고서로 정리해봤습니다. 이 내용을 종합하면 아래와 같이 정리할 수 있습니다.

- 정보 전달을 위한 사실 중심 보고서 : 결과 보고서, 현황 보고서
- 의사결정을 위한 의견 중심 보고서 : 기획 보고서

이렇게 정리하고 보니 결과 보고서의 성격이 좀 명확해지는 것 같습니다. 결과 보고서는 정보 전달을 목적으로 과거에 있었던 '사실'을 정리하는 보고서입니다. 작성 시점을 기준으로 과거에 어떤 일들이 있었는지를 토대로 일목요연하게 정리하면 됩니다.

장단을 맞춰서 쓰는 보고서란

하지만 단순히 사실만 담고 있는 결과 보고서는 큰 의미가 없을 수 있습니다. 그래서 전문가들은 결과 보고서를 잘 쓰는 방법을 한마디로 정리해서 이렇게 이야기합니다.

> 장단을 맞춰서 쓰자.

장단을 맞춰서 쓰자는 말은 단순히 과거에 진행한 일을 사실 그대로 작성하지 말고 결과에 의미를 더해 장점과 단점을 함께 기술하자는 뜻입니다. 나아가 그 의미를 토대로 향후 어떤 일을 더 추진할 수 있는지 간략하게 향후 계획까지 작성하면 더 좋은 결과 보고서가 될 수 있습니다. 이를 목차로 정리하면 아래와 같습니다.

[결과 보고서 목차]
□ 배경
□ 진행 내용(시행 결과)
□ 주요 성과와 개선 사항
□ 향후 계획

먼저 배경(Why)에서는 보고서 작성의 목적을 기술합니다. 어떤 일을 진행한 이유, 진행 필요성, 일의 중요성 등을 언급하며 상대방이 보고서를 읽어야 할 명분을 제시합니다. 주요 내용(What)에는 일의 진행 과정과 사용한 예산, 인력 등을 기술합니다. 성과와 개선 사항(How)에는 일을 통해 얻은 유의미한 결과와 부족했던 사항을 정리합니다. 향후 계획(So What)에는 후속 조치 사항이나 향후 업무 방향성 등을 설명합니다.

보고서를 업그레이드하는 세 가지 포인트

지금까지 설명한 내용을 토대로 결과 보고서를 작성한다면 아래와 같이 작성할 수 있습니다. 직원들을 대상으로 기획력 향상 교육을 진행한 후에 작성한 교육 결과 보고서 예시입니다.

'24년 상반기 대리승진자 기획력 향상교육 결과보고서

(2024.06.04 인사팀 xxx 대리)

□ **배경**
  ○ 대리 승진자들의 기획 역량 강화를 위해 기획의 기본 개념부터 실무에 활용되는 도구까지 다양한 방법에 대한 습득을 위해 시행함

□ **진행 내용**
  ○ 일시: 2024년 6월 1일 ~ 6월 2일 (총 13시간)
  ○ 장소: 서울 본사 교육센터
  ○ 참가자: 대리 승진자 총 30명
  ○ 교육 내용:
    - 기획의 기본 개념과 중요성: 기획과 계획의 차이, 기획의 정의와 프로세스 외
    - 기획 방법론: SWOT 분석, SMART 목표 설정, Gantt 차트 작성법 외
    - 실습 및 사례 연구: 사례를 통한 기획 실습, 그룹별 모의 프로젝트 기획 발표
  ○ 예산: 강사료, 기자재 구입 외 총 320만원

□ **진행 성과 및 개선 사항**
  ○ (성과 1) 교육 만족도 조사 결과 현업에 매우 유용한 교육이라는 의견이 다수
  ○ (성과 2) 실무 적용에 필요한 도구 학습을 통해 향후 기획 문서 품질 향상 기대
  ○ (성과 3) 교육 중 그룹별 활동을 통한 상호 협업 능력 및 소통 능력 향상
  ○ (개선사항 1) 실습 시간 부족 및 구체적이고 개인별 맞춤형 피드백 부재

○ (개선사항 2) 교육이 본사에서 진행되어 교육생이 수시로 사무실에 다녀가거나 상사가 지시한 업무를 진행해서 일부 교육생의 교육에 대한 집중력 저하

□ **향후 계획**

○ 현업에서 필요한 기획 과제를 기획서로 작성해 보고 피드백을 통해 수정하는 교육 추가 시행 (~'24년 하반기)

진행한 일의 내용과 결과를 보고함에 있어 충분한 내용을 갖춘 결과 보고서가 만들어졌습니다. 그런데 여기서 끝이 아닙니다. 위 보고서를 천천히 뜯어보면 어딘지 모르게 허술하고 다소 부족해 보입니다. 아래 세 가지 방법을 통해 업그레이드할 필요가 있습니다.

[결과 보고서 업그레이드 포인트]

❶ 성과는 명확한 수치로
❷ 개선 사항은 대응 방안과 쌍으로
❸ 전체 결과를 세 줄 요약으로

첫째, 성과를 기술할 때는 애매모호한 표현보다 명확한 수치로 쓰는 것이 좋습니다. 예를 들어 교육 만족도를 설명할 때 '전반적으로 좋았다'라는 표현보다 '5점 만점에 4.7점의 만족도를 기록했다'가 더 좋은 표현입니다.

나아가 비교의 기술을 통해 4.7점에 대한 의미를 추가 설명하는 것도 좋은 방법입니다. 단순히 4.7점이라고 쓰면 상사 입장에서는 '이게 잘한 건가 못한

건가'라는 생각이 들 수 있습니다. '작년 만족도 4.2점에 비해 0.5점 향상' 등의 비교 표현이 추가되면 4.7점의 의미가 더 선명해집니다. 비교 대상은 내용에 따라 평균 전년도, 분기, 목표, 경쟁사 대비 등으로 작성할 수 있습니다.

둘째, 성과나 개선 사항을 기술할 때 단순히 'ㅇㅇ는 잘했다', 'ㅇㅇ가 부족했다'라는 표현보다는 성과를 낼 수 있었던 이유나 개선 사항에 대한 대응 방안을 함께 기술하는 것이 좋습니다.

성과 부분에 단순히 잘한 내용만 기술해놓으면 상사 입장에서는 '왜 잘된 건지' 그 이유가 궁금할 수 있습니다. 성과에 더해 성과를 낼 수 있었던 성공 요인을 함께 기술하는 것이 좋습니다.

개선 사항은 잘못한 부분이니 그렇게 된 원인을 찾아서 어떻게 대처할 것인지 방법까지 함께 기술하는 것이 좋습니다. 잘못된 점만 기술하면 상사 입장에서 '그래서 어쩌자고?'라는 의문을 제기할 수 있기 때문입니다. 찝찝하게 끝내는 것보다는 향후 이런 방법으로 대처가 가능하다는 내용을 함께 기술하는 것이 좋습니다.

셋째, 요약 기술문을 작성하는 것입니다. 사실, 결과 보고서는 이미 끝난 일을 정리하는 보고서이기에 상사 입장에서 개략적인 진행 내용을 알고 있는 경우가 많습니다.

이때 '왜 했고', '뭘 했고' 등으로 서두를 길고 장황하게 기술하는 것은 여러모로 비효율적입니다. 보고서 맨 앞쪽에 요약 기술문을 기재해서 상사가 핵심 내용을 먼저 파악할 수 있도록 하는 것이 좋습니다. 요약 기술문은 '뭘 했더니, 이건 잘했고, 이건 부족했다'의 세 가지 내용으로 구성하면 됩니다.

지금까지 설명한 업그레이드 포인트 세 가지를 반영한 결과 보고서를 확인해보도록 하겠습니다.

'24년 상반기 대리승진자 기획력 향상교육 결과보고서

(2024.06.04 인사팀 xxx 대리)

결과요약

6월 1일~2일까지 진행된 기획력 교육에 대리 승진자 30명이 참가하여, 4.9점의 높은 교육 만족도를 보임. 직원들의 기획 문서 품질 향상과 실무 적용에 도움이 되었지만, 실습 시간과 개별 피드백 시간이 부족했다는 한계가 있었음

□ 배경
- 대리 승진자들의 기획 역량 강화를 위해 기획의 기본 개념부터 실무에 활용되는 도구까지 다양한 방법에 대한 습득을 위해 시행함

□ 진행 내용
- 일시: 2024년 6월 1일 ~ 6월 2일 (총 13시간)
- 장소: 서울 본사 교육센터
- 참가자: 대리 승진자 총 30명
- 교육 내용:
  - 기획의 기본 개념과 중요성: 기획과 계획의 차이, 기획의 정의와 프로세스 외
  - 기획 방법론: SWOT 분석, SMART 목표 설정, Gantt 차트 작성법 외
  - 실습 및 사례 연구: 사례를 통한 기획 실습, 그룹별 모의 프로젝트 기획 발표
- 예산: 강사료, 기자재 구입 외 총 320만원

□ 진행 성과 및 개선 사항
- (성과 1) 교육 만족도 조사 결과 4.9점으로 전년 동일 교육 대비 0.5점 상승함
  → 사전 진단을 통해 현재 수준 및 교육 니즈를 정확하게 확인한 교육 설계
- (성과 2) 설문조사 결과, 현업 적용 및 실무에 도움이 된다는 응답 89%
- (성과 3) 교육 중 그룹별 활동을 통한 상호 협업 능력 및 소통 능력 향상
- (개선사항 1) 실습 시간 부족 및 구체적이고 개인별 맞춤형 피드백 부재
  → 교육 적정 인원을 산정하고 개별 노트북을 제공하여 실습에 최적화된 환경 구축
- (개선사항 2) 교육이 본사에서 진행되어 교육생이 수시로 사무실에 다녀가거나 상사가 지시한 업무를 진행해서 일부 교육생의 교육에 대한 집중력 저하
  → 교육 전 부서장에게 교육의 중요성을 공지하고, 참가자에 대한 업무 조정 시행

□ 향후 계획
- 현업에서 필요한 과제를 기획서로 작성하고 피드백 받는 교육 추가(~'24년 하반기)

처음에 작성한 보고서보다는 내용이 다소 길어졌지만 그 단점을 상쇄하고도 남을 충분한 가치가 더해졌습니다. 성과가 더 구체화되고 선명해졌으며, 개선 사항에 대한 대응 방안이 더해져 보고서가 탄탄해졌습니다. 요약 기술문으로 전체를 요약함으로써 상사의 시간과 노력을 줄여줄 수 있는 효과적인 보고서가 만들어졌습니다.

[굿거리 장단에 어깨춤이 들썩이듯, 보고서의 장단에 고개가 끄덕이게 하자]

자진모리 장단, 굿거리 장단, 휘모리 장단을 들으면 누구나 신이 나서 어깨들 들썩이기 마련입니다. 어깨까지는 아니지만 상사가 고개를 끄덕일 수 있도록 결과 보고서에 '장단'을 더해보는 건 어떨까요? 사실만 빼곡히 작성된 보고서보다 좀 더 흥미를 주는 보고서가 될 거라 확신합니다.

LESSON 04

현황 보고서, 예쁜 쓰레기를 만들지는 말자

현황 보고서를 잘 쓸 수 있는 방법도 여러 가지가 있지만 전문가들은 그 핵심을 한마디로 정리해서 이렇게 이야기합니다.

"예쁜 쓰레기가 되지 않도록 쓴다."

표현이 좀 과격하기는 하지만 현황 보고서를 잘 쓸 수 있는 방법을 표현함에 있어 이것만큼 적절한 표현은 없다고 생각합니다. '예쁜 쓰레기'라는 표현은 겉모습은 그럴듯해 보이지만 실질적인 기능이나 유용성은 부족한 물건이나 상황을 비유적으로 표현할 때 사용하는 말입니다.

보고서의 메시지에는 작성자의 의견이 보여야 한다

현황 보고서 중에 뭔가 여러 가지 내용이 있고 자료도 충분하지만 말하고자 하는 바가 불분명하거나 어떻게 활용해야 할지에 대한 판단이 서지 않는 보고서가 있습니다. 현재 상황에 대한 사실만 가득하고 이에 대한 작성자의 의견이나 시사점, 대응 방안 등이 포함되지 않은 보고서가 대표적입니다.

예를 들어 밀키트 판매 업체의 팀장이 김 대리에게 어느 날 이런 지시를 한다고 가정해보겠습니다.

> **팀장** : 김 대리, 최근 마라탕이 난리라면서? 다들 마라탕, 마라탕 하는데 도대체 어느 정도야? 김 대리도 먹어 봤나? 어디가 맛있지? 업계 1위는 어디야? 전체적으로 시장 조사 좀 해서 보고서로 작성해줘.

숨 쉴 겨를도 없이 다다다 몰아붙이는 팀장님의 지시에 일단 '넵' 하고 돌아섰지만 막막함이 몰려듭니다. 막막함을 달래기 위해 열심히 검색을 시작합니다. 구글도 검색하고, 각종 통계 사이트도 들어가보고, 기관이나 연구소에서 발행한 보고서도 검토합니다.

고생 끝에 낙이 온다고 보고서의 윤곽이 잡히기 시작합니다. 마라탕 시장 규모, 성장 추이, 주요 마라탕 업체, 소비자 반응 등을 보고서로 작성해서 가져갑니다. 한참 동안 보고서를 검토하는 팀장님은 애매한 표정을 짓더니 이런 반응을 보입니다.

> **팀장** : 김 대리, 그래서 뭐가 어떻다는 거예요? 하고 싶은 말이 뭔가요?
> **김 대리** : 네…??

당황한 김 대리는 '거기 다 쓰여 있잖아요!'라고 말하고 싶지만 꾹 참고 자리로 돌아가 고민에 빠질 수밖에 없습니다.

[예쁜 쓰레기가 된 현황 보고서]

도대체 뭐가 잘못된 걸까?

문제는 메시지야!
메시지 누락
(시사점, 대응 방안)

팀장님이 부정적으로 피드백한 이유는 김 대리의 보고서에 '메시지'가 없기 때문입니다. 메시지란 '사실'이 아닌 작성자의 '의견'으로, 보고서를 통해서 내가 말하고 싶은 핵심 주장입니다. 상사 입장에서는 '그래서 뭐 어쩌면 되는데?'에 대한 답이기도 합니다.

'마라탕 시장 현황 분석해서 알려줘'라는 상사의 지시에는 단순히 시장 규모가 어떻고, 성장세는 어떻고, 주요 플레이어는 누구이며, 고객 반응은 어떤지, 향후 전망은 어떤지 등을 정리하라는 의미만 있는 것이 아닙니다. 시장 분석을 통해 작성자가 생각한 시사점이나 자사에 미치는 영향력, 대응 방안 등을 함께 고민해서 작성해달라는 의도가 깔려 있습니다. 한마디로 사실을 정리하는 것은 기본이고 작성자의 의견을 함께 기술해달라는 것입니다.

현황 보고서에 포함되어야 할 내용은 무엇인가

그럼 이제 현황 보고서의 구성과 목차에 대한 답이 나온 것 같습니다.

[현황 보고서 목차]
- 배경
- 조사 내용(분석 내용)

- ☐ 시사점(대응 방안)
- ☐ 향후 계획

배경(Why)에서는 보고서를 작성하는 이유에 대해서 기술합니다. 이때 아래 내용과 같이 단순히 누군가의 지시에 의해서 작성한다든가 손바닥 뒤집기식으로 '조사가 필요해서 조사한다' 등의 내용은 지양하는 것이 좋습니다.

- 2020년 상반기 사장님 지시 사항에 따라 조사를 시행함
- 마라탕이 성장세라 시장 조사가 필요하므로 시장 조사를 진행함

좀 더 주도적이고 적극적으로 기술하는 것이 좋습니다. 이 조사가 '왜 필요한지, 우리 조직과 어떤 연관성이 있고, 어떤 도움이 되는지' 등을 진지하게 고민해서 작성해야 합니다.

- 현재 성장 중인 마라탕 시장을 분석해서 성공 요인을 분석하고 자사에 적용 가능한 방안이나 시사점을 도출하고자 함

조사 내용(What)은 다각적으로 정리하는 것이 좋습니다. 단순히 매출 현황을 정리할 때도 전체 매출뿐만이 아니라 제품별, 판매 채널별, 고객별 등으로 정리해야 보고서가 체계적으로 구성되며 상사가 궁금한 것이 줄어듭니다. 이때 시각적인 효과를 더하기 위해 표나 차트를 활용하면 상사가 내용을 파악하기가 수월해집니다.

시사점(How)은 현황 보고서에서 가장 중요한 부분으로 명확한 행동 메시지로 작성하는 것이 좋습니다. '~로 보임', '~라고 판단됨', '~인 것 같음', '~라고 생각함' 같은 표현은 모호하고 추상적이며 한 발 뒤로 빼는 표현입니다. 가급

적 사용을 자제하는 것이 좋습니다. 충분히 조사했고 고민했다면 '~가 필요함', '~를 도입해야 함', '~를 시행해야 함' 등으로 단호하게 쓰는 것이 좋습니다.

여기에 더해 명확한 근거를 포함해서 쓰는 것이 좋습니다. 주장은 의견이기 때문에 사람마다 생각이 다를 수 있습니다. '이게 맞는 건가? 꼭 해야 하나?'라는 상사의 의구심을 한 방에 날려버리기 위해서 내 주장을 정당화하고 객관화할 수 있는 근거 자료를 제시해야 합니다. 통계나 설문조사, 사례, 문헌, 전문가 의견 등을 통해 주장에 대한 신뢰를 확보해야 합니다.

향후 계획(So What)은 구체적으로 누가, 뭘, 언제까지 해야 한다는 내용을 시간 순서에 따라 개략적인 내용으로 작성하면 됩니다.

지금까지 내용을 토대로 김 대리의 최초 보고서를 수정한다면 이제 더 이상 팀장님 입에서 '그래서 뭐 어쩌자고?'와 같은 반응은 나오지 않을 것입니다.

매출 증진과 시장 확대를 위한 마라탕 시장 현황 보고서

(2022.12.20. 김민수 대리)

☐ **배경**

- ○ 독특한 향신료와 강렬한 매운맛, 맞춤형 재료 선택 가능성, SNS 와 미디어 홍보 효과로 20-30 대 젊은 층을 중심으로 마라탕 인기가 급상승하고 있음
- ○ 하지만, 시장이 오프라인 중심으로 형성되고 특정 지역(대도시)에 매장이 집중되어 지방 수요를 충족하는 데 한계가 있음
- ○ 또한, 최근 **간편식과 배달 수요 증가로 밀키트 시장 진입에 유리한 환경이** 조성되어, 마라탕을 밀키트에 적용한 신제품 출시로 당사 고객층 확대가 가능함

☐ **주요 내용**

- ○ 시장 현황: 매년 20% 성장하는 시장으로 현재 약 2천억 시장으로 추산되며, **20·30 대 고객 비중이 커서 40-50 대 중심의 당사 고객층 확대가 가능함**

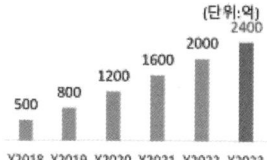
[5년간 마라탕 시장 추이]
(단위:억)

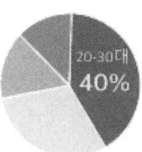
[주요 고객 비중]
20-30대 40%

○ 주요 프랜차이즈 업체: 시장 내 5개 업체가 시장을 형성하고 있으며, **각각 독특한 맛과 마케팅 전략**으로 시장에서 치열하게 경쟁하고 있음

브랜드	점유율	주요 특징	마케팅 전략
당화풍푸마라탕	42%	국물이 진하고 얼얼한 맛, 다양한 재료 선택 가능	SNS 마케팅, 지역 밀착 마케팅
라흥방마라탕	12%	육수의 깊고 풍부한 맛, 일관된 맛 유지	프리미엄 이미지 구축, 충성 고객 프로그램, 온라인 리뷰 관리
마라공방	9%	신선하고 고급스러운 재료, 친절한 서비스	고급화 전략, 체험 마케팅, 온라인 광고
소컴마라	18%	신선한 재료, 다양한 메뉴 옵션	메뉴 다양화, 할인 이벤트, 지역 사회 공헌
라쿵푸마라탕	11%	매운맛 조절 가능, 다양한 재료 선택 가능	커뮤니티 마케팅, 고객 피드백 반영

○ 기타 외식 트렌드: 마라탕 열풍 외에 **건강식**과 비건 음식 선호, **지역 특화 음식 활용, ESG 경영 실천** 등이 최근 외식 트렌드로 부상하고 있음

- (건강식) 저칼로리, 슈퍼푸드, 클린 이팅, 대체 단백질, 비건 식품 확산
- (지역특산물) 신선한 지역 재료 활용, 전통 조리법 재해석
- (ESG) 클린 포장, 일회용품 사용 감소, 지역 사회 협력

☐ 시사점

○ 고객 맞춤형으로 다양한 매운맛 선택이 가능한 제품 출시
  - 매운맛 선호도는 소비자마다 다르고, 매운맛 단계를 조절할 수 있는 제품은 더 많은 고객층을 만족시킴
    · 2023년 소비자 설문조사, 매운맛 단계 선택 제품 재구매율은 85%로, 일반 제품보다 10% 높음

○ 오리지널 마라탕 외에 프리미엄 건강식 마라탕 제품 개발
  - 저칼로리, 저나트륨 식품에 대한 수요가 증가하고 건강에 대한 관심도 커짐
    · 2022년 한국건강영양연구소 보고서, 건강식품 시장은 연평균 15% 성장
    · 라흥방마라탕은 건강한 재료 사용을 강조하여 매출이 전년 대비 20% 증가

○ **마라탕 밀키트에 지역 특화 재료 적용**
  - 지역 특산물을 활용한 제품은 지역(지방) 주민들의 호응을 얻을 수 있으며, 특화된 맛으로 고객에게 차별화된 경험 제공
    · 2023년 "소림마라" 지역 특산물 메뉴는 해당 지역에서 매출이 30% 증가

☐ **향후 계획**
  ○ (TFT) 제품 개발 전략 및 마케팅 전략 수립: ~12월
  ○ (R&D) 레시피 개발, 클린 용기 개발: ~1월
  ○ **(생산) 생산 라인 점검 및 영업망 구축후 생산 : ~2월**
  ○ (영업) 유통업체 납품, SNS 및 인플루언서 마케팅, 지역 축제나 행사 참여: ~3월
  ○ (서비스) 고객 설문조사 및 리뷰 반영을 통해 제품 개발 수정: ~5월

배경(Why)에는 마라탕 시장이 성장세에 있지만 주로 오프라인 중심으로 시장이 형성되어 있어 밀키트에 적용할 가능성이 높고, 20-30대가 선호하는 마라탕을 밀키트에 적용하면 고객층을 확대할 수 있다는 내용으로 보고서 작성의 목적을 기술합니다.

주요 내용(What)에는 마라탕 시장의 전체 크기와 주요 고객층을 보여줍니다. 이때 차트를 사용해서 내용을 시각적으로 표현했습니다. 시장의 주요 플레이어 특징을 다각적으로 분석했고 기타 외식 트렌드에 대한 내용도 포함시켰습니다.

시사점(How)은 보고서의 핵심 내용으로 앞에서 분석한 내용을 토대로 자사 상품인 밀키트에 적용할 수 있는 구체적인 행동 메시지를 기술했습니다. 이때 시사점이 일방적인 주장으로 느껴지면 안 되기 때문에 객관적인 근거 자료를 제시해서 주장의 설득력을 강화했습니다.

향후 계획(So what) 은 실행 주체, 일정, 주요 내용 등을 포함해서 작성하며 상세한 내용보다는 큰 틀과 개략적인 절차로 구성하면 충분합니다.

이렇게 작성한 현황 보고서는 사장님까지 보고되었고 보다 상세한 기획을 통해 결국 마라탕 밀키트가 세상에 출시되었습니다. 그리고 벌써 마라탕 밀키트가 출시된 지 1년이라는 시간이 지났습니다. 어느 날 갑자기 팀장님이 김 대리를 다시 호출해서 이런 지시를 합니다.

> **팀장** : 김 대리. 마라탕 밀키트 좀 팔리나? 3분기 매출 정리해서 보고해줘.

김 대리가 최초 작성한 보고서가 외부 현황 보고서라면 이번에는 내부 현황 보고서를 써야 합니다. 마라탕 밀키트가 출시된 후 매출 현황을 정리하는 보고서로, 목차나 내용 기술 방법은 유사합니다.

2024년 3분기 매출 현황 보고서

(2024.09.30.김민수 대리)

1. 배경

2024년 3분기 마라탕 밀키트 제품의 매출 현황을 분석하고, 향후 전략 수립을 위한 기초 자료로 활용하기 위함

2. 내용

1) 분기 매출 현황

- 2024년 3분기 총 매출은 90억 원을 기록하였으며, 이는 전년 동기 대비 8% 증가한 수치이나, 목표 95억원 대비 5억 원 미달인 수준임

항목	'24년 3분기	'23년 3분기	전년 동기 대비	목표대비
매출	90억 원	83억 원	8%	- 5%

2) 제품군별 매출
- 기본맛 마라탕이 가장 큰 비중을 차지했으나, 프리미엄 마라탕 밀키트 판매량이 꾸준히 증가하는 추세임
  - 간편식: 50억 원, 프리미엄: 30억 원, 채식: 10억 원
    ※ 제품별 매출 상세 내역 별첨 1 참조

3) 채널별 매출
- 온라인 판매가 주요 매출원을 차지하며, 오프라인 매출은 다소 감소
  - 온라인 채널: 60억 원, 오프라인 채널: 30억 원
    ※ 채널별 매출 상세 내역 별첨 2 참조

4) 주요 매출 변동 요인
- [상승요인] 신규 프리미엄 제품 라인 출시 및 여름 시즌 마케팅 캠페인의 성공적 실행
- [하락요인] 소비자 물가 상승, 경기 지역에서의 배송 문제로 인한 고객 이탈

3. 시사점
- [프리미엄 제품의 성장 가능성] 프리미엄 밀키트에 대한 소비자 수요가 꾸준히 증가 중이며, 이에 따른 제품 다각화 전략이 필요
- [온라인 판매의 중요성] 오프라인 매출은 정체 상태이나, 온라인 채널에서의 성장이 지속되고 있어 디지털 마케팅 강화 필요
- [물가 상승 대응 전략] 경제 상황에 민감한 소비자들의 지출 패턴을 분석하여 가격 전략 재조정 필요

4. 향후 계획
- 제품개발팀: 신제품 출시 및 마케팅 (~'24년 10월)
  - 프리미엄 밀키트의 성공을 바탕으로, 채식 및 다이어트 전문 밀키트 라인을 추가로 개발하고, 이를 홍보하기 위한 대규모 온라인 마케팅 캠페인 계획 중

- CS팀: 고객 서비스 개선 (~'24년 10월)
  - 배송 문제로 인한 고객 불만 감소를 위해 물류 시스템을 개선하고, 특정 지역의 배송망을 확충할 예정
- 영업팀: 오프라인 채널 강화 (~'25년 3월)
  - 대형 마트 및 편의점과의 제휴를 통해 오프라인 유통망을 확대하고, 지역 기반의 팝업 스토어를 활용하여 고객과의 접점을 늘릴 계획

배경(Why) 에는 팀장님이 시켜서 작성하는 것이 아니라 매출 현황을 분석해서 향후 매출 증진을 위한 기초 자료로 활용하겠다는 적극성을 담아 기술했습니다.

내용(What) 에는 매출 현황을 기간별, 제품별, 판매 채널별로 구분하여 다각적으로 작성했습니다. 이때 '전년 동기 판매량'과 '목표 판매량'을 비교 기준으로 삼아 현재 상황을 보다 명확하게 설명하고 있습니다.

시사점(How) 에는 매출 상승과 부진의 이유를 분석해서 잘되는 것은 강화하고 부족한 것은 개선하겠다는 내용으로 정리했습니다.

향후 계획(So What) 은 향후 마라탕 밀키트가 나아가야 할 방향과 해야 할 일을 개략적으로 작성했습니다.

[예쁜 쓰레기가 예쁜 작품이 되도록 만드는 방법]

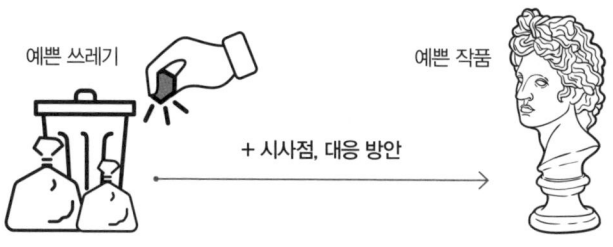

현황 보고서는 대·내외 현황을 사실 중심으로 정리하는 보고서입니다. 본질은 객관적 사실을 정리하는 것입니다. 하지만 단순 사실만 나열되어 있는 현황 보고서는 가치를 지니지 못합니다. 사실에 더해 작성자의 의견을 추가해야 합니다. 조사·분석한 내용에 더해 시사점과 대응 방안, 향후 계획 등을 포함시켜야 예쁜 쓰레기는 비로소 예쁜 작품으로 거듭날 수 있습니다.

LESSON 05
기획 보고서, 스토리와 논리로 무장하자

보고서계의 최고봉, 기획 보고서

기획 보고서는 앞서 설명한 결과·현황 보고서와는 성격이 180도 다른 보고서입니다. 사실을 중심으로 정리하는 보고서가 아니라 사실을 토대로 추론한 생각과 의견을 중심으로 작성하는 보고서이기 때문입니다. 게다가 정보 전달이 목적이 아니라 나와 생각이 다른 상대방을 설득까지 해야 하니 그 어려움이 배가됩니다. 한마디로 보고서계의 최고봉이라고 할 수 있습니다.

[보고서계의 최고봉, 기획 보고서]

결과·현황 보고서가 한라산이나 지리산 정도라면 기획 보고서는 히말라야 산을 등반하는 느낌이라고 할 수 있습니다. 하지만 걱정하실 필요 없습니다. 다섯 가지 방법만 알면 기획 보고서도 쉽게 작성할 수 있습니다.

[좋은 기획 보고서의 다섯 가지 조건]

첫째, 기획 보고서의 전체 스토리는 Why-What-How-So what의 기승전결 구조로 작성하며 그 순서는 각각 문제, 해결 방안, 구체화, 성과로 구성한다.

둘째, 기획 보고서의 도입부는 제목, 배경, 현황의 목차로 작성하며 이들 간의 연결 논리는 결론, 이유, 근거로 구성한다.

셋째, 기획 보고서의 본문 내용은 매력적인 한 줄 콘셉트를 제시하고 주요 특징을 세 가지로 묶어서 구조화한 후 구체적인 특징을 기술한다.

넷째, 기획 보고서의 실행 계획은 작고 구체적인 형태로 정리하며 실행 주체와 일정을 결합해서 간트 차트로 작성한다.

다섯째, 기획 보고서의 마무리는 기획을 통해 달성하려는 결과를 정량적인 성과 목표와 정성적인 성과 기대 효과로 표현한다.

위 내용을 그림으로 정리하면 좀 더 쉽게 이해될 것입니다.

먼저, 기획 보고서의 전체 스토리는 '왜' 하는지 문제를 제기하고, '뭘' 할 것인지 해결책을 제시한 후, 구체적으로 '어떻게' 할 것인지 실행 계획을 제시하고, 마지막으로 '그래서' 어떤 성과를 만들어낼 수 있는지 큰 틀을 정리합니다. 이후 각각의 내용을 목차에 맞게 논리적으로 기술하면 됩니다.

[한글, 워드 기획 보고서 → 수직 연결]

❶ 전체 스토리
- Why (문제)
- What (해결책)
- How (구체화)
- So What (성과)

❷ 도입부
결론, 이유, 근거

❸ 본문
1-3-9 법칙

❹ 실행 계획
구체화, 자원 배분 계획

❺ 성과
정량적 & 정성적 성과

 기획 보고서는 워드(한글)로 작성한 문서 외에도 파워포인트와 같은 슬라이드(장표)로 작성하는 것도 가능합니다. 워드나 한글 보고서가 수직으로 전개되는 논리라면 PPT 보고서는 수평으로 전개되는 구조입니다.

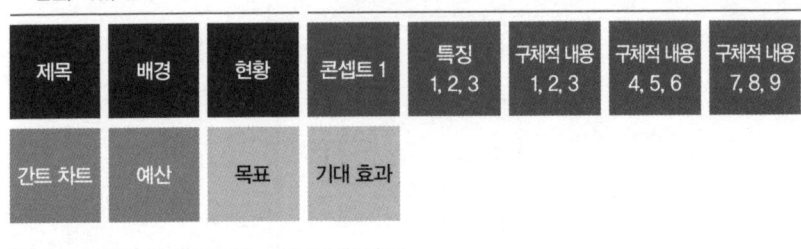

물론 형식에 따라 기술 방법이나 표현 방법에는 차이가 있을 수 있습니다. 하지만, 논리나 구성 방법에는 차이가 없기 때문에 지금부터는 설명의 용이성을 위해 워드(한글) 보고서를 중심으로 설명을 이어가도록 하겠습니다.

① 기획 보고서의 스토리는 Why-What-How-So What으로 구성한다

기획은 어떤 일을 '실행'하는 것을 최종 목적으로 합니다. 하지만 그 전에 반드시 거쳐야 할 절차가 있습니다. 아마 다들 잘 알고 계실 겁니다. 직장인들이 가장 고통받고 힘들어하는 과정, 설득입니다. 설득의 대상은 바로 위 선배가 될 수도 있고 팀장이 될 수도 있고 사안에 따라 임원이나 CEO가 될 수도 있습니다. 설득이 돼야 실행까지 갈 수 있습니다. 그래서 혹자는 기획 보고서를 설득

게임이라고 부르기도 합니다.

> "기획 보고서는 설득 게임"

설득 게임에서 이기기 위해서는 시작부터 끝까지 자연스럽게 이어지는 스토리가 필요합니다. 말이 앞뒤가 맞게 연결돼야 하고 물 흐르듯이 매끄러운 흐름이 있어야 상사를 설득해서 내가 원하는 방향으로 일을 실행할 수 있습니다. 그렇다면 상사를 설득하기 위한 기획 보고서의 스토리는 어떻게 구성하면 될까요?

본격적인 설명에 앞서 설득의 꽃이자 최고봉이라고 할 수 있는 30초 예술, 광고 한 편을 통해 사람을 설득하는 스토리에 대해서 이야기해보도록 하겠습니다. 최근 재미있게 본 '우루샷'의 광고 내용입니다. 짧은 내용이지만 사람의 마음을 흔드는 설득의 기술을 제대로 보여주는 광고였습니다. 광고의 내용을 다 보여줄 수는 없지만 대략적으로 이렇게 전개되는 광고입니다.

[우루샷 광고]
야근, 스트레스, 음주 등으로 피곤하지?
우루샷 먹어
매일 아침, 하루 2알
만성 피로 회복

이 내용을 정리해보면 제일 먼저 상대가 공감할 만한 '문제'를 제기하고 '해결책'을 밝힌 다음 '구체적인 방법'을 이야기하고 이를 실행했을 때 얻을 수 있는 '성과'로 마무리됩니다. 부족하지도 않고 넘치지도 않은 좋은 스토리라고 생각합니다. 딱 필요한 내용만 담아 설득에 최적화된 흐름으로 구성되었습니다.

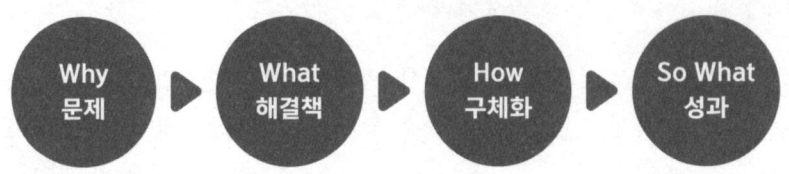

[기획 보고서의 스토리]

이제 이 스토리 구조를 기획 보고서에 적용해보도록 하겠습니다. 너무 어렵고 복잡한 예시보다 일상생활 속에서 벌어질 수 있는 쉬운 사례를 통해서 설명하고자 합니다. 기획자는 저이고 설득의 대상인 상사는 아내로 가정해보겠습니다. 기획의 내용은 다이어트입니다.

[다이어트 기획서]

Why(문제) :
과체중으로 쉽게 피로감이 쌓이고, 오랜 시간 강의를 하기 어려움

What(해결) :
고단백 저칼로리 중심의 식단을 이용한 다이어트

How(구체화) :
식단 : 아침(건강식), 점심(고기, 회), 저녁(샐러드)
예산 : 월 70만 원
관리 : 아내

So What(성과) :
체중 감소와 건강한 삶 회복, 자신감 상승

물론 실제 기획 보고서는 훨씬 더 복잡하겠지만 그 구성만큼은 3W 1H면 충분하다고 생각합니다. 문제를 제기하고 해결책을 제시한 다음 구체적인 실행 방법을 이야기하고 성과로 마무리하는 흐름입니다.

하지만 앞 내용만 가지고 꼼꼼하고 까다로운 아내를 설득하기에는 한계가 있습니다. 뭔가 허술하고 빈틈이 많아 보입니다. 이렇게 엉성한 흐름으로 작성된 기획 보고서를 아내에게 제출했다가는 분명 까일 것이 확실합니다. 좀 더 설득력 있는 구성이 필요합니다. 이제 전체 큰 틀에서 보다 구체적인 부분 논리로 들어가보겠습니다.

② Why : 기획서의 도입부를 결론-이유-근거의 논리로 구성하자

기획 보고서의 도입부는 매우 중요합니다. 보고서의 첫인상이자 보고서의 전체 내용에 대한 기대감을 형성하는 중요한 부분이기 때문입니다. 사람도 첫인상이 좋지 않으면 계속해서 단점만 보이고 더는 만나고 싶지 않은 것처럼, 보고서의 도입부가 제대로 작성되어 있지 않으면 상사가 더 이상 보고서를 읽고 싶지 않을 수 있습니다. 상사라는 책임감에 끝까지 읽어준다 한들 단점만 눈에 팍팍 꽂힐 수 있습니다. 하고 싶은 말을 주절주절 장황하게 쓰기보다 꼭 필요한 '핵심'만 '논리'를 갖춰서 쓰는 것이 중요합니다.

그렇다면 도입부에 들어가야 할 핵심 내용은 어떤 것이 있고 논리 구조는 어떻게 구성할 수 있을까요?

저는 그 답을 고대 그리스 시절부터 전해오는 인류 최고의 설득술 '결론-이유-근거'의 논리에서 찾았습니다. 이는 소크라테스를 비롯한 플라톤, 아리스토텔레스 등이 대중 연설에서 즐겨 썼던 설득 방식인데요. 예를 들면 이런 식입니다.

이 구조는 주절주절 장황하지 않고 간결하면서 설득력이 있습니다. '결론'부터 먼저 이야기하고 결론을 뒷받침하는 '이유'가 나오면서 논리가 만들어집니다. 이유에서 제시한 내용이 상대방에게 사실로 받아들여지지 않을 수 있기 때문에 이유를 증명하는 객관적이고 사실적인 '근거'를 통해 전체 논리도 탄탄하게 만듭니다.

이 논리를 기획 보고서의 도입부에 고스란히 적용하면 자연스레 논리가 확보되고 탄탄한 구성이 만들어집니다.

먼저 제목은 기획 보고서의 전체 결론입니다. 기획을 통해 내가 실행하고자 하는 아이디어나 핵심 주장을 구체적이고 명확하게 제시해야 합니다. 두루뭉술하거나 애매한 표현은 피해야 합니다. 예를 들어 '검토 필요', '타당성 검토' 등과 같은 제목은 좋지 못합니다. 스스로도 확신하지 못하는 결론 앞에 누가 신뢰를 가지겠습니까? 단호하고 구체적으로 쓰는 것이 좋습니다. '추진', '도입', '시행' 등으로 단호하게 쓰는 것이 좋습니다. 제목 기술 방법은 여러 가지가 있지만 간단하면서 가장 확실한 방법은 목적과 방법을 결합해서 쓰는 것입니다. '왜' 하는지, '무엇을' 할 건지를 결합해서 쓰는 제목 기술 방법입니다.

건강한 삶과 일상 회복을 위한 다이어트 기획안

조금 밋밋하다 싶으면 부제를 써서 좀 더 매력적인 제목으로 만들 수 있습니다.

야 나두, 다이어트 성공할 수 있어!
다이어트 기획안

기획의 구체적인 내용이나 방법을 부제로 언급하는 것도 가능합니다.

다이어트 기획안
-고단백, 저칼로리 식단 중심으로-

단순히 '다이어트 기획안'이라고 쓴 최초 기획 보고서의 제목보다 아내의 관심을 끄는 매력적인 제목이 만들어졌습니다.

기획 보고서의 제목을 보고 결론을 확인한 아내의 생각은 자연스레 '이걸 왜 하는 걸까?'로 이동합니다. 이때 기획 보고서 '배경'이라는 목차에 이유를 제시합니다.

배경에는 보통 두 가지 내용을 쓰는데 작성자가 생각하는 문제를 제기하고 문제 해결의 필요성이나 효과 등을 언급합니다. 문제만 제기할 경우 자칫 부정적인 인식이 전달될 수 있기에 목적이나 효과를 함께 언급해서 균형을 맞추는 것이 좋습니다.

> ☐ 배경
> - 과체중으로 쉽게 피로감이 쌓이고, 오랜 시간 강의를 하기 어려움
> - 체중 감량으로 건강을 회복하고, 활발한 강의 활동과 삶의 질 향상에 기여

배경의 내용을 통해 다이어트를 해야 하는 명분을 확인한 아내의 뇌는 다시 한번 의심을 품습니다. 배경에서 제시한 문제에 대해 '그게 진짜 문제일까?', '근거 있는 이야기인가?'라는 생각을 할 수밖에 없습니다. 이때 기획 보고서의 '현황'으로 답하면 됩니다.

현황에는 철저하게 사실 중심의 자료를 통해 작성자가 제시한 문제를 뒷받침해야 합니다. 이때 활용할 수 있는 대표적인 자료에는 통계, 실험 결과, 조사결과 등의 '데이터'와 상대방의 이해를 돕고 생생함을 전달할 수 있는 '사례'가 있습니다. 전문가 의견, 문헌, 언론 보도자료 등을 제시해도 됩니다.

> ☐ 현황
> - 연간 체중은 '22년(75kg) → '23년(82kg) → '24년(86kg)으로 매년 20% 이상 증가하고 있으며, BMI 지수 또한 40대 평균 대비 15% 높은 수치로 나타남
> - 영국 매거진 〈헬스케어〉에 따르면, 과체중일 경우 에너지 소비가 증가하여 신체가 쉽게 피로를 느낄 수 있다는 연구 결과가 존재함
> - 실제 최근에 4시간 이상 강의를 진행할 때 급격한 피로감을 느끼거나 무릎과 허리 통증으로 강의 진행에 어려움이 있었음

아내가 반박할 수 없는 객관적인 사실로 무장해 설득 논리를 강화하면 아내는 이제 할 말을 잃고 제 이야기에 귀를 기울여줄 수밖에 없습니다. 그럼, 지금까지 설명한 내용을 남편의 다이어트 기획서에 반영해서 정리해보도록 하겠습니다.

야 나두, 다이어트 성공할 수 있어!
다이어트 기획안

☐ **배경**
- 과체중으로 쉽게 피로감이 쌓이고, 오랜 시간 강의를 하기 어려움
- 체중 감량으로 건강을 회복하고, 활발한 강의 활동과 삶의 질 향상에 기여

☐ **현황**
- 연간 체중은 '22년(75kg) → '23년(82kg) → '24년(86kg)으로 매년 20% 이상 증가하고 있으며, BMI 지수 또한 40대 평균 대비 15% 높은 수치로 나타남
- 영국 매거진 〈헬스케어〉에 따르면, 과체중일 경우 에너지 소비가 증가하여 신체가 쉽게 피로를 느낄 수 있다는 연구 결과가 존재함
- 실제 최근에 4시간 이상 강의를 진행할 때 급격한 피로감을 느끼거나 무릎과 허리 통증으로 강의 진행에 어려움이 있었음

이 정도 흐름과 내용으로 기획 보고서의 도입부를 구성하면 아내는 내 기획 보고서를 읽어야 할 '이유'와 구체적인 '근거'를 확인하고 비로소 다음 부분을 읽을 마음의 준비를 하게 됩니다.

물론 실제 기획 보고서에서는 더 복잡한 형태가 될 수도 있고 원페이지 보고서를 지향하는 회사에서는 간결한 형태가 될 수도 있습니다. 하지만 길든 짧든 흐름이나 논리만큼은 **결론-이유-근거**의 순서로 구성하면 됩니다.

③ What : 본문은 낱개가 아닌 덩어리로 정리하고, 강력한 한 줄로 마무리한다

생각이 많은 것은 득(得)인데 정리가 되지 않으면 독(毒)이라는 말이 있습니다. 생각이 많다는 것은 고민이 많았다는 것이고 쓸 내용이 많다는 것은 보고서의 내용이 탄탄하다는 뜻입니다. 생각이 많고 쓸 말이 많은 것은 분명 득입니다. 하지만 많은 정보들이 정리되지 않은 채 상대방에게 전달된다면 상대방의 머릿속을 복잡하게 만들고 어지럽히는 독이 됩니다. 전형적인 하수의 방식입니다.

[정리되지 않은 생각은 상대방의 머릿속을 복잡하게 한다]

예를 들어 '매장 경쟁력 강화 방안'을 정리해서 알려달라는 상사의 요청에 하수는 정리되지 않은 생각을 낱개로 보여줍니다.

□ 매장 경쟁력 강화 방안
　○ 전제품 지식 강화: 직원들에게 제품 관련 교육을 강화
　○ 응대 스킬 향상: 고객 응대 능력을 체계적으로 훈련
　○ 고객 서비스 개선: 고객 중심의 서비스 품질을 향상
　○ 인테리어 개선: 매장의 인테리어를 개선해 편안한 분위기 조성
　○ 외관 정비: 매장 외관을 개선하여 긍정적인 첫인상 제공
　○ 휴게 시설 제공: 고객을 위한 휴식 공간 마련
　○ 결제 프로세스 간소화: 결제 과정을 간소화해 빠른 처리 가능
　○ 제품 전시 최적화: 매장 내 제품 배치를 최적화하여 구매 유도
　○ 업무 규정 간소화: 업무 규정을 간소화해 운영 효율성 증가
　○ 기타 업무 효율성 제고: 효율적인 재고 관리로 운영의 원활함 유지

어떤가요? 복잡하고 정리되지 않은 내용 앞에 상사의 동공은 백만 번쯤 흔들리고 뇌 정지 상태가 올 수도 있습니다. 수많은 정보를 기억하기 힘들고, 정리되지 않은 정보는 짜증을 유발합니다. 힘들게 보고서를 작성했지만 득이 아닌 독으로 느껴집니다.

그럼 고수는 어떻게 정리해서 보여줄까요? 주절주절 낱개로 나열하는 방식을 취하지 않습니다. 큰 틀로 정보를 정리해서 구조를 보여줍니다.

□ 매장 경쟁력 강화 방안
　○ 고객 편의성 증대를 위한 서비스 및 환경 개선
　　– 고객 서비스 개선: 고객 중심의 서비스 품질을 향상
　　– 인테리어 개선: 매장의 인테리어를 개선해 편안한 분위기 조성

- 외관 정비: 매장 외관을 개선하여 긍정적인 첫인상 제공
- 휴게 시설 제공: 고객을 위한 휴식 공간 마련
- 제품 전시 최적화: 매장 내 제품 배치를 최적화하여 구매 유도
○ 직원 역량 향상 및 매장 운영 효율성 강화
- 제품 지식 강화: 직원들에게 제품 관련 교육을 강화
- 응대 스킬 향상: 고객 응대 능력을 체계적으로 훈련
- 결제 프로세스 간소화: 결제 과정을 간소화해 빠른 처리 가능
- 업무 규정 간소화: 업무 규정을 간소화해 운영 효율성 증가
- 기타 업무 효율성 제고: 효율적인 재고 관리로 운영의 원활함 유지

복잡했던 내용이 '고객을 위해서 할 일'과 '내부에서 할 일' 두 가지로 구조화되면서 체계적으로 정리되었습니다. 이때 좀 더 설득력 있게 정리하기 위해 3의 법칙을 활용해볼 수 있습니다. 3의 법칙은 구조화를 할 때 큰 틀을 세 개로 정리하면 설득에 유리하다는 법칙입니다.

□ 매장 경쟁력 강화 방안
  ○ HUMANWARE
    - 제품 지식 강화: 직원들에게 제품 관련 교육을 강화
    - 응대 스킬 향상: 고객 응대 능력을 체계적으로 훈련
    - 고객 서비스 개선: 고객 중심의 서비스 품질을 향상
  ○ HARDWARE
    - 인테리어 개선: 매장의 인테리어를 개선해 편안한 분위기 조성
    - 외관 정비: 매장 외관을 개선하여 긍정적인 첫인상 제공
    - 휴게 시설 제공: 고객을 위한 휴식 공간 마련

○ **SOFTWARE**
 - **결제 프로세스 간소화:** 결제 과정을 간소화해 빠른 처리 가능
 - **제품 전시 최적화:** 매장 내 제품 배치를 최적화하여 구매 유도
 - **업무 규정 간소화:** 업무 규정을 간소화해 운영 효율성 증가
 - **기타 업무 효율성 제고:** 효율적인 재고 관리로 운영의 원활함 유지

여기에, 마지막 강력한 한 방을 더하면 기획 보고서는 좀 더 매력적으로 상대방에게 다가갈 수 있습니다. 전체 내용을 압축 포괄하는 매력적인 한 줄, 콘셉트를 포함시키는 겁니다. 이와 관련해서 일본의 기획자 노지 츠네요시(野地秩嘉)는 자신의 저서 《기획서는 한 줄!》(노지 츠네요시 저, 김수경 역, 북북서, 2007)에서 이렇게 말했습니다.

> 기획서는 한 줄이다.
> 한 줄로 말하지 못한다면 고민의 깊이가 덜한 것이다.
>
> 노지 츠네요시(野地秩嘉)

기획 보고서가 한 장이든, 열 장이든, 백 장이든 그 전체를 압축하는 매력적인 한 줄, 콘셉트의 중요성을 강조한 말입니다.

콘셉트(Concept)의 어원은 하나로 모아(Con-) 잡아 꿰다(-Cept)는 뜻입니다. 마치 우리가 맥주 안주로 즐겨 먹는 꼬치의 닭, 파, 양송이버섯, 토마토 등을 한 방에 꿰는 꼬챙이처럼 말이죠.

콘셉트의 사전적 정의

꼬챙이 = 콘셉트

좋은 콘셉트의 세 가지 특징

직관 — 듣는 즉시 이해 가능

간결 — 핵심만 압축해서 짧게

확장 — 최대한 많은 내용이 상상되게

좋은 콘셉트는 여러 가지 특징이 있지만 크게 세 가지로 정리할 수 있습니다. 첫째, 들었을 때 바로 이해될 수 있게 명료해야 합니다. 직관적이라는 뜻입니다. 둘째, 구구절절 장황하게 말하는 것이 아니라 핵심만 간결하게 말해야 합니다. 마지막으로 콘셉트를 듣는 순간 기획의 내용이 넓게 펼쳐지는 확장성이 있어야 합니다. 물에 잉크 한 방울을 떨어뜨리면 퍼지는 것처럼 상대방의 뇌에 입력되었을 때 뇌세포를 타고 퍼지는 효과가 있어야 합니다.

생각보다 콘셉트 만들기는 만만치 않습니다. 그렇다면 콘셉트는 어떻게 기술할 수 있을까요? 사실 콘셉트를 기술하는 방식에 정답은 없습니다. 다만 통상적으로 많이 활용되는 방법을 네 가지 정도로 정리할 수 있습니다.

[자주 쓰는 콘셉트 기술 방법 네 가지]

1) 정의하기

- 듣기만 하면 독서가 된다, 오디오북 윌라
- 바나나는 원래 하얗다, 무색소 바나나 우유
- 세상에서 제일 가벼운 노트북, LG 그램

---

2) 비교하기
- 침대는 가구가 아니다, 과학이다
- 아는 맛보다 맛있다, 더 미식 비빔면
- 물을 타지 않은 리얼 맥주, 클라우드

3) 결합하기
- 일상복과 출근복을 한 방에, 워크레저룩
- 더 맛있고, 더 풍미 있게 짜슐랭
- 보조 배터리 충전 없이 오래가는 노트북 올데이그램

4) 비유하기
- 그 누구보다 빠르게, 총알배송 서비스
- 이불 돈까스, 현존하는 최대 사이즈 돈까스 도시락
- 피부의 시간을 거꾸로 돌려드립니다, 모래시계 앰플, 셀로니아

사실 저는 콘셉트의 덕을 참 많이 본 사람입니다. 회사를 다닐 때나 퇴직 후 사업할 때 기획 보고서의 전체 내용을 압축한 콘셉트로 많은 기획 보고서를 통과시키고 실행에 옮길 수 있었습니다. 그중 몇 가지 내용을 PPT 기획 보고서와 함께 소개해보겠습니다.

먼저 회사를 다니면서 썼던 기획 보고서의 콘셉트 예시입니다. 참고로 저는 카메라, 복사기 등을 파는 회사 캐논에 다녔습니다. 한때 잘 나가던 포토 프린터 '셀피'가 잘 안 팔려서 기획이 필요한 순간이 있었습니다. 마침 그 당시에 DIY가 유행이어서 사진을 인테리어 소품으로 활용할 수 있게 셀피를 다양한 액자와 결합한 패키지 상품을 기획하게 되었습니다. 그리고 콘셉트를 결합하기 방법을 써서 '셀피리어, 셀피로 인테리어 하다'로 정했습니다.

또한 스마트폰 카메라가 대세가 되고 더 이상 사람들이 DSLR 카메라를 사지 않는 상황을 개선하기 위해 '사진으로 카메라를 넘어, 경험을 팔자'라는 비교하기 콘셉트로 다양한 사진 프로그램을 기획한 적이 있습니다.

축구장 기자석을 빌려서 스포츠 촬영을 체험하고, 공연장을 빌려서 공연 촬영을 경험하고, 발레단과 컬래버레이션해서 발레리나들이 연습하는 모습을 촬영할 수 있는 다양한 프로그램을 기획해 좋은 반응을 이끌어냈습니다.

행사를 기획할 때도 콘셉트의 힘은 유감 없이 발휘되었습니다. 창립 10주년 행사를 기획하는데 뭔가 밋밋하고 재미없는 행사는 싫어서, 10주년 행사에 맞게 '캐논의 성공 D.N.A 10개를 찾아 떠나는 여행'으로 비유하기 콘셉트를 활용한 적이 있습니다.

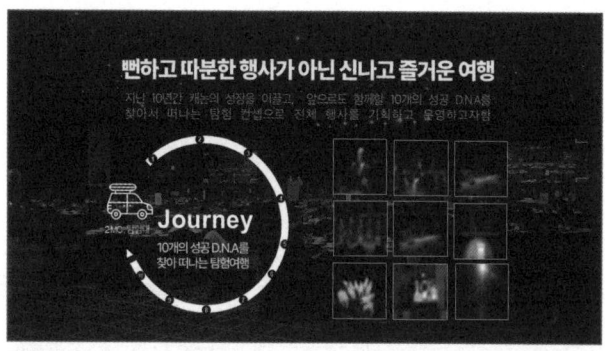

회사를 떠나 사업을 할 때도 콘셉트의 힘은 유감 없이 발휘되었습니다. 한 번은 A 회사가 교육생들에게 고도의 스트레스를 부여하고 밤새 기획서를 작성하는 프로그램을 요청한 적이 있었습니다. 마침 A 회사의 연수원이 시골 어디 구석진 곳에 있었습니다. 이때 '아! 이거다!' 싶어 그 프로그램의 콘셉트를 '다 쓸 때까지 집에 못 간다, 기획 실미도'로 제안한 적이 있습니다. 기발하다는 칭찬과 함께 계약되어 지금까지 계속 진행하고 있는 프로그램입니다.

○○보안 솔루션 업체와 함께 작업한 BTS가 소속된 회사의 건물 보안시스템 경쟁 입찰 PT에서도 '보안에 BTS를 더하다, ○○의 Brand, Technical, System'으로 결합하기 콘셉트를 활용한 기획 보고서를 쓰고 최종 수주를 한 경험도 있습니다.

가끔 기획 보고서를 검토하는 상사 중에 이렇게 말씀하시는 분들이 있습니다.

> '그래서 한마디로 무슨 이야기가 하고 싶은데?'
> '시간 없으니까 한 줄로 요약해서 말해봐.'
> '됐고 핵심만 이야기해봐.'

이때 기획의 핵심이나 주요 특징을 제대로 압축한 한 줄 콘셉트가 있다면 보다 효과적으로 상사를 설득할 수 있습니다.

지금까지 설명한 내용을 기획 보고서의 본문에 적용하면 '1-3-9 구성'으로 정리가 가능할 것입니다.

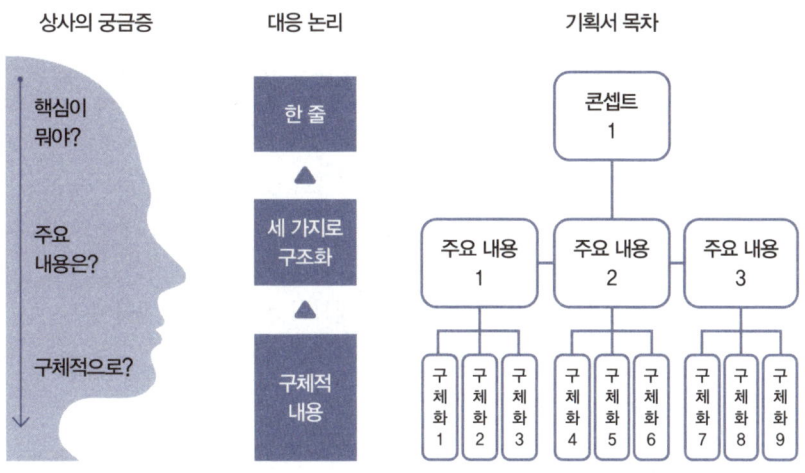

기획 보고서를 보면서 '한마디로 뭐야? 핵심이 뭐야?'라고 궁금해하는 상사를 위해 매력적인 콘셉트를 제시합니다. 낱개로 흩어진 내용은 상대방의 머릿속을 복잡하게 만듭니다. 낱개가 아닌 덩어리로 구조화를 진행하고 3의 법칙을 활용해서 세 가지로 정리합니다.

마지막으로 세부 내용을 9(구)체적으로 기술하면 본문이 마무리됩니다. 여기서 9의 의미는 숫자 '9' 혹은 '구'체적이라는 의미로 이해하시면 됩니다. 아홉 가지여도 좋고 아니어도 상관없습니다.

이제 앞서 살펴보았던 남편의 기획 보고서 본문에 1-3-9 법칙을 적용해보도록 하겠습니다.

▫ **나도 편하게 살 좀 빼자, 황제 다이어트**
  ○ 고단백
    − 고기, 생선, 달걀, 치즈 등 단백질이 풍부한 식품 위주로 섭취
    − 근육량 유지 및 체력 유지에 도움
    − 다양한 육류 섭취로 영양 균형과 지속 가능성 강화
  ○ 고지방
    − 버터, 아보카도, 견과류 등 건강한 지방을 포함한 식품 섭취
    − 지방을 주요 에너지원으로 사용하여 에너지 효율 극대화
    − MCT 오일 섭취로 체지방 축적 최소화
  ○ 고효율
    − 채소 및 과일, 오메가 3, 단백질 보충제 활용
    − 영양분 부족을 채우고 근손실을 방지하며 부족한 수분 공급에 기여
    − 전해질 음료로 수분과 전해질 균형 회복 지원

전체 내용을 비유적인 콘셉트인 황제 다이어트로 제시했고, 그 특징을 세 가지로 정리했습니다. 세부 내용을 구체적으로 기술한 1-3-9 법칙으로 이제 황제 다이어트는 곧 실행까지 갈 수 있을 것 같습니다.

④ **How** : 실행 계획이 구체화되지 않으면 기획 보고서가 갈 곳이 없다

취업이 되지 않는 문제를 해결하기 위해 기획을 하는 학생이 있다고 가정해 보겠습니다. 구체적으로 영어 능력이 부족해서 부모님에게 돈을 타내기 위한 기획이고 설득의 대상은 부모님입니다.

"엄마, 내가 취업이 안 되잖아. 이게 다 영어 능력이 부족해서 그래. 영어 능력 개발 좀 하게 월 50만 원씩만 지원해줘."

이 제안을 선뜻 승낙하는 부모가 있을까요? 물론 취업이라는 명분, 영어 능력 부족이라는 문제 의식은 좋은 설득 요소이지만 구체적이지 못한 실행 계획 앞에 부모님은 지갑을 열어야 할지 말아야 할지 망설일 겁니다. 아래와 같이 좀 더 구체적인 실행 계획을 제시해야 엄카(엄마카드) 찬스를 쓸 수 있습니다.

```
□ 영어 능력 개발
    ○ 토익 책 구입
        - 2권 구입, 교보문고
        - 일 10페이지 공부
    ○ 유튜브 시청
        - 채널 미국 영어 회화 따라 잡기 1회/일
        - 미드 속 명대사 2회/일
    ○ 학원 강의 수강
        - 강남 YBM 시사 학원 등록
        - 주 2회 수강
```

영어 능력 개발이라는 모호하고 손에 잡히지 않던 과제가 좀 더 구체적이고 실행 가능한 형태로 변한 것을 확인할 수 있습니다. 이렇게 모호한 과제를 구체화, 세분화하는 방법을 WBS라고 합니다. Work Breakdown Structure의 약자로 기획의 실행 가능성을 높이고 상사를 설득하는 데 유리한 방법입니다.

기획을 실행에 옮기기 위해서는 한 가지 고민이 더해져야 합니다. 일을 실행에 옮기기 위해 필요한 세 가지 자원 사람(담당자), 시간(일정), 돈(예산)을 어떻게 효율적으로 배분할지에 대한 내용입니다.

이때 앞서 설명한 WBS와 담당자, 일정을 결합해 시각적으로 표현하는 방법을 헨리 간트(Henry Gantt)가 고안했다고 알려지면서 간트 차트(Gantt Chart)라고 부릅니다. 간트 차트는 막대 모양의 사각형으로 작성하며 일의 시작과 끝을 표현하는 데 매우 효과적인 도구입니다. 작성 방법도 어렵지 않습니다.

구분	세부 내용	담당자	일정
❶ 준비	❷ WBS 1-1	❸ XXX	❹
	WBS 1-2	XXX	
실행	WBS 2-1	A팀	
	WBS 2-2	XXX	
	WBS 2-3	XXX	
	WBS 2-4	B팀	
	WBS 2-5	XXX	
	WBS 2-6	XXX	❺
평가	WBS 3-1	XXX	
	WBS 3-2	XXX	

먼저, 간트 차트의 세로축을 '준비, 실행, 평가'의 3단계로 나눕니다. ❶ 기획의 전체 내용을 단계별로 구분하면 전체적인 흐름을 쉽게 파악할 수 있으며, 각 단계에서 수행해야 할 작업을 체계적으로 정리할 수 있습니다.

❷ 둘째, 각 단계에서 수행할 세부 작업(WBS)을 파악하고, 선행 작업과 후속 작업을 파악해 업무 순서를 정리합니다.

❸ 셋째, 각 작업의 담당자를 배정합니다. 책임이 명확해야 일정이 지연되지 않고, 진행 상황을 원활하게 관리할 수 있습니다. 팀 단위로 배정할 수도 있지만, 중요한 작업은 개별 담당자를 지정하는 것이 더욱 효과적입니다.

❹ 넷째, 작업별 예상 소요 기간을 정하고 막대(Bar) 형태로 표시합니다. 작업 기간이 현실적으로 가능한지 확인하고, 중복되거나 충돌하는 일정이 없는지 점검합니다.

❺ 마지막으로, 중요한 일정은 마일스톤으로 설정하여 시각적으로 강조합니다. 프로젝트 진행 중 반드시 확인해야 할 주요 완료 일정이나 승인 단계 등을 마일스톤으로 지정하면, 관리 포인트가 더욱 명확해집니다.

이때 막대형 간트 차트를 써도 되지만 경우에 따라 표형 간트 차트를 써도 상관없습니다. 그 형태와 활용 방법을 다음과 같이 정리해두니, 필요에 맞게 활용하면 됩니다.

1. 막대형 간트 차트

작업명	담당자	일정
다이어트 목표 설정	남편	
식단 계획 수립	아내	
재료 수급	아내	

- 작업의 기간을 시간 축에 따라 가로 막대로 표시
- 일정과 진행 상황을 시각적으로 한눈에 확인
- 진척 상황을 업데이트하거나 팀 내 공유하기에 적합

2. 표형 간트 차트

작업명	시작일	종료일	담당자
다이어트 목표 설정	9월 1일	9월 5일	남편
식단 계획 수립	9월 6일	9월 8일	아내
재료 수급	9월 15일	9월 20일	아내

- 작업과 일정 정보를 텍스트와 표로 나열
- 초기 계획 단계에서 작업, 담당자, 기간을 정리
- 변경 사항을 빠르게 반영하거나 즉시 수정 가능

지금까지 설명한 내용을 남편의 다이어트 기획서에 반영해보도록 하겠습니다. 추진 일정이라는 목차로 간트 차트를 작성해서 구체적인 실행 계획을 보여줍니다.

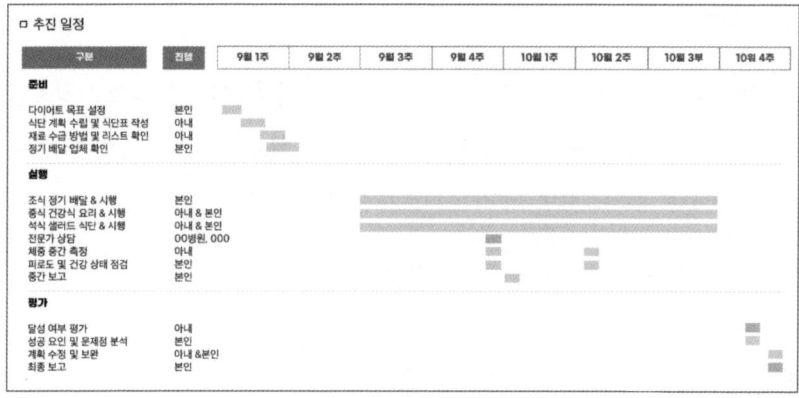

막대 모양 대신에 표에 텍스트 중심으로 간트 차트를 작성하는 것도 가능합니다.

□ 추진 일정

구분	세부추진 내용	담당자	일정
준비	다이어트 목표 설정	남편	9월 1일~5일
	식단 계획 수립 및 식단표 작성	아내	9월 6일~8일
	재료 수급 방법 및 정기 배달 업체 확인	남편&아내	9월 8일~12일
실행	조식 정기 배달 & 시행	남편&아내	9월 15일~10월 25일
	중식 건강식 요리 & 시행	남편&아내	9월 15일~10월 25일
	석식 샐러드 식단 & 시행	남편&아내	9월 15일~10월 25일
	전문가 상담	남편	9월 30일
	체중 중간 측정	아내	9월 30일, 10월 15일
	피로도 및 건강 상태 점검	남편	9월 30일, 10월 15일
평가	달성 여부 평가와 성공,실패 요인 분석	남편&아내	10월 26일
	계획 수정 및 보완	남편&아내	10월 26일

예산은 세 가지 자원 중 가장 중요한 자원이기 때문에 간트 차트와 별개로 작성하며 세 가지 기본 원칙을 따르는 것이 좋습니다. **첫째,** 예산을 주요 항목별로 구분한 뒤 표 형식으로 정리합니다. 이를 통해 예산의 세부 내용을 한눈에 파악할 수 있으며, 필요한 항목을 쉽게 찾아서 검토할 수 있습니다.

둘째, 산출 근거를 명확히 제시합니다. 예산 금액이 어떻게 산출되었는지, 어떤 기준과 계산 방식이 적용되었는지를 구체적으로 기재해야 합니다. 설득력 있는 예산안은 단순한 숫자가 아니라, 왜 이 비용이 필요한지를 논리적으로 설명하는 것입니다. 산출 근거가 명확하면 예산 조정 과정에서도 불필요한 논쟁을 줄일 수 있습니다.

셋째, 예상치 못한 상황에 대비하여 전체 예산의 5~10% 정도를 예비비로 포함합니다. 이를 통해 돌발 변수가 발생했을 때 유연하게 대응할 수 있으며, 예산 초과 리스크도 줄일 수 있습니다.

여기까지가 예산 작성의 기본 원칙입니다. 하지만 좀 더 설득력을 높이기 위해서 세 가지 방법을 더할 수 있습니다.

첫째, 비교를 통해 예산 절감 노력을 강조합니다. 과거 예산과의 비교, 유사 프로젝트와의 비교 데이터를 제시하면 예산의 효율성과 필요성을 보다 효과적으로 설명할 수 있습니다. 예산안을 검토하는 입장에서는 절감 노력이 담긴 예산을 더욱 긍정적으로 평가하기 마련입니다.

둘째, 상대방이 직관적으로 이해할 수 있도록 수치를 변환하여 제시합니다. 예를 들어 전체 금액을 단순 나열하는 대신 비율(%)이나 1인당 비용, 단위당 비용으로 환산하면 상대방이 숫자를 쉽게 받아들일 수 있습니다. 숫자는 단순히 나열하는 것보다 의미를 부여하여 전달하는 것이 중요합니다.

마지막으로, 유사 사례를 활용하여 신뢰도를 높입니다. 같은 유형의 프로젝트에서 비슷한 예산이 사용되었고 성과를 냈다는 사례를 함께 제시하면 설득력이 배가 됩니다.

예산은 단순한 숫자 나열이 아니라, 상사가 쉽게 이해하고 신뢰할 수 있도록 작성하는 것이 핵심입니다. 기본적인 원칙(항목별 정리, 산출 근거 명시, 예비비 포함)을 지키면서, 설득력을 높이기 위한 고급 기술(절감 노력, 직관적인 수치 변환, 사례 제시)을 활용하면 더욱 설득력 있는 예산을 작성할 수 있습니다.

지금까지 설명한 내용을 남편의 다이어트 기획서에 반영해보았습니다. 전체 내용을 항목별로 정리하고 세부 내용, 단가, 회수 등 산출 근거를 명시하였고 예비비까지 포함하였습니다. 알뜰한 아내를 공략하기 위해서 예산 절감 노력 등의 내용을 비고란에 기재해서 설득력 있는 예산을 작성하였습니다.

☐ 소요 예산

구분	내용	단가 (원)	회수	비용	비고
조식	정기개발 구독료	20,000	2	40,000	건강한 조식 서비스 구독료 월 이용료
	조식 선택비용	5,000	40	200,000	-
중식	소고기	20,000	10	200,000	일 2.5만원, 1일 평균 식비와 유사함
	회	15,000	10	150,000	-
	유제품	5,000	10	50,000	-
	부재료	50,000	2	100,000	양념 및 기타 기타 재료 구입비
석식	과일	20,000	10	200,000	농수산물시장 이용으로 20%비용절감
	채소	10,000	10	100,000	농수산물시장 이용으로 20%비용절감
	견과류	50,000	2	100,000	
검진비	검진 상담비	30,000	1	30,000	OO 병원 1회 상담료
	처방 및 약제비	20,000	1	20,000	상담후 건강 보조제 구입비
영양제	오메가 3	80,000	1	80,000	-
	프로틴 보충제	50,000	1	50,000	-
체중계	체중계 구입	20,000	1	20,000	어플 연동 기능 탑재
예비비	비상시 사용	100,000	1	100,000	다이어트 부작용 및 보충제 구입시 사용
총 비용				1,440,000	720,000원/월, 개인 PT 대비 10% 절감

이때 보고서의 본문에는 총액이나 금액이 큰 항목만 쓰고, 세부 내용은 별 첨으로 돌리는 것도 좋은 방법입니다. 너무 세세한 내용을 본문에 쓰면 보고서 의 전체 흐름을 방해하기도 하고, 상사가 세세한 항목에 집중하다 보면 신경이 예민해질 수도 있기 때문입니다.

☐ 총 예산: 1,440,000원
  ○ 식비, 검진비 등을 포함한 총액으로 개인 PT 비용 대비 10% 절감 효과
    * 상세 내용은 별첨 1 자료 참고

기획은 막연한 요구나 불확실한 아이디어의 나열이 아닙니다. 기획의 설득 력을 높이려면 구체적인 실행 계획과 합리적인 예산이 필수입니다. 이를 제대 로 갖춰야 상대방이 고민할 여지가 줄어들고 좀 더 쉽게 결정을 내릴 수 있습 니다.

⑤ So What : 기획 보고서의 마지막 방점, 실리를 강조하라

상사는 그 누구보다 기획을 통해 달성하려는 실질적인 이익, 실리에 관심이 많은 사람입니다. 이런 상사들은 기획 보고서의 마지막 부분에 두루뭉술한 효과나 어디 갔다 놔도 말이 되는 일반적인 효과만 기술되어 있으면 답답함을 느낍니다.

> '도대체 뭘 달성하겠다는 거야?'
> '효과가 두루뭉술하고 모호해. 이거 꼭 해야 해?'
> '어디에 가져다 붙여도 되는 뻔한 효과 아니야?'

이때 기획의 구심점을 명확하게 하고 기획서를 뾰족하게 만들기 위해서 '목표'를 기술하는 것이 좋습니다. 좋은 목표를 작성하는 방법은 일찍이 세계적인 석학 피터 드러커(Peter F. Drucker)가 'SMART'한 목표로 정리한 바 있습니다.

> **[피터 드러커의 목표 작성 공식]**
>
> Specific(구체적), Measurable(측정 가능한), Achievable(달성 가능한)
> Realistic(현실적), Time-bound(기한이 있는)

그렇다면 이 다섯 가지 원칙에 부합하는 목표를 어떻게 기술할 수 있을까요? 고민 끝에 저 나름대로 목표 작성 방법을 이렇게 공식화해봤습니다. 목표는 언제까지라는 '기간'과 달성해야 할 '수준'을 결합해서 '수치'로 쓴다고 말이죠.

목표 = 기간 + 수준 → 수치

기간을 잡을 때는 현실적인 기간을 잡는 게 좋습니다. 무리하게 단기간으로 설정하거나 터무니없이 장기적인 기간은 설득력이 떨어집니다. 또한 '천 리 길도 한 걸음부터'라는 말처럼 기간을 나눠서 단계별 목표를 제시하는 것도 좋은 방법입니다.

- 예시 : 단기 – 중기 – 장기, 1단계 – 2단계 – 3단계, 1년 – 2년 – 5년, 도입 – 안정 – 고급

- 예시 : 1년 안에 업무 생산성 10% 향상, 4개월 후 임직원 만족도 0.2점 상승

달성해야 할 수준은 회사에서 중요하게 생각하는 성과를 고려해서 선정하면 됩니다. 회사마다 다르겠지만, 주로 아래와 같은 것들을 지표로 삼습니다.

- 예시 : 매출액, 시장 점유율, 고객 수, 불만율, 고객 만족, 비용 절감, 업무 효율, 생산성 등

이렇게 목표에 대해 설명하고 보니, 남편의 다이어트 기획서에 포함된 목표가 그리 좋은 목표는 아니라는 생각이 듭니다. '살을 빼겠다', '건강해지겠다'는 목표로서 의미가 없습니다. 모호하고 막연하기 때문입니다.

'5kg 감량할 거야'나 '62kg가 될 거야'가 좀 더 좋은 목표라고 할 수 있습니다. 하지만 이런 목표도 뭔가 부족해 보입니다. 언제까지라는 기간이 빠졌기 때문입니다. '1년 안에 5kg 감량', '3년 안에 62kg 도달'이라고 쓰는 것이 더 좋은 목표, 명확한 목표라고 생각합니다.

기대 효과는 목표 외에 기획을 통해 얻을 수 있는 긍정적인 이익의 총합으

로, 다양한 이해관계자를 고려해서 다각적으로 쓰면 됩니다. 여기서 '다양한 이해관계자'라는 것은 기획이 미치는 영향력을 폭넓게 검토하는 것을 말합니다.

예를 들어, 학생들을 위한 기획을 한다고 가정했을 때 학생, 학부모, 교사, 학교, 지역사회 등에 미치는 긍정적인 영향력까지 고려해서 생각해야 한다는 뜻입니다. 다각적이라 함은 꼭 매출이나 비용 측면만이 아니라 심리적, 기술적, 환경적, 사회적 영향력을 폭넓게 고려한다는 뜻입니다. 한마디로 기대 효과는 최대한 풍성하게 작성하는 것이 좋습니다.

[목표 VS 기대 효과]

목표	구분	기대 효과
기획서의 마무리로 기획의 실행에 따른 성과	공통점	기획서의 마무리로 기획의 실행에 따른 성과
핵심적인 성과 정량적인 형태	차이점	부가적인 성과 정성적인 형태
기간과 수준을 결합해서 수치로 작성	작성 방법	다각적, 다양한 이해관계자 측면에서 작성
1년 안에 고객 유입률 20% 향상	예시	고객 편의 및 만족도 증대

이제 남편의 다이어트 기획서에 목표 및 기대 효과를 추가해서 아내에게 결정적인 한 방을 날려보겠습니다.

□ **목표**
  ○ 1개월 이내에 체중 3kg 감소
  ○ 2개월 종료 후 체중 75kg 도달 및 BMI 지수 22.8 유지

☐ 기대 효과
　○ 날씬한 몸매로 옷발 업그레이드 및 자신감 상승
　○ 남편으로서의 위상 확립 및 아내 만족도 제고
　○ 체력 증진에 따라 하루 10시간 이상 강의 가능

지금까지 설명한 내용을 남편의 다이어트 기획 보고서에 적용해보도록 하겠습니다. 어설프고 빈틈이 많았던 최초의 보고서와 비교해보면 훨씬 체계적이고 논리적으로 변한 모습을 확인할 수 있을 것입니다.

아 나두, 다이어트 성공할 수 있어!

다이어트 기획안

(2024.08.31, 남의편)

☐ **배경**
　○ 과체중으로 쉽게 피로감이 쌓이고, 오랜 시간 강의를 하기 어려움
　○ 체중 감량으로 건강을 회복하고, 활발한 강의 활동과 삶의 질 향상에 기여

☐ **현황**
　○ 연간 체중은 '22년(75kg) → '23년(82kg) → '24년 (86kg)으로 매년 20%이상 증가하고 있으며, BMI 지수 또한 40대 평균 대비 15% 높은 수치로 나타남
　○ 영국 매거진 헬스케어에 따르면, 과체중일 경우 에너지 소비가 증가하여 신체가 쉽게 피로를 느낄 수 있다는 연구 결과가 존재함
　○ 실제 최근에 4시간 이상 강의를 진행할 때 급격한 피로감을 느끼거나 무릎과 허리 통증으로 강의 진행에 어려움이 있었음

☐ **컨셉**
　○ 나도 편하게 살좀 빼자, 황제 다이어트

☐ **주요 특징**
　○ 고단백
　　- 고기, 생선, 달걀, 치즈 등 단백질이 풍부한 식품 주로 섭취

- 근육량 유지 및 체력 유지에 도움
- 다양한 육류 섭취로 영양 균형과 지속 가능성 강화

○ 고지방
- 버터, 아보카도, 견과류 등 건강한 지방을 포함한 식품 섭취
- 지방을 주요 에너지원으로 사용하여 에너지 효율 극대화
- MCT 오일 섭취로 체지방 축적 최소화

○ 고효율
- 채소 및 과일, 오메가 3, 단백질 보충제 활용
- 영양 부족을 채우고 근손실을 장비하며 부족한 수분 공급에 기여
- 전해질 음료로 수분과 전해질 균형 회복 지원

□ 실행 계획

구분	세부추진 내용	담당자	일정
준비	다이어트 목표 설정	남편	9월 1일~5일
	식단 계획 수립 및 식단표 작성	아내	9월 6일~8일
	재료 수급 방법 및 정기 배달 업체 확인	남편&아내	9월 8일~12일
실행	조식 정기 배달 & 시행	남편&아내	9월 15일~10월 25일
	중식 건강식 요리 & 시행	남편&아내	9월 15일~10월 25일
	석식 샐러드 식단 & 시행	남편&아내	9월 15일~10월 25일
	전문가 상담	남편	9월 30일
	체중 중간 측정	아내	9월 30일, 10월 15일
	피로도 및 건강 상태 점검	남편	9월 30일, 10월 15일
평가	달성 여부 평가와 성공, 실패 요인 분석	남편&아내	10월 26일
	계획 수정 및 보완	남편&아내	10월 26일

□ 예산

구분	내용	단가(원)	횟수	비용	비고
조식	정기개발 구독료	20,000	2	40,000	건강한 조식 서비스 구독료 월 이용료
	조식 선택비용	5,000	40	200,000	
중식	소고기	20,000	10	200,000	
	회	15,000	10	150,000	-
	유제품	5,000	10	50,000	
	부재료	50,000	2	100,000	잎념 및 기타 재료 구입비
석식	과일	20,000	10	200,000	
	채소	10,000	10	100,000	
	견과류	50,000	2	100,000	
검진비	검진 상담비	30,000	1	30,000	OO 병원 1회 상담료
	처방 및 약재비	20,000	1	20,000	상담후 건강 보조제 구입비
영양제	오메가 3	80,000	1	80,000	
	프로틴 보충제	50,000	1	50,000	
체중계	체중계 구입	20,000	1	20,000	어플 연동 가능 탑재
예비비	비상시 사용	100,000	1	100,000	다이어트 부직용 및 보충제 구입시 사용
	총 비용			1,440,000	720,000원/월

□ 목표 및 기대효과

○ 1개월 이내에 체중 3kg 감소, 2개월 후 체중 75kg 도달 및 BMI 지수 22.8 유지
○ 날씬한 몸매로 옷발 업그레이드 및 자신감 상승

- 남편으로서의 위상 확립 및 와이프 만족도 제고
- 체력 증진에 따라 하루 10시간 이상 강의 가능

지금까지 많은 페이지를 할애해서 기획 보고서의 구조와 목차, 구체적인 작성법에 대해 알아봤습니다. 마지막으로, 독자 여러분의 이해를 돕기 위해 가상으로 작성한 기획 보고서 예시를 보여드리며 기획 보고서에 대한 설명을 마무리하고자 합니다.

해당 내용은 드라마 PD가 편성국장을 설득하기 위해 쓴 보고서로, 내용은 2022년에 반응이 뜨거웠던 드라마 〈우리들의 블루스〉입니다. 홈페이지에 나와 있는 내용과 여러 가지 자료를 토대로 재구성한 가상의 기획 보고서 내용입니다.

다만 제가 방송 전문가나 드라마 작가는 아니기에 내용이 정확하지는 않을 수 있지만, 여러분이 기획 보고서의 흐름이나 구성을 쉽게 이해하는 데 충분히 도움이 될 것으로 생각합니다. 먼저, 수직 논리로 전개되는 워드(한글) 형태의 기획 보고서입니다.

우리 내 인생은 댄스일까? 블루스 일까?

우리들의 블루스 제작 기획안

(2021.08.12, 제작 1팀)

□ **배경**
  ○ 펜데믹 현상이 지속되는 상황에서 사람들의 삶이 황폐해지고 삶의 의미를 잃어가는 사람들이 많음
  ○ 대부분의 드라마는 시청률을 목적으로 일부 장르에 편중되어 있어, 대중들에게 소소한 행복의 의미를 전하는 힐링 & 가족 드라마 제작이 필요함

□ **현황**
  ○ 코로나 시국 우울감을 느끼며 삶의 의미를 잃어가는 사람들이 증가 추세에 있음
    - OO 조사기관 발표에 따르면, 대한민국 우울 지수는 '19년(24%) → '20년(27.8%) → '21년(32.5%) 로 지속 증가 추세에 있음
  ○ 방송제작협회 조사 결과, '21년 한해 제작된 드라마 비중은 로멘틱 코미디(45%), 멜로(23%), 범죄 스릴러(21%), 가족드라마(12%)로 일부 장르에 치중되어 있음

□ **컨셉**
  ○ 다양한 사람들의 삶을 조화롭게 녹여낸 블루스 같은 드라마

□ **특징**
  ○ **[영상미] 제주도를 배경으로 한 화려한 영상과 볼거리 마련**
    - 수산시장의 생동감과 다양한 볼거리 제공
    - 제주도의 숨겨진 관광 명소 소개
    - 제주도내 예쁜 식당이나 카페 등장
  ○ **[캐스팅] 다양한 세대를 대변하는 배우들 섭외**
    - 원로배우 김혜자,고두심, 이정은 외
    - 당대 탑스타 이병헌,신민아,김우빈 외
    - 신인배우 배현성,노윤서 외
  ○ **[스토리] 옴니버스 식으로 펼쳐지는 흥미진진한 스토리 구성**
    - 최근 이슈가 되는 고등학생의 결혼과 출산 이야기

- 40대의 향수를 자극할 첫사랑 이야기
- 모자간의 갈등과 화해를 다룬 가족애 이야기

□ **실행 계획**

  ○ 일정: 9월 기획을 시작으로 10월 둘째 주부터 방영 예정

구분	담당자	일정	비고
기획	XXX PD	'21.09.02~12	-
제작	제작 1팀	'21.09.13~25	-
촬영	제작 1,2팀	'21.09.26~10.30	세트, 제주도 동시 진행
방영	XXX PD	'21.10.10~11.28	첫방일, 10월 12일(토)
모니터링	XXX PD	'21.09.26~10.20	시청률, 광고 수익
보고	XXX PD	10.31, 12.01	중간, 결과 보고

  ○ 담당자: XXX PD를 팀리더로 촬영 1, 2팀이 동시 제작·촬영 진행
    • 촬영팀 업무 분장 내용 - 별첨 1 참고
  ○ 예산: 총 136억으로 회당 12억 (16부작 드라마 평균 대비 1.2억 절감)
    • 제작비 상세내용 - 별첨 1 참고

□ **목표 및 기대효과**

  ○ 목표
    - 동시간대 시청률 1위 (15%)
    - 광고, OTT, 해외수출 수익 총 156억
  ○ 기대효과
    - (방송국) 자체 제작 능력 향상 및 대내외 방송국 이미지 재고
    - (제주도) 국내외 제주도 홍보와 스팟 및 관광명소 소개
    - (시청자) 코로나 블루 극복에 기여하고 삶의 위로 및 행복 증진

프레젠테이션(PPT) 기획 보고서는 수평으로 흘러가는 논리로 구성됩니다. 워드(한글) 기획서보다 시각적인 자료가 더 많이 포함됩니다.

Background

펜데믹 현상이 지속되는 상황에서 일상중단 삶이 정지되거나 삶의 의미를 잃어가는 사람들이 많은데, 대부분의 드라마는 시청률을 목적으로 일부 장르에 편중되어 있음

[코로나 블루 등장]　　　　　　　　[시청률만 고려한 드라마]

→ 대중들에게 소소한 행복의 의미를 전하는 힐링 & 가족 드라마 제작이 필요함

Situation

실제로 코로나 시국 일상중단 및 경제적 어려움 위기에 있는 사람들이 많고
로맨틱 코미디, 스릴러, 멜로 위주의 드라마 편성에 새로운 드라마에 대한 요구 증가

[코로나 시국 대중들의 삶]　　　　[드라마 제작 및 편성 비중]

72.4% 코로나 우울 경험
대중들의 무력감 증가세가 다수여론에서 나타남

54.6% 삶의 의미가 없다
코로나에 대한 불안 삶의 방향설정에 어려움 겪음

12.9% / **87.1%**
로맨틱코미디, 멜로, 스릴러 드라마 비중

*출처: 2020 xx사에듀리, 설문 1천명　　　　*출처: 방송제작협회 기준 (2019~2020)

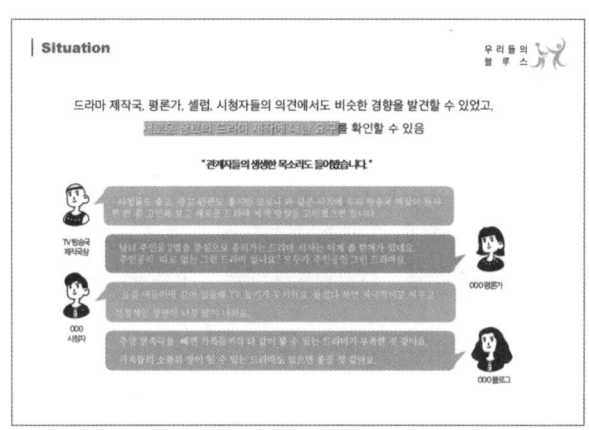

| Location

제주도를 배경으로 한 생동감 있는 영상과 다양한 볼거리 제공으로 시청자의 흥미 유도

■ 수산 시장의 생동감　　■ 도내 예쁜 식당 & 카페 볼거리　　■ 제주도 숨겨진 관광명소

주인들들의 삶의 터전으로서　　식당, 카페, 맛집등 다양한 볼거리　　제주도 관광명소 및 다양한
수산시장의 생동감 연출　　　　제공으로 시청자의 흥미 유도　　　스팟 소개로 제주도 관련 정보 제공

| Character

아역 배우, 하이틴 스타, 대세 배우, 연로 배우까지 다양한 배우를 캐스팅하여 다양한 시청 연령 확보

■ 아역에서 청소년 배우 라인업　　■ 드라마 중심 배역 라인업　　■ 부모역할 라인업

- 아역배우: xxx,xxx,xx 외　　　- 대세 배우: xxx,xxx,xxx 외　　　- 어머니 배우: xxx,xxx,xx 외
- 청소년배우: xxx,xxx, xx 외　　- 라이징 스타: xxx,xxx,xxx 외　　- 아버지: xxx,xxx,xx 외

| Story

시청자들의 삶 곳곳에 스며들 수 있는 다양한 스토리를 옴니버스 식으로 구성으로 재미와 감동 제공

■ 고등학생의 결혼과 출산 이야기　　■ 첫사랑 이야기　　■ 부모와의 갈등 이야기

최근 이슈가 되는 스토리　　　30~40대의 향수를 자극할 스토리　　삶의 의미를 생각해볼 만한 스토리

Schedule

9월 기획을 시작으로 10월 초 주 커티신 방송을 시작하는 일정으로 기획, 촬영, 편집 등을 진행함

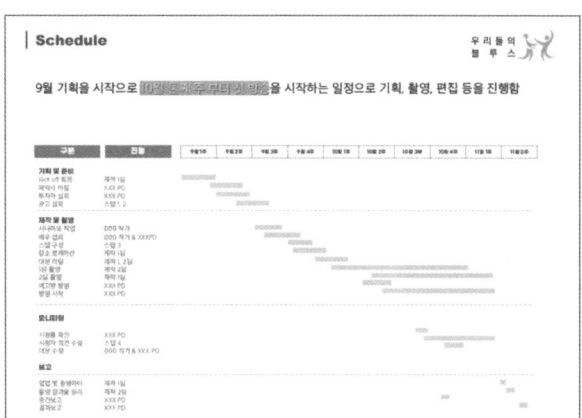

Budget

제작비용은 총 136억으로 회당 12억이며, 이는 16부작 드라마 평균 회당 기준비 대비 12억 상당의 수준임

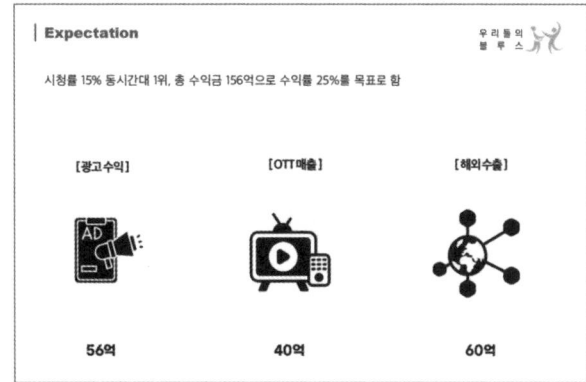

Expectation

시청률 15% 동시간대 1위, 총 수익금 156억으로 수익률 25%를 목표로 함

[광고수익] [OTT매출] [해외수출]

56억   40억   60억

| Expectation　　　　　　　　　　　　　　　우리들의 블루스

드라마 제작의 효과는 방송국을 넘어 촬영 장소 나아가 대중들에게 까지 긍정적인 영향력을 미침

[방송국]　　　　　　[제주도]　　　　　　[시청자]

- 드라마 자체 제작 능력 향상
- 대내외 방송국 이미지 제고
- 국내외 제주도 홍보
- 제주도 에스팟 및 관광명소 소개
- 코로나 블루 극복에 기여
- 대중들의 삶의 위로 및 행복증진

우리들의 블루스

따뜻한 제주, 생동감 넘치는 제주 오일장,
차고 거친 바다를 배경으로 펼쳐지는
14명의 시고 달고 쓰고 떫은 인생 이야기

Shall We dance Blues?

숏폼 영상이 대세인 시대에도 여전히 영화관에 가서 2시간 동안 영화를 보며 자리를 지키는 사람들이 많습니다. 긴 시간 동안 집중력을 잃지 않고 영화를 볼 수 있는 이유는 무엇일까요? 화려한 영상, 러브라인, 주인공의 매력 등 여러 가지가 있겠지만 가장 중요한 요소는 영화 전체를 관통하는 스토리라고 생각합니다.

영화마다 다르지만 스토리는 일반적으로 기-승-전-결의 4단계로 구성됩니다. 악당이 나타나거나 사고가 터져서 분위기가 험악해지고, 이를 해결할 주인공이 등장하고 주인공이 다양한 임무와 난관을 헤쳐가면서 해피엔딩으로 끝나는 것이 보통입니다.

영화를 볼 때와 같은 감동을 상사에게 전해보는 건 어떨까요? 문제-해결-구체화-성과의 스토리가 그 답이 되어줄 것입니다. 여기에 더해 결론-이유-근거의 논리를 갖춘 도입부, 1-3-9의 본문, 구체화·세분화된 실행 계획, 정량적·정성적 효과까지 더해진다면 내 기획 보고서는 잘 만들어진 한 편의 영화처럼 상사에게 매력적으로 다가갈 것입니다.

LESSON 06

기획 보고서, 세 가지 업그레이드 포인트

지금까지 기획 보고서의 스토리와 목차 정리 방법에 대해서 알아봤습니다. 이번에는 기획 보고서의 품질을 끌어 올리고, 상사가 거부할 수 없는 제안이 될

[기획 보고서에 날개를 달아줄 업그레이드 포인트 세 가지]

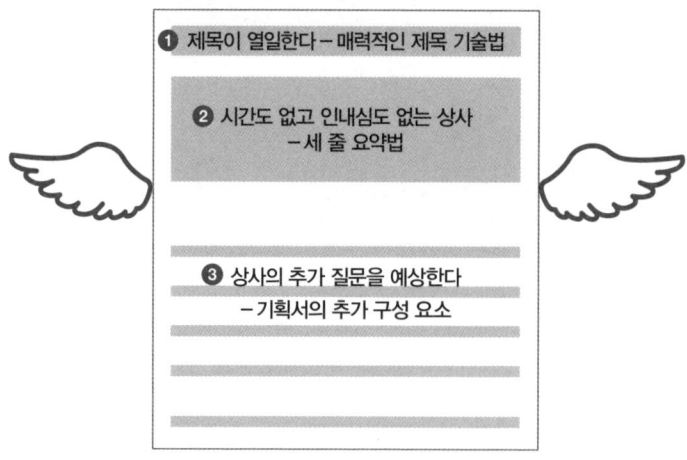

❶ 제목이 열일한다 – 매력적인 제목 기술법

❷ 시간도 없고 인내심도 없는 상사
   – 세 줄 요약법

❸ 상사의 추가 질문을 예상한다
   – 기획서의 추가 구성 요소

수 있도록 업그레이드하는 방법 세 가지에 대해서 알아보겠습니다.

① 제목이 열일한다

잘 쓴 제목 하나, 열 본문 부럽지 않다는 말이 있습니다. 그만큼 기획 보고서에서 제목이 차지하는 비중이 크다는 의미입니다. 제목 기술 방법도 정답은 없지만 수많은 보고서를 검토하고 분석해본 결과 크게 두 가지 방법으로 정리할 수 있었습니다. 앞서 간단하게 언급한 적이 있지만 이번에는 더 구체적인 방법을 소개하겠습니다.

- 한 줄 기술 : 목적+방법
- 두 줄 기술 : 부제+주제

한 줄로 제목을 작성하는 방법은 '왜' 하고 '무엇을' 할 것인지 상대방이 가장 궁금해하는 두 가지 내용을 중심으로 작성하는 것입니다. 목적과 방법을 결합한 제목 기술 방법으로, 다이어트 기획서에 적용하면 아래와 같이 작성할 수 있습니다.

- 삶의 질 향상을 위한 다이어트 기획서
- 체력 증진과 건강 회복을 위한 다이어트 기획서
- 자신감 상승을 위한 다이어트 기획서

또는 방법+목적으로 순서를 뒤집어서 작성해도 됩니다.

- 다이어트를 통한 삶의 질 향상 방안
- 다이어트를 통한 체력 증진과 건강 회복 방안
- 다이어트를 통한 자신감 상승 방안

매력적인 제목은 부제와 주제, 두 줄로 완성되는 경우가 많습니다. 주제에는 기획의 핵심 내용이나 방법을 쓰고, 부제는 주제를 돋보이게 하거나 상대방의 관심을 끌기 위해 4가지 방법으로 작성할 수 있습니다.

첫째, Why 중심의 부제로 문제의 심각성을 언급하거나 의문문 형식으로 질문을 던지는 방식입니다.

건강하지 않은 삶에 더 이상의 미래는 없다!
다이어트 시행 기획서

40대 고도 비만, 내 건강 상태 이대로 괜찮을까?
다이어트 시행 기획서

둘째, 기획의 핵심 내용이나 콘셉트를 제시하는 방식으로 What 중심의 부제라고 할 수 있습니다.

황제 다이어트로 건강의 황제가 되다
다이어트 시행 기획서

운동 no, 금식 no, 황제 다이어트 yes
다이어트 시행 기획서

셋째, 구체적인 방법을 제시하는 방식으로 How 중심의 부제입니다.

다이어트 시행 기획서
-고단백, 고지방, 고효율을 중심으로-

다이어트 시행 기획서
-식단은 아내가 짜고, 살은 남편이 빠지고-

마지막으로, 효과나 성과를 언급하는 방식으로 So What 중심의 부제입니다.

체중 Down, 자신감 Up
다이어트 시행 기획서

2개월 이내 10 kg 감량, BMI 지수 20 도달
다이어트 시행 기획서

제목은 기획 보고서의 화룡점정입니다. 용 그림의 마지막에 점을 더해 완성한다는 뜻입니다. 본문 내용을 다 쓰고 나서 고민한 후 마지막에 제목으로 '점' 하나를 찍는 겁니다. 그래야 전체 내용을 압축 요약하면서도 매력적인 제목을 작성할 수 있습니다. 제목부터 쓰고 시작하는 것보다 좋은 방법이라고 생각합니다.

② 상사의 시간을 절약해주는 세 줄 요약의 기술

두 번째 업그레이드 기술은 전체 기획 보고서 내용을 요약하는 방법입니다. 제목 바로 밑에 기술해 '요약 및 결론'이라고 쓰기도 하고, '핵심 요약'이나 '개요'라고 쓰기도 합니다. 임원이나 사장님을 위한 요약이라는 뜻으로 'Executive Summary'라는 표현도 씁니다.

회사마다 부르는 명칭이나 표현 방법은 다르지만 본질은 하나입니다. 상사가 기획 보고서의 전체 내용을 보기 어려우니까 핵심만 간결하게 정리해서 작성하는 것입니다.

물론 '충실하게 보고서를 썼으면 됐지, 요약까지 바라는 건 너무한 거 아냐?'라고 생각할 수 있습니다. 하지만 상사 입장에서 생각해보면 충분히 이해가 됩니다.

공사다망한 상사는 기획 보고서를 끝까지 읽어줄 '시간'이 없습니다. 복잡하고 장황한 보고서를 다 읽고 싶은 '인내심'도 없습니다. 핵심만 빠르게 파악해서 판단하고 결정하고 싶은 것이 인지상정입니다.

시간도 없고, 인내심도 없는 상사를 공략하기 위해, 제목 바로 밑에 보고서 전체 내용을 요약하는 세 줄 문장을 만들어보는 것은 어떨까요? 방법은 간단합니다. 앞서 설명한 기획 보고서의 구성 요소 중에 [How]를 제외하고 [Why], [What], [So What]을 추출해서 정리하면 됩니다. '왜' 하고, '뭘' 하면, '어떤 효과'가 만들어진다는 흐름입니다.

- 1줄(Why) : 이런 문제로 인해, 이런 목적으로, 이런 필요가 있어서 등
- 2줄(What) : 이것을 추진하여, ~를 진행하여, ~를 도입하여 등
- 3줄(So What) : ~의 수준을 달성함, ~를 목표로 함, ~라는 효과를 거둠 등

앞에 열거한 표현을 자유자재로 조합하면, 다양한 세 줄 요약문을 만들 수 있습니다.

- 예시 1 : ~라는 문제로 인해 ~를 운영하여 ~의 효과를 창출
- 예시 2 : ~를 목적으로 ~를 시행하여 ~의 성과를 창출
- 예시 3 : ~라는 배경으로 ~을 실행하여 ~의 수준에 도달

이제 야근과 육아에 가사까지 더해져 바쁜 아내를 위해 다이어트 기획서에 요약 기술을 적용해보겠습니다.

[핵심 요약]
최근 체중 증가와 건강 악화로 생업인 강의 활동에 어려움이 있어, 시간과 비용 집약적인 프리미엄 황제 다이어트를 시행하여 2개월 이내 10kg을 감량하고 자신감 회복에 기여하고자 함

문장이 복잡해 보인다 싶으면, 단문으로 분리해서 기술하는 것도 가능합니다.

[핵심 요약]
- 최근 체중 증가와 건강 악화로 생업인 강의 활동이 어려움
- 시간과 비용 집약적인 프리미엄 황제 다이어트를 시행함
- 2개월 이내 10kg을 감량하고, 자신감 회복에 기여함

상사를 배려하고 기획 보고서의 설득력을 올리기 위해, 'Why-What-So What'으로 세 줄 요약문을 작성해보는 것은 어떨까요? 상사가 기획 보고서를 검토하는 시간은 줄어들고, 기획 보고서의 설득 확률은 올라갈 것입니다.

③ 기획 보고서의 추가 구성 요소

세상에는 3W 1H로 설득이 가능한 상사가 있는 반면, '이런 것까지 물어본다고?'라는 생각이 들 정도로 추가적인 정보를 요구하는 상사도 있습니다. 직급이나 조직 내 역할, 개인 특성에 따라 보고서를 검토하는 방식이나 중요하게 생각하는 포인트가 다르기 때문입니다. 직속 상사나 상사의 상사 유형에 맞게 기획 보고서에 필요한 요소를 추가해야 합니다.

지금부터 대한민국에 흔히 있을 법한 상사 유형을 다섯 가지로 구분하고, 그에 따른 기획 보고서의 추가 구성 요소를 정리해보겠습니다.

[대한민국의 흔하디흔한 상사 유형 다섯 가지]

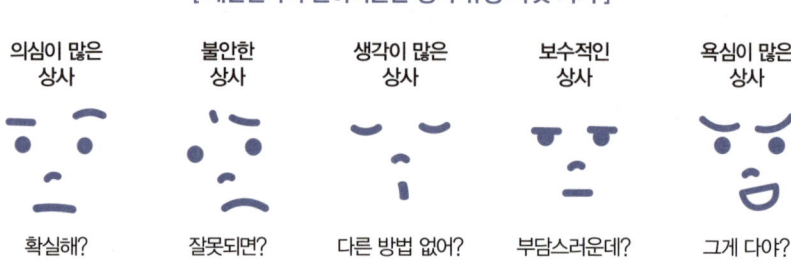

첫째, 의심이 많은 상사가 제일 싫어하는 기획 보고서는 뜬구름 잡는 이야기, 근거 없는 내용이 잔뜩 담긴 보고서입니다. 근거 없는 기획자의 일방적인 주장 앞에 혀를 내두르며, 무자비한 말로 공격해 올 수 있습니다.

> "근거가 있어? 확실해?"
>
> "성공 사례나 유사 사례가 있어?"
>
> "효과가 있는 거 맞아?"

가장 효과적인 방패는 '다수의 법칙'과 '권위의 법칙'을 활용하는 것입니다. 먼저, 다수의 법칙은 많은 사람이 사용하고 있으니, 믿어도 좋다고 설득하는 방법입니다. 단적인 예로, 신당동 떡볶이 골목에 가면 사람이 가장 많은 곳을 가는 것과 같은 이치라고 할 수 있습니다.

타사 사례, 성공 사례, 수요 조사 결과, 설문 조사 결과 등을 제시하며 다수가 동의한다는 내용을 추가하면 됩니다. 가장 많이 활용하는 방법은 사례를 제시하는 것인데, 이때 단순히 사례만 제시하는 것보다 효과까지 함께 기술하면 설득력이 배가됩니다.

> ○ 성공 사례
> - 비슷한 시스템을 BMW에서 활용하고 있으며, 이 시스템을 도입한 결과 매출이 10% 상승

권위의 법칙은 상사가 무시할 수 없는 슈퍼 히어로를 보고서에 등장시켜 권위로 압도하는 방법입니다. 사회 유명 인사나 전문가의 주장, 언론 보도자료, 논문, 실험 결과 등을 설득의 근거로 활용할 수 있습니다.

> ○ 추진 근거
> - 김미진 박사는 2023년 발표한 '디지털 플랫폼의 시장 영향력 분석' 보고서에서 플랫폼 구축이 시장 점유율 확대와 고객 충성도 확보를 위한 핵심 전략이라고 분석함
>
> ○ 참고 자료
> - 한국교통공단은 2023년 발표한 '친환경 엔진 기술 성능 테스트' 실험 결과를 통해 엔진 효율이 15% 향상되었다고 보고함

이때 근거 자료는 '최신성'과 '신뢰성'을 갖춰야 합니다. 최근에 발표된 자료일수록 신뢰가 생기고 신뢰받는 기관이나 기업에서 발표한 자료일수록 가치가 높습니다. 또한 근거 자료를 제시할 때는 사실성을 더하기 위해 출처와 연도를 함께 기술하는 것이 좋습니다.

황제 다이어트를 기획하는 남편은 황제 다이어트의 효과에 의심을 품은 아내를 공략하기 위해 보고서에 아래와 같은 내용을 추가할 수 있을 것 같습니다.

> ▫ 사례 및 근거
> ○ 유명 배우 ○○○ 씨, 황제 다이어트 시행 후 3개월 만에 20kg 감량
> ○ 〈잉글랜드 저널 오브 메디슨〉에서 저탄수화물 식단과 고지방 식단을 1년간 추적 연구한 결과 장기적인 체중 감량 효과에 탁월함이 입증됨

둘째, 생각이 많은 상사는 기획의 내용이 마음에 들지 않거나 기획자가 가진 생각의 폭을 테스트해보기 위해 이런 질문을 하는 경우가 있습니다.

> "다른 방법 생각해 봤어?"
>
> "그게 최선이야?"
>
> "내가 봤을 땐 그거 말고 이게 나을 것 같은데?"

이때 혀 끝에 '그렇게 잘 알면 네가 하면 되지?'라는 말이 걸리더라도 잠시 넣어두어야 합니다. 이런 말은 아무런 도움이 되지 않습니다. 차라리 '내가 너보다 더 많이 고민했음'을 보고서에 담아내는 편이 낫습니다.

여러 가지 대안을 비교 검토한 후 이런저런 이유로 내가 선택한 대안이 우

수하다는 점을 설명하면 됩니다. 한 가지 답을 정해놓고 기획을 시작한 것이 아니라 여러 방안을 고민해보았고, 가장 합리적인 것을 선택했다는 비교 기법으로 설득을 시도해야 합니다.

비교를 통해 대안의 우수성을 강조할 때 통상적으로 두 가지 방법을 많이 활용합니다.

첫 번째는 직접 비교법으로 A안, B안, C안 등 다양한 방안의 특징, 장점, 단점 등을 기술한 후에 내가 선택한 A안의 우위를 보여주는 겁니다. 두 번째는 가중치 비교법으로 사안이 더 복잡할 경우에 활용합니다. 평가 지표별로 0.1에서 0.9점까지 가중치를 부여하고 대안별로 점수를 매긴 후 가중치와 점수를 곱한 결과를 비교해서 최종 대안을 선정했음을 보여주는 방식입니다.

[직접 비교법]

구분	장점	단점
자동차 장기 렌탈	비용 일괄 관리	매달 비용 지불의 부담
자동차 구매	내 차라는 자부심	단기간에 고비용 필요

[가중치 비교법]

구분 (가중치)	안전성 (0.3)	디자인 (0.5)	승차감 (0.2)	총점
A 자동차	1	3	3	2.4
B 자동차	2	4	5	3.6
C 자동차	2	3	2	2.5

이제 황제 다이어트의 설득력을 높이기 위해서 조깅, 헬스, 간헐적 단식이라는 세 가지 희생양을 보고서에 끌어들입니다. 황제 다이어트와 희생양과의

비교를 통해 황제 다이어트를 선택할 수밖에 없는 비교 우위를 확실하게 보여 줍니다.

□ **대안 비교**
 ○ 대안 비교 결과 별도로 시간이 필요하지 않고 효과가 빠르며 상대적인 리스크가 적은 황제 다이어트가 최적의 솔루션으로 판단됨

항목	황제 다이어트	조깅	헬스	간헐적 단식
비용	700,000원/월	200,000원/월	500,000원/월	100,000원/월
투입 시간	–	1.5시간/일	2시간/일	–
효과 (체중감량)	빠름 (저탄수화물로 빠른 감량)	중간 (지속적일 때 효과)	높음 (근력 증가 및 체중 감량)	빠름 (공복 기간 동안 체중 감량)
리스크	영양 불균형, 장기적인 건강 문제 가능성	무릎 관절 부담, 부상 위험	부상 위험, 과한 운동 시 탈진	영양 부족, 요요 현상 가능성
지속 가능성	중	하	하	하

셋째, 상사들 중에 늘 불안한 사람이 있습니다. 실패 경험도 많고 책임질 일이 두렵기 때문입니다. 이런 분들은 새로운 시도 앞에 늘 잘못될 일을 먼저 생각합니다. 탁월한 기획자라면 상사가 걱정할 만한 불안 요소, 일을 추진하면서 벌어질 수 있는 잠재 문제를 찾아서 대비 방안까지 보고서에 담아내야 합니다. '장애 요인 및 대응 방안', '리스크 매니지먼트(Risk management)' 혹은 '컨틴전시 플랜(Contingency plan)' 등의 내용을 추가하면 됩니다.

예를 들어, 체육대회 기획 보고서를 작성해서 상사에게 제출했다고 가정해 보겠습니다. 검토를 끝낸 상사의 머릿속에는 자연스레 이런 생각이 자리합니다.

> '체육대회 날 비가 오면 어떻게 하지?'
> '진행 중에 부상자가 발생하면 어떻게 조치하지?'
> '뒤풀이에서 과도한 음주로 불미스러운 일이 벌어지진 않을까?'

이때 보고서 한 켠에 아래와 같은 내용이 마련되어 있다면 상사의 불안감을 잠재우며 좀 더 설득력 있게 느껴질 것입니다.

○ 장애 요인 및 대응 방안
- 체육대회 진행 시 과도한 경쟁으로 부상자가 발생할 것을 대비하여, 사전에 주의사항을 전달하고 과도한 경쟁 시 심판이 제지하게 함
- 담당자는 행사장 내 구급 상자를 비치하고 위급 상황 발생시 인근 최단 거리 종합병원으로 이송할 수 있는 방안을 숙지함

상사 입장에서 '다 잘될 거야'라는 내용으로 가득하거나 '장밋빛 미래'만 그린 보고서보다 실패 요인, 잠재 문제 등을 충분히 고민한 보고서가 훨씬 더 현실적으로 느껴집니다. 이렇게까지 고민한 결과를 보고서에 담아내면 그 고민의 흔적은 고스란히 신뢰로 이어지고 신뢰는 곧 설득에 대한 보증수표가 되어줄 것입니다.

이제 황제 다이어트를 시행하면서 발생할 수 있는 잠재 문제와 그에 대한 대응 방안을 정리해서 아내의 불안을 한 방에 날려보겠습니다.

□ 리스크 매니지먼트 플랜
○ 영양 불균형으로 인한 건강 우려

- 필수 영양소를 보충하기 위해 비타민과 미네랄 보충제를 복용하고, 주기적으로 영양 상담을 받아 식단을 점검
○ 장기적으로 지속되지 않을 가능성
- 주기적으로 체중 감량이나 신체 변화를 기록하며 동기 부여하고, 식단에 변화를 주어 지루함을 방지함

넷째, 보수적인 상사는 변화를 수용하기보다 거부하고 저항하는 성향을 보입니다. 새로운 기획을 앞두고 늘 망설이며 속으로 이런 생각을 하곤 합니다.

'그냥 하던 대로 하지?'

'예산이 너무 많이 들어가는데?'

'이게 될까? 너무 부담스러운데.'

이때, 처음부터 크게 시도하는 것보다 작게 해보고 검증되면 점차 확대하겠다는 접근으로 상사의 심리적 저항을 줄여주는 것이 좋습니다. 시간, 타깃, 장소를 한정해서 작게 시행해보겠다는 내용을 담아, 시범 운영 혹은 파일럿 테스트 계획 등을 추가하면 됩니다.

- **시간의 한정** : 12월 한 달만 우선으로 진행
- **타깃의 한정** : 20대 초반 대학생 100명을 대상으로 테스트
- **장소의 한정** : 전국 확대 이전에 서울·경기 지역에서 시행

황제 다이어트를 부담스러워하는 아내의 심리적 저항을 극복하기 위해 다이어트 기획서에 시범 운영 계획을 포함시켜봅니다.

> □ **시범 운영 계획**
>   ○ 최초 1주일 동안 시범적으로 시행하여 체중 감량, 신체 변화, 에너지 수준 등을 평가하고, 적합성 여부를 확인한 후에 지속 시행

마지막으로, 일 욕심이 있거나 거대한 포부를 품은 상사도 있습니다. 이런 상사는 지금의 성공에 안주하지 않고 끊임없이 '다음'을 외칩니다.

> "이게 다야? 더 없어?"
>
> "비전도 없이 단기 계획만 가지고 되겠어?"
>
> "큰 그림도 없이, 이거 끝나면 다음에 어떻게 할 건데?"

집을 짓다 보면, 2층을 올리면 좋을 것 같고, 다락방도 필요해 보이고, 마당도 있으면 좋겠고, 조경도 꾸미고 싶다는 생각이 끊임없이 이어집니다. 마찬가지로 보고서를 검토하다 보면 상사의 아이디어는 꼬리에 꼬리를 물고 이어집니다. 어디서 그런 아이디어가 솟구치는지 정말 틀어막고 싶은 마음이 들 수도 있습니다.

이런 상사들을 공략하기 위해서 더 큰 비전이나 향후 계획을 보여주는 것이 좋습니다. 중장기 계획, 확장 계획, 향후 계획 등의 내용을 추가하거나 단기-중기-장기, 1단계-2단계-3단계 등의 순차적인 계획을 추가해도 됩니다. 구체성은 다소 부족하더라도 기획이 미시적이지 않고 확장 가능성이 있다는 것을 보여주면 충분합니다.

이제 아내에게 장기적인 포부와 확장 계획을 보여주면서 보고서에 마침표를 찍어보겠습니다.

□ **향후 계획**
  ○ 황제 다이어트가 아닌 균형 잡힌 식단으로 서서히 전환해서, 건강식 위주의 식단을 구성하여 장기적인 체중 감량 도모 ('24. 11~)
  ○ 황제 다이어트와 함께 체력 향상과 건강을 위해 조깅, 근력 운동 등을 병행 ('24. 12~)

지금까지 기획 보고서의 목차 구성 방법과 업그레이드 기술에 대해 설명했습니다. 길었던 이야기를 한 문장으로 요약하면 기획 보고서 작성의 핵심이란 '상대방의 질문에 적절하고 명확한 답을 제시하는 것'이라고 생각합니다. 이를 한눈에 이해할 수 있도록 그림으로 정리하며, 보고서계의 최고봉 기획 보고서 작성법에 대한 설명을 마무리하겠습니다.

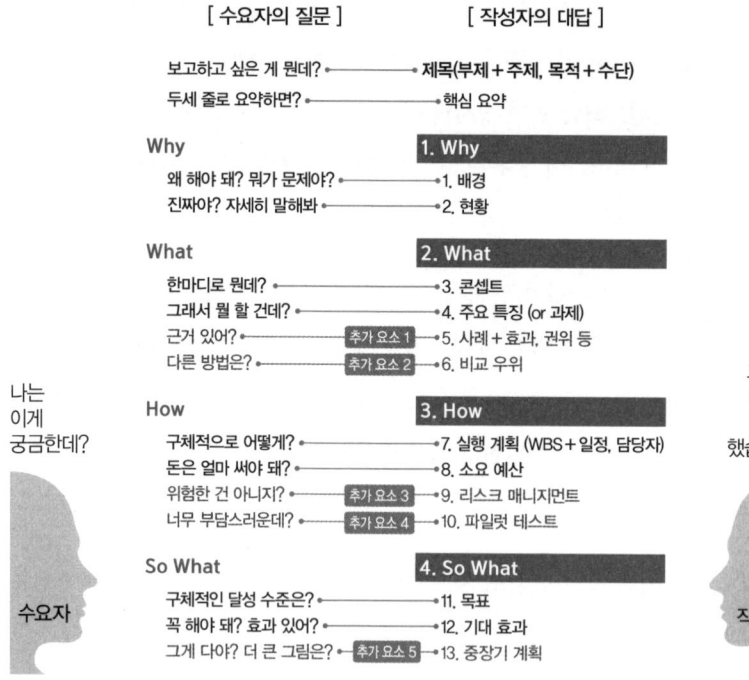

CHAPTER 03
보고서의 문장

"보고서의 인상은 문장이 결정한다."

LESSON 01
보고서 문장은 상대방 입장에서 생각하고 쓴다

보고서의 시작이자 기초가 되는 문장

구조가 튼튼하고 외형도 아름다운 집이 있습니다. 철골 콘크리트의 탄탄한 구조에 외벽은 최신 트렌드로 마무리하고 인테리어도 세련되게 꾸몄습니다. 만족스러운 마음으로 이곳저곳 집을 둘러보는데 벽돌 하나가 깨져 있는 것을 발견하게 됩니다. 사소한 부분이지만 그 작은 흠이 계속 눈에 들어와서 집의 가치가 떨어져 보입니다.

보고서도 마찬가지입니다. 전체 논리 구조가 탄탄하고 내용이 알차며 형식까지 잘 갖춰졌다 하더라도 보고서의 기초가 되는 문장이 제대로 되어 있지 않으면 허접한 보고서로 보일 수 있습니다. 집을 짓는 데 있어 벽돌 하나하나가 제대로 쌓여야 집이 튼튼하고 아름다울 수 있듯이 보고서도 문장이 탄탄해야 비로소 완성도 높은 보고서가 될 수 있습니다. 보고서의 시작이자 기초가 되는 문장이 그만큼 중요하다는 의미입니다.

본격적으로 문장 작성 방법에 대해 설명하기 전에, 보고서를 작성할 때 잊지 말아야 할 중요한 사실 한 가지를 말씀드리겠습니다. 너무 당연한 사실이지만, 너무 당연해서 쉽게 간과하는 사실이기도 합니다.

> "보고서는 수요자가 있는 문서다."

보고서는 혼자 쓰고 간직하는 일기가 아닙니다. 중요한 것은 '내가 어떻게 쓰느냐'가 아니라, '상대방이 어떻게 이해하느냐'입니다. 그래서 보고서 문장은 반드시 상대방의 입장에서 생각하고 써야 합니다. 보고서 문장을 쓸 때 다른 모든 걸 버리더라도 꼭 지켜야 할 핵심 원칙이자, 좋은 보고서를 쓰는 출발점이라고 생각합니다.

그렇다면 상대방 입장에서 생각하고 문장을 쓰기 위해서는 어떻게 해야 할까요? 답은 생각보다 쉽게 찾을 수 있습니다.

> "무슨 뜻이지? 왜 이렇게 불분명하게 썼지?"
>
> "내용은 복잡하고, 어려운 단어도 잔뜩 썼네."
>
> "뭐가 이렇게 길고 장황해?"

위와 같이 다른 사람이 쓴 보고서를 읽으면서 느꼈던 부정적인 생각을 떠올려보고 같은 마음을 상대방이 느끼지 않도록 하는 것, 그것이 바로 상대방 입장에서 생각하고 문장을 쓰는 가장 확실한 방법입니다. 이를 위해 저는 구체적으로 세 가지 방법을 제시합니다.

[보고서 문장 표현의 3대 원칙]

① **명확하게** : 말하고자 하는 의도가 오해 없이 정확하게
② **쉽게** : 상대방이 이해하기 쉬운 표현으로
③ **간결하게** : 핵심을 담고 있으면서도 짧게

① 보고서 문장은 명확하게 써야 한다

여기서 '명확하다'의 의미는 '정확하다'와는 조금 다릅니다. '정확하다'는 틀리지 않다, 맞는다는 뜻인 반면, '명확하다'는 정확함에 더해 상대방의 오해가 없어야 한다는 의미까지 포함됩니다. 즉, 문장을 명확하게 쓴다는 것은 단순히 틀리지 않은 문장을 쓰는 것을 넘어, 전하고자 하는 의미가 오해 없이 정확하게 전달될 수 있도록 쓰는 것입니다.

그럼 명확한 문장을 쓰기 위해서는 어떻게 해야 할까요? 구체적인 문장 기술 방법은 뒤에서 소개하기로 하고, 이번 LESSON에서는 명확한 문장을 쓰기 위해 지켜야 할 중요한 원칙 한 가지를 소개하려고 합니다.

> "지식의 저주는 피해라."

지식의 저주란 내가 아는 것을 상대방도 알고 있을 것이라 착각하는 현상을 말합니다. 내가 말한 그대로 상대방이 알아들을 거라고 착각하는 현상도 포함됩니다.

[지식의 저주]

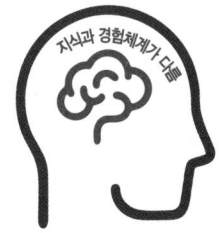
❶ 내가 아는 것을 상대방도 알 것이라는 착각
가 ⟶ 뭥?
❷ 내가 말한 의도대로 알아들을 것이라는 착각
A ⟶ A', B, C
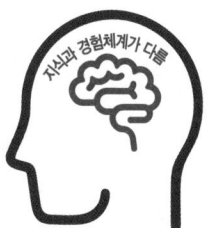

상대방은 나와 전혀 다른 경험과 사고 체계를 가지고 있습니다. 내 입장에서만 생각하고 문장을 쓰면 상대는 알아듣지 못하거나, 내가 의도한 의미와 다르게 해석할 수 있는 가능성이 있습니다. 예를 들면 이런 식입니다.

> ☐ **문제점**
> - A 공단, B 기관, C 위원회에서 비용 자료를 수집하여 회계 담당자의 업무 부담 증가

'A 공단, B 기관, C 위원회에서 비용 자료를 수집'하는 것과 '회계 담당자의 업무 부담 증가' 사이에 많은 내용이 생략되어 의미 파악이 어렵고, 이해가 가지 않습니다. 상대방 입장에서 '왜 업무가 증가하지? 납득이 안 되네'라고 생각할 수 있습니다. 지식의 저주에 걸린 전형적인 문장입니다.

> ☐ **문제점**
> - A 공단, B 기관, C 위원회에서 비용 자료를 개별적으로 수집·관리하여 자료가 중복되고 정리되지 않아서 회계 담당자의 업무 부담이 증가함

위 문장과 같이 생략된 내용을 추가해서 더 구체적인 문장으로 수정해봅니다. 문장이 다소 길어졌지만, 의미가 명확해졌습니다.

다음 보고서 문장에서도 지식의 저주에 걸린 표현이 발견됩니다.

> □ 스마트워크 추진안
>   ○ 효율적·효과적 회의 진행을 위해 회의 시작 전 회의 준비를 제대로 해야함

위 문장에서 '회의 준비를 제대로 한다'는 생각하기에 따라 두 가지 의미로 해석이 가능합니다.

- 회의 준비 → 물리적 환경 및 기자재
- 회의 준비 → 회의 참석자의 자세

먼저, 물리적인 회의 준비로 해석이 가능합니다. 듣는 사람에 따라 화이트보드, 빔 프로젝터, 화상회의 시스템, 참고 자료 등 회의에 필요한 제반 환경 준비를 제대로 해야 한다고 이해할 수 있습니다.

두 번째로, 참석자의 회의 자세 준비라는 의미로도 해석이 가능합니다. 회의 전에 공유된 회의 자료를 확인 및 숙지하고, 의견도 준비해야 한다는 뜻입니다.

전하고자 하는 의미에 맞게 명확한 문장으로 고쳐 쓰는 것이 좋습니다.

> □ 스마트워크 추진안
>   ○ 효율적·효과적 회의 진행을 위해 회의 시작 2시간 전 회의 자료와 의제를 공유해서 참석자가 회의 준비를 하고 참석할 수 있도록 함

문장은 다소 길어졌지만 상대방에게 다른 해석의 여지를 주지 않고 의도한 그대로인, '명확한' 의미가 전달됩니다.

지식의 저주를 풀 수 있는 해독제는 세상에 단 한 가지밖에 없습니다. 상대방이 내가 하는 말을 모를 수도 있고, 내 의도와는 다르게 잘못 이해할 수도 있다고 끊임없이 의심하면서 최대한 구체적으로 쓰는 것입니다.

물론 앞선 사례처럼 문장이 다소 길어질 수 있다는 단점은 있습니다. 하지만 그 단점을 상쇄하고도 남을 훨씬 더 큰 장점이 있습니다. 간결함은 명확함 앞에서 한 발짝 양보해도 좋습니다.

② 보고서 문장은 쉬워야 한다

우리 뇌는 인지적 구두쇠에 비유됩니다. 여기서 '인지적'의 의미는 생각하는 것을 의미합니다. '구두쇠'는 아끼는 사람을 의미하죠. 이 두 가지 개념을 결합한 인지적 구두쇠는 '생각하는 것을 아낀다'는 의미입니다. 즉, 우리 뇌는 복잡한 사고가 필요한 정보는 피하고, 쉽고 직관적인 정보를 좀 더 편안하게 받아들인다는 의미로 해석할 수 있습니다.

특히, 공사다망하고 이것저것 관장할 일이 많은 상사의 뇌는 내 보고서를 검토하는 순간, 인지적 구두쇠 성향을 강하게 드러냅니다. 한 번 읽고 쓱 이해가 되길 바랍니다. 생각하면서 읽기를 극단적으로 꺼립니다. 술술 읽히고 한 방에 이해되는 보고서를 선호합니다. 이런 상사의 뇌 성향을 고려해서 보고서 문장은 최대한 쉽게 쓰는 것이 좋습니다.

그럼 어떻게 써야 상대방이 이해하기 쉬운 문장이 될까요? 여러 가지 방법이 있지만, 가장 쉽고 효과적인 방법은 상대방을 딱 중학교 2학년 수준이라고 생각하고 쓰는 것입니다. 상대방을 무시하라는 뜻이 아닙니다. 상대방의 입장을 고려해서 쓰자는 의미입니다. 보고서를 읽는 상사는 내가 보고서를 쓰는 데 들인 고민과 노력만큼 내 보고서를 생각해주지 않습니다.

또한, 상사는 여러 가지 업무를 관리하기 때문에 업무에 대해서 넓게 알지만 깊게 알지는 못합니다. 상대적으로 나보다 전문 지식이나 경험이 부족할 수 있습니다. 이런 상사를 배려해서 어렵고 복잡한 내용이나 단어를 쉬운 내용과 단어로 바꿔서 쓰는 것이 좋습니다. 아래 보고서와 같이 어렵고 복잡한 단어로 나열된 문장은 피하는 것이 좋습니다.

☐ **인공지능(AI) 도입 배경**
- 인공지능은 인간의 인지 능력을 모사하는 기술로, 머신러닝(ML) 알고리즘과 딥러닝(Deep Learning) 네트워크를 통해 데이터로부터 패턴을 학습하고 예측 모델 구축
- 이를 통해, NLP, CV, 자율 주행 등 다양한 응용 분야에서 혁신을 주도

인공지능을 잘 모르는 상사가 이 보고서를 본다면, 아마 머릿속이 복잡해지면서 두 번 다시 읽고 싶지 않을지도 모릅니다. 읽기도 불편하고, 이해하기도 어렵습니다. 다음과 같이 쉽게 고쳐 쓰는 것이 좋습니다.

☐ **인공지능(AI) 도입 배경**
- 인공지능은 컴퓨터가 사람처럼 생각하고 배울 수 있도록 만드는 기술로, 많은 데이터를 수집한 후에 분석해서 스스로 규칙을 찾아 미래를 예측할 수 있음
- 이를 통해, 인간의 언어를 이해하거나, 이미지를 분석하거나, 자율주행 등의 다양한 분야에서 활용되고 있음

아래 문장도 상사 입장에서는 이해하기 어려운 표현이라고 생각합니다.

☐ **도시 재생 사업 방안**
○ 부산시는 배리어 프리 환경 조성을 위해 내년부터 베이비 스텝 방식 도입을 결정함

상사가 '배리어 프리'와 '베이비 스텝'의 의미를 모른다면, 이 문장을 이해할 확률은 제로에 가깝습니다. 상사를 배려해서 쉬운 표현으로 바꿔 쓰는 것이 좋습니다.

☐ **도시 재생 사업 방안**
○ 부산시는 장애인과 노약자가 편하게 다닐 수 있도록 작은 변화부터 시행하기로 함

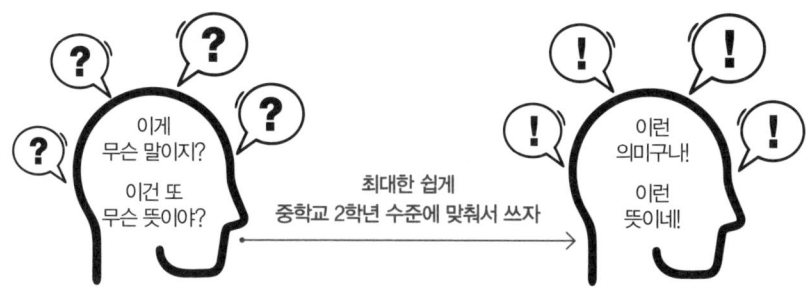

　보고서를 읽는 상사의 머릿속에 '?'가 뜨는 횟수만큼 내 보고서의 통과 확률은 떨어집니다. '?'를 '!'로 바꾸는 방법은 상사를 중학교 2학년 수준으로 생각하고 쉬운 문장을 쉽게 쓰는 것입니다. 상사의 머릿속에 '?'는 지워지고 '!'가 자리 해야 보고서의 통과 확률이 올라갑니다.

③ 보고서 문장은 간결해야 한다

　문장을 간결하게 쓰는 가장 확실한 방법은 문장에서 핵심만 남기고 불필요한 내용이나 단어를 제거하는 것입니다. 하지만 문장을 쓰다 보면 뭐가 핵심이고 뭐가 불필요한 내용인지 판단하기란 쉽지 않습니다.

　이때 활용해볼 수 있는 방법은 단문으로 쓰는 것입니다. 단문은 한 문장 안에 한 개의 의미만 담아, 주어와 술어가 한 번씩 나오는 문장을 의미합니다. 물론 쉬운 방법은 아닙니다. 보고서 전문가나 전업 작가도 쉽게 구사하기 어려운 방법입니다.

내 생각을 적으면서 한 문장 안에 한 개 의미만 담기도 쉽지 않고, 한 문장 안에 주어와 술어를 한 번만 쓰는 것도 매우 어렵습니다. 결정적으로 보고서 문장에 담기는 내용은 그리 단순하지 않습니다.

그래서 저는 좀 더 쉬운 방법으로 '두 줄 이하의 문장'으로 쓸 것을 추천합니다. 두 줄은 길게 느껴지는 길이도 아니고, 그나마 쉽게 따라해볼 수 있는 방법이기 때문입니다.

먼저 생각나는 대로 문장을 다 씁니다. 그 후에 두 줄 이하로 줄이고자 마음먹으면 자연스레 불필요한 내용이나 필요 없는 단어가 눈에 들어옵니다.

아래 예시를 통해서 구체적인 방법을 확인해보겠습니다.

> ☐ 배경
> ○ 코로나19가 지속되는 상황에서 비만·당뇨 등을 앓는 청소년 비만 환자가 급증하고 있으며, 청소년 비만 환자는 성인 비만, 정신 질환, 만성 질환 및 합병증 등의 성인병으로 연계될 가능성이 높아 청소년 비만 환자 감소를 위한 대책 마련이 시급함

위 문장은 꽤 길고 복잡하게 느껴집니다. '지속되는 상황'에서 '지속되는'은 굳이 쓸 필요가 없는 말로 보입니다. 또한 '청소년 비만 환자'라는 표현이 계속해서 중복 사용되었습니다. '성인 비만, 정신 질환, 만성 질환 및 합병증 등'의 구체적인 설명도 여기에선 불필요합니다. 불필요한 내용이나 단어를 제거하고, 다음과 같이 고쳐 쓰면 문장이 간결해집니다.

> □ **배경**
> ○ 코로나19 상황에서 비만·당뇨 등을 앓는 청소년 환자가 증가하고 있으며, 다양한 성인병으로 이어질 수 있어 대책 마련이 시급함

혹시 두 줄 이하로 줄여 쓰는 것이 어렵다면, 아래와 같이 긴 문장의 허리를 잘라 두 문장으로 나누어 쓰는 것도 가능합니다. 단순히 문장을 분리하는 것만으로도 읽기 편하고 내용을 파악하기도 쉬워집니다.

> □ **배경**
> ○ 코로나19가 지속되는 상황에서 비만·당뇨 등을 앓는 청소년 환자가 급증하고 있음
> ○ 청소년 비만은 성인 비만, 정신 질환, 만성 질환 및 합병증 등으로 연계될 가능성이 높아 청소년 비만 환자 감소를 위한 대책 마련이 시급함

복잡한 생각을 표현함에 있어 문장을 길게 쓰는 것을 피하기는 어렵습니다. 그럼에도 긴 문장은 작성자나 수요자 모두에게 좋지 않은 방식입니다. 작성자 입장에서는 문법 오류가 늘어나고 표현의 정확도가 떨어집니다. 수요자 입장에서는 긴 문장을 이해하기 위한 인지적 노력을 기울여야 하고, 이에 따라 스트레스가 같이 상승합니다. 한마디로 양측에 좋을 것이 하나 없기 때문에 간결하게 쓰는 것만이 작성자와 수요자 모두에게 좋은 방법입니다.

보고서 문장은 상대방 입장에서 생각하고 써야 합니다. 어쩌면 보고서를 쓸 때마다 귀에 못이 박히도록 들어서 너무 당연하게 생각하는 말일 수도 있습니다. 그래서인지 너무 당연하게 생각할 뿐, 이를 실천하는 데는 인색한 것이 현실입니다. 마치 공기의 소중함을 느끼지 못하는 것과 같습니다.

- **명확한 문장** : 지식의 저주에 걸리지 않고, 구체적으로 쓴다.
- **쉬운 문장** : 중학교 2학년 수준에 맞춰 쉬운 표현으로 고쳐 쓴다.
- **간결한 문장** : 두 줄 이하의 문장으로 쓴다.

앞서 제시한 명확하고, 쉽고, 간결한 문장을 쓰기 위한 노력만으로 상대방 입장에서 생각하고 문장을 쓸 수 있습니다. 상대방 입장에서 쓴 문장은 보고서라는 집을 든든하게 받쳐주는 가장 확실한 주춧돌이 되어줄 것입니다. 다음 LESSON부터는 실제 보고서에서 발견되는 문장 실수를 중심으로, 좀 더 구체적인 문장 표현 방법에 대해서 이야기해보겠습니다.

LESSON 02
명확한 문장 표현의 기술 다섯 가지

어렸을 적 즐겨 들었던 노래 중에 이런 가사가 있습니다.

'믿음과 소망과 사랑 중에 그중에 제일은 사랑이다.'

이 가사에 빗대서 저는 문장 표현의 3대 원칙을 이야기하고 싶습니다. 문장 표현의 3대 원칙인 명확하게, 쉽게, 간결하게 중에 그중에 제일은 '명확하게'라고 말이죠. 명확함이 전제되지 않은 문장은 아무리 쉽고 간결해도 의미가 퇴색할 수밖에 없기 때문입니다.

앞서 명확한 문장을 쓰기 위한 방법으로 지식의 저주에 걸리지 않아야 한다고 설명했습니다. 이번 LESSON에서는 명확한 문장을 쓰는 구체적인 방법 다섯 가지를 사례와 함께 알아보겠습니다.

① 문장의 주요 성분 생략에 유의한다

한국어 문장은 주요 성분 네 가지와 부속 성분 두 가지로 구성됩니다. 주요 성분 네 가지는 주어, 술어, 목적어, 보어이고, 부속 성분 두 가지는 관형어, 부사어입니다.

관형어나 부사어 등의 부속 성분은 문장에서 생략해도 크게 문제가 없지만, 주성분에 해당하는 네 가지 요소가 생략된 문장은 상대방에게 불분명한 의미를 전할 수 있습니다. 특히 문장의 주체가 되는 주어의 생략에는 유의해야 합니다. 아래 문장을 한 번 읽어보겠습니다.

□ **기대 효과**
  ○ 위치 문의, 증명서 발급 등 단순 반복 문의 감소로 복지 민원, 일자리 지원 등 전문적인 행정 상담 업무에 집중 가능

위 문장에서는 '누가' 전문적인 행정 상담 업무에 집중이 가능하다는 것인지 의미가 명확하지 않습니다. 생략된 주어를 찾아서 아래와 같이 고쳐 씁니다.

□ **기대 효과**
  ○ 창구 직원은 위치 문의, 증명서 발급 등 단순 반복 문의 감소로 복지 민원, 일자리 지원 등 전문적인 행정 상담 업무에 집중 가능

이때 한 가지 팁으로, 주어와 술어의 사이가 가까울수록 뜻이 명확해지고, 읽기에도 수월합니다. 문장의 주어 '창구 직원'의 위치를 술어와 가까운 곳으로 옮겨봅니다.

> ☐ **기대 효과**
>   ○ 위치 문의, 증명서 발급 등 단순 반복 문의 감소로 <u>창구 직원은</u> 복지 민원, 일자리 지원 등 전문적인 행정 상담 업무에 <u>집중 가능</u>

사라진 주어를 찾아서 추가하고, 주어와 술어의 거리를 가깝게 붙여 놓으니 좀 더 읽기 편하고, 명확한 문장이 완성되었습니다.

사실 보고서 문장 표현에 절대적인 정답은 없습니다. 하지만 주어와 술어 사이의 거리가 멀수록 의미 파악이 어렵거나 문법 오류가 있을 수 있습니다. 주어와 술어 사이 거리는 가급적 가깝게 배치하는 것을 추천합니다. 아래 두 개의 문장을 비교해서 읽어보면 그 차이를 이해할 수 있습니다.

- <u>A 지역 부동산 가격이</u> 최근 주택가격 상승으로 최대 500만 원/평 <u>인상됨</u>
- 최근 주택가격 상승으로 <u>A 지역 부동산 가격이</u> 최대 500만 원/평 <u>인상됨</u>

보고서를 검토하다 보면 주어뿐만 아니라, 목적어가 생략된 문장도 많이 등장합니다. 예를 들면 이런 식입니다.

> ☐ **마약 관련 대책**
>   ○ 인터넷, SNS 등 24시간 상시 범죄 모니터링 구축으로 <u>사전 차단</u>

사전 차단 앞쪽에 '무엇을' 사전 차단한다는 것인지 목적어가 생략되어 의미가 명확하지 않습니다. 물론 작성자는 다 알고 썼겠지만, 상대방은 생략된 의미를 추론하기가 쉽지 않습니다. 지식의 저주에 걸린 전형적인 문장입니다. 다음과 같이 사라진 목적어를 찾아서 명확한 문장으로 고쳐봅니다.

□ 마약 관련 대책
　○ 인터넷, SNS 등 24시간 상시 범죄 모니터링 구축으로 <u>마약 유통을</u> <u>사전에 차단함</u>

아래 문장은 좀 심각한 수준입니다. 주어도 목적어도 찾아볼 수 없는 문장을 마주하면 답답함이 철철 흘러 넘칠 것입니다.

□ 킥보드 전용 주차 공간 부재
　• 아무데나 주차해 놓아 통행을 방해받고 도시 미관을 해침

'누가' 아무데나 주차했는지, '누가' 통행을 방해받는지 '주어'가 생략되어 있습니다. '무엇을' 아무데나 주차했는지 '목적어'도 생략되어 있습니다. 아래와 같이 주어와 목적어를 추가해서 명확한 문장으로 수정해봅니다.

□ 킥보드 전용 주차 공간 부재
　• <u>사용자가</u> <u>전동 킥보드를</u> 아무데나 주차해서 <u>보행자가</u> <u>통행을</u> 방해받고 도시 미관을 해침

② 문장 성분 간의 호응에 유의한다

보고서를 읽다 보면 대충 무슨 의미인지는 알겠는데, 어딘지 모르게 어색한 문장이 있습니다. 뜻은 통하지만 문장이 아닌 문장일 때 그렇습니다. 이런 문장을 비문이라고 합니다. 가장 대표적인 경우는 주어와 술어가 호응하지 않는 경

우입니다. 예를 들면 이런 식입니다.

- 매니저의 역할은 직원들이 성과를 낼 수 있도록 지원해야 한다.

위 문장에서 주어는 '매니저의 역할'이고, 술어는 '지원해야 한다'입니다. 이때, 주어와 술어 사이에 '직원들이 성과를 낼 수 있도록'이라는 문장이 삽입되면서 문장이 길어졌습니다. 결국 주어와 술어 사이의 거리가 멀어져 호응하지 못하는 실수가 벌어졌습니다. 내용을 이해하는 데 문제는 없지만, 어딘지 모르게 어색합니다. 아래와 같이 주어와 술어가 호응하도록 문장을 고쳐봅니다.

- 매니저의 역할은 직원들이 성과를 낼 수 있도록 지원하는 것이다.
- 매니저는 직원들이 성과를 낼 수 있도록 지원해야 한다.

아래 보고서 문장도 자연스러워 보이지만 주어와 술어가 호응하지 못하는 실수가 포함되어 있습니다.

> ☐ 현황
> - A 상품에 대한 주요 불만은 품질 개선과 가격 상승이다.

문장을 이렇게 쓰면 'A 상품에 대한 주요 불만'이 '품질 개선'과 '가격 상승'이라는 뜻이 됩니다. 주어와 술어가 호응하지 않습니다. '품질 개선'은 불만이 될 수 없습니다. 아래와 같이 고쳐 쓰는 게 좋습니다.

> ☐ 현황
> - A 상품에 대한 주요 불만은 품질과 가격 상승이다.

주어와 술어의 호응 못지않게 목적어와 술어가 호응하지 않는 실수도 보고서에서 많이 발견됩니다.

- 이 장치는 <u>유해 가스</u>와 <u>에너지 효율</u>을 <u>높이려고</u> 개발되었다.

위 문장을 분리해보면, '유해 가스를 높이고', '에너지 효율을 높인다'는 뜻이 전달됩니다. 유해 가스를 높이는 것은 맞지 않는 표현입니다. 아래와 같이 고쳐 쓰는 것이 좋습니다.

- 이 장치는 <u>유해 가스</u>를 <u>줄이고</u> <u>에너지 효율</u>을 <u>높이려고</u> 개발되었다.

③ 문장은 한 번만 꺾어서 쓴다

지나치게 긴 문장이나 여러 번 꺾인 문장은 이해하기 어렵고, 중심 메시지를 희석할 위험이 있습니다. 반면 한 번만 꺾인 문장은 정보의 흐름이 단순해져서 보다 명확한 의미를 전달할 수 있습니다. 먼저 복잡하게 여러 번 꺾여 있는 예시 문장을 보겠습니다.

- 고객 수요 증가로 <u>인한</u> 판매량 급증으로 <u>인하여</u>, 재고 수량이 부족하여 생산팀과 협조를 진행하기 <u>위하여</u>, 사전 협의를 <u>위한</u> 협의체 구성이 필요함

앞 문장에서 '~로 인한', '~로 인하여', '~하여'가 복잡하게 꼬여 있고, 뒤 문장에서도 '~를 하기 위하여', '~를 위한'이 반복되면서 문장이 복잡해졌습니다. 읽기도 어렵고, 의미도 명확하게 전달되지 않습니다.

복잡하게 꼬여 있는 문장을 정리해보면 '문제'와 '방법'으로 정리할 수 있을 것 같습니다. '고객 수요 증가로 판매량이 급증해서 재고가 부족한 것'이 문제

고, '생산팀과 사전 협의체를 구성하는 것'이 방법입니다. 아래와 같이 한 번만 꺾어서 문장을 정리해보겠습니다.

- 고객 수요 증가로 판매량이 급증하여 재고가 부족하므로, 생산팀과의 협조를 위해 사전 협의체 구성이 필요함

일부 단어의 순서를 조정해서 아래와 같이 수정하는 것도 가능합니다.

- 고객 수요 증가로 판매량이 급증하여, 생산팀과 사전 협의체를 구성하여 재고 부족 문제를 해결해야 함

아래 문장도 여러 번 꺾여 있어 의미가 명확하지 않습니다. 다 읽고 나서 도대체 뭘 하겠다는 건지 이해하기가 어렵습니다.

- 회사의 내규가 변경됨에 따라 직원들의 혼란을 줄이고자 설명회를 개최하여, 직원들이 변경된 내용을 명확히 이해할 수 있도록 추가 질의응답 시간을 제공하고, 실질적인 사례를 통해 적용 방안을 안내할 예정임.

이 문장은 '목적'과 '방법'으로 구분하여 정리할 수 있습니다. 일부 단어의 순서를 변경하고, 한 번만 꺾어서 명확한 문장으로 수정해보겠습니다.

- 회사 내규 변경으로 발생한 직원들의 혼란을 줄이기 위하여, 직원들이 변경된 내용을 이해하고 실질적인 사례를 통해 적용 방안을 확인할 수 있는 설명회를 개최하고자 함

문장을 한 번만 꺾어서 쓰기 위해서는 보고서에 자주 등장하는 문장 패턴을 익히고 활용하는 것이 도움이 됩니다. 다음과 같이 여섯 가지 패턴으로 정리해봤습니다. 물론 여섯 가지 패턴으로 모든 문장의 유형을 설명할 수는 없습니다. 하지만 이것만 잘 익히고 활용해도 복잡한 문장을 단순화해서 명확한 문장을

쓸 수 있을 것입니다.

[보고서에 자주 등장하는 문장 패턴 여섯 가지]

1. 순접 : A 하고(이며), B 한다(이다).
  [예시] 철수는 얼굴이 잘 생겼고, 인성도 좋다.

2. 역접 : A이지만, B 한다.
  [예시] 철수는 얼굴이 잘 생겼지만, 키는 작다.

3. 목적과 수단 : A를 위하여, B를 한다.
  [예시] 철수는 체중을 감량하기 위하여, 운동과 식단을 진행하고 있다.

4. 문제와 방법 : A가 발생하여, B를 하기로 한다.
  [예시] 철수는 최근에 근육량이 감소하여, 단백질 보충제를 구매해서 먹기로 결정했다.

5. 원인과 결과 : A 하여(~로 인하여), B 한다(했다).
  [예시] 과식과 운동 부족으로, 철수는 최근 3년간 체중이 10kg 증가했다.

6. 전체와 부분 : N가지로 구성되어 있고, 각각은 1, 2, 3이다.
  [예시] 철수의 장점은 크게 세 가지로, 얼굴은 잘 생겼고 몸은 근육질이며 인성이 좋다.

---

④ 수식어의 위치를 명확하게 한다

보고서에서 많이 등장하는 실수 중에 하나가 꾸며주는 말인 '수식어'의 위치를 잘못 쓰는 경우입니다. 단적인 예로 다음과 같은 문장입니다.

- 현재 정부의 입장은 아래와 같다.

    만약 작성자의 의도가 '현 정부의 입장'을 말하고자 하는 것이 아니라면 아래와 같이 고쳐 쓰는 것이 좋습니다.

- 정부의 현재 입장은 아래와 같다.

    다음 문장은 모 교육기관의 홈페이지에서 발견한 문장입니다. 수식어의 위치가 잘못되어 있어 고객 입장에서 이해하기 어려운 표현입니다.

- 고객 요청 시 학습이 시작된 강좌라도 첫 주에 한해 등록은 가능하지만, 전체 수강료는 완납하셔야 합니다.

    아무리 생각해도 '고객 요청 시 학습이 시작된 강좌'는 이해되지 않습니다. '고객 요청 시'라는 수식어는 '첫 주에 한해 등록이 가능하다'를 꾸며주는 게 자연스럽습니다.

- 학습이 시작된 강좌라도 고객 요청 시 첫 주에 한해 등록은 가능하지만, 전체 수강료는 완납하셔야 합니다.

    특히 숫자 수식어를 쓰는 경우에는 그 위치에 주의해야 합니다.

- 산업인력공단은 22일 시민 단체의 시위로 중단된 행사를 재정비하고, 고객 체험 행사 및 명사 강연을 재개했다.

    위와 같이 쓰면 시민 단체의 시위로 중단된 행사가 22일의 행사였다는 의미로도 전달될 수 있습니다. 22일을 정확한 위치에 써서 의미를 명확하게 해야 합니다.

- 산업인력공단은 시민 단체의 시위로 중단된 행사를 재정비하고, <u>22일</u> 고객 체험 행사 및 명사 강연을 재개했다.

⑤ 애매모호한 표현은 지양하고, 명확한 수치 표현을 쓴다

보고서를 읽다 보면 개략적인 의미는 알겠지만 해석에 모호함을 줄 수 있는 표현이 많이 등장합니다. 예를 들어 다음과 같은 문장이 대표적입니다.

> ☐ 기대 효과
> ○ 고객 만족도 증진과 생산성 향상에 기여

작성자 입장에서는 고민하고 쓴 문장일 수 있지만, 상대방 입장에서는 모호하기 그지없는 표현입니다. 의미가 명확하게 전달되지 않기 때문에 수치 표현으로 고쳐 쓰는 것이 좋습니다.

> ☐ 기대 효과
> ○ 고객 만족도 지표 0.1점 증대와 생산성 10% 향상에 기여

수치를 쓸 때도 주의할 점이 있습니다. 수치 표현도 읽는 사람에 따라 해석이 달라질 수 있으므로 단위나 기준을 명확하게 하는 것이 좋습니다.

- 역량 교육은 총 4회 과정으로 진행되며, 수강료는 <u>10만 원임</u>

위 문장을 보면, 적절한 수치 표현이 사용되었지만 회당 수강료가 10만 원인지, 총 수강료가 10만 원인지 의미가 명확하지 않습니다. 다음과 같이 고쳐

쓰는 것이 좋습니다.

- 역량 교육은 총 4회 과정으로 진행되며, 수강료는 <u>총 10만 원</u>임
- 역량 교육은 총 4회 과정으로 진행되며, 수강료는 <u>회당 10만 원</u>임

　수치 사용을 한 단계 업그레이드할 수 있는 방법으로 비교 기법이 있습니다. 비교는 상대방에게 수치를 해석할 수 있는 준거를 제시하여 내가 전하고자 하는 의미를 좀 더 명확하게 전달하는 효과적인 방법입니다.

> ☐ **지역별 프랜차이즈 현황**
> ○ A 지역 감자탕집은 네이버 평점 4.2점으로 매우 높은 만족도를 기록함

　위 문장에는 적절한 수치 표현이 사용되었지만, 상대방 입장에서는 4.2점이 높은 건지, 낮은 건지 명확한 의미를 파악하기 어렵습니다. 4.2점을 해석할 수 있는 준거가 없기 때문입니다. 이때 4.2점을 해석할 수 있는 준거를 마련하여 비교 표현을 사용하면 문장의 의미가 선명해지면서 상대방에게 보다 명확한 의미를 전할 수 있습니다.

> ☐ **지역별 프랜차이즈 현황**
> ○ A 지역 감자탕집은 네이버 평점 4.2점으로 <u>전국 평균 3.9점에 비해 높은</u> 만족도를 기록함

　비교는 평균 이외에도 경쟁사, 전년, 목표 등으로 다양하게 할 수 있으며, 전하고자 하는 의미에 맞게 선택적으로 활용하면 됩니다.

□ **지역별 프랜차이즈 현황**
　○ A 지역 감자탕집은 네이버 평점 4.2점으로 <u>경쟁사 대비 0.2점 높게</u> 나타남

□ **지역별 프랜차이즈 현황**
　○ A 지역 감자탕집 만족도는 <u>전년 대비 10% 향상된</u> 4.2점(네이버 평점)으로 지속 증가함

다음에 제시된 여러 가지 보고서 내용을 통해 다양한 비교 표현을 확인해보기 바랍니다. 단순히 수치만 제시하는 것보다 훨씬 더 명확한 문장으로 느껴질 것입니다.

[예시 1]

□ **배경**
　○ (시장) 2020년 한국의 세계 김치 시장 점유율은 15%로 3년 전에 비해 6%, 2년 전에 비해 8%가 감소하는 추세임
　○ (인식) 김치 종주국 인식도 조사에서 중국을 종주국으로 응답한 비율은 56%인 반면, 한국으로 응답한 비율은 10%로 저조하게 나타남

[예시 2]

□ **현황**
　○ ○○ 지역 1인당 생활 쓰레기 발생량: 20t/월 ↔ 15t/월 (전국 평균)

> [예시 3]
>
> ☐ **문제점**
>
> ○ 2023년 국내 항울증제 처방률은 OECD 평균 34%에 비해 10% 이상 높은 수준으로, 그 심각성을 인지하고 개선 방안을 마련해야 함

마지막으로, 보고서 고수들이 활용하는 치환의 기술을 소개합니다. 치환은 어렵고 큰 수치를 상대방이 이해하기 쉬운 수치나 직관적인 수치로 바꿔주는 기술입니다.

- ○○매장은 하루 600그릇 이상의 밀면을 판매하는 매장으로, 향후 메뉴 개발과 매장 확대를 통해 지사 매출 증진에 기여하고자 함

위 내용에서 하루 600그릇이라는 표현도 좋지만, 더 직관적인 수치로 치환해서 표현하면 의미가 명확해집니다.

- ○○매장은 1분에 1그릇의 밀면을 판매하는 매장으로, 향후 메뉴 개발과 매장 확대를 통해 지사 매출 증진에 기여하고자 함

하루 600그릇이라는 수치보다 1분에 1그릇이라는 표현이 좀 더 명확한 의미를 만들어냅니다. 다음 예시를 보면 위에서 아래로 갈수록 수치 표현이 더 쉽고 명확해지는 것을 확인할 수 있습니다.

- 강릉 산불 임야 1 <u>헥타르</u> 태우고, 5시간 만에 진화
- 강릉 산불 임야 10,000 <u>제곱미터</u> 태우고, 5시간 만에 진화
- 강릉 산불 임야 3천 3백 <u>평</u> 태우고, 5시간 만에 진화
- 강릉 산불 <u>축구장 10개 크기</u> 임야 태우고, 5시간 만에 진화

헥타르보다 제곱미터가 쉽고, 제곱미터보다는 평이 쉽고, 평보다 축구장 크기가 좀 더 쉽고 명확한 수치 표현입니다.

예전에 운전을 하다가 라디오를 듣던 중 크게 웃은 적이 있었습니다. 라디오에서 나온 어느 청취자의 사연 때문이었습니다. 사연의 내용은 대략 이랬습니다.

> 안녕하세요. 저는 초등학교 1학년 아들을 둔 엄마입니다. 어느 날 아들에게 산수를 가르치다가 정말 깊은 화가 올라온 일이 있었어요. 아들이 숫자 10을 쓰는데 자꾸 01이라고 쓰는 거예요. 몇 번을 가르쳐 줘도 고쳐지지 않길래, 어느 날은 정말 소리를 고래고래 지른 적이 있었어요.
>
> '야 이놈아. 1을 먼저 쓰고 0을 나중에 쓰라고!' 그랬더니 글쎄, 아들이 어떻게 했는 줄 아세요? 1을 먼저 쓰기는 썼는데, 나중에 0을 1 왼쪽에 쓰더라고요. 결국 또 01 이라고 쓰는 거 있죠? 디제이님. 정말 제 아들 어쩌면 좋아요? 아들 때문에 미치고 환장하겠답니다.

이 사연을 듣고 정말 한참을 웃었던 기억이 납니다. 그렇게 몇 분을 더 달려 목적지에 도착할 때쯤 갑자기 이런 생각이 들었습니다.

'과연 이 상황에서 아들만 잘못한 것일까'

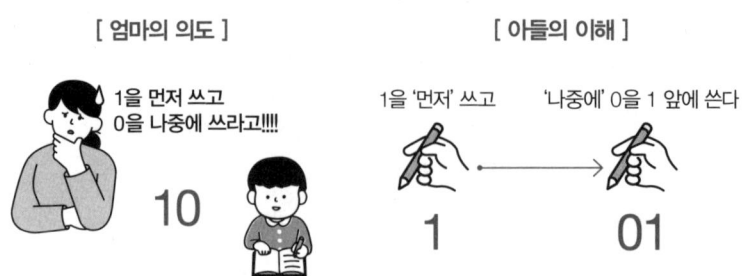

아들이 명확하게 알아듣지 못한 것이 어쩌면 명확하게 설명하지 못한 엄마 탓일 수도 있다는 생각이 들었습니다. '먼저'와 '나중'은 순서적인 관점으로 해석될 수 있으니, 아들 입장에서는 충분히 잘못 이해할 수 있겠죠? 아들을 탓하기 전에 엄마가 이렇게 말했다면 어땠을까요?

"1을 왼쪽에, 0을 오른쪽에 써."

보고서도 마찬가지입니다. 상대방이 내가 말한 의도를 정확하게 이해하지 못했다면 그건 상대방 탓이 아니라, 명확하게 문장을 쓰지 못한 작성자의 탓일 수도 있습니다. 앞서 소개한 다섯 가지 방법으로 라디오 사연 속 엄마와 같이 상사들이 깊은 빡침(?)을 느끼는 일이 없도록 해야겠습니다.

LESSON 03

쉬운 문장 표현의 기술 다섯 가지

쉬운 문장이라면 상대방이 별도의 노력을 기울이지 않아도 이해되어야 합니다. 한마디로 직관적이라는 뜻입니다. 그럼 문장을 어떻게 써야 상대방에게 쉽고, 직관적으로 전달될까요?

본격적인 설명에 앞서, 다음 두 문장을 비교해서 읽어보겠습니다. 가능하다면 소리내서 읽어보는 것이 좋습니다.

- 이 프로그램은 다차원적 커뮤니케이션 채널 활용 후 사용자 경험 극대화와 인터랙티브 요소를 제공하여 참여 몰입도 제고에 기여
- 이 프로그램은 다양한 소통 방법을 사용해 사용자 경험을 높이고, 사용자 간에 상호 작용을 제공하여 참여 몰입도를 높이는 데 기여함

사람에 따라 생각의 차이는 있겠지만 저는 두 번째 문장이 읽기 편하고 이해하기도 쉽다고 생각합니다. 첫 번째 문장은 어딘지 모르게 딱딱하고 내용을 이해하기 어렵습니다. 전문 용어가 다수 포함되어 있고, 작성자 스스로도 이해하지 못한 단어를 억지로 끼워 맞춘 문장이라 어렵고 복잡해 보입니다.

앞서 쉬운 문장을 쓰려면 중학교 2학년 정도의 눈높이에 맞춰야 한다고 말씀드렸습니다. 이 원칙을 기본으로 지금부터 소개할 다섯 가지 방법을 익히고 활용한다면 보고서의 문장은 좀 더 쉽고 직관적으로 상대방에게 다가갈 것입니다.

① 전문 용어와 외래어 사용은 자제하자

보고서를 검토하다 보면 심심치 않게 등장하는 전문 용어, 외래어, 한자어 때문에 내용을 이해하기가 어려워 답답했던 적이 많습니다. 물론 보고서를 쓰다 보면 어쩔 수 없이 어려운 단어를 쓸 수밖에 없는 경우가 있습니다. 하지만 어려운 용어를 쓰면 나의 지적 수준을 자랑할 수는 있을지 몰라도 상대방에게는 도통 이해할 수 없는 외계어로 들릴 수 있습니다.

[보고서는 자랑이 아닌 이해가 목적이다]

따라서 보고서를 작성할 때는 아래 세 가지 방법을 통해 쉬운 표현으로 고쳐 쓰는 것이 좋습니다.

첫째, 전문 용어나 외래어는 가급적 쉬운 표현으로 고쳐 씁니다.

□ **추진 방향**
  ○ 지하철 2호선 내선 순환 열차 운행 중 발생할 수 있는 스크린 도어 오작동을 방지하기 위해 베이비 스텝 방식으로 시스템 개선을 진행할 예정

위 문장에서 '내선 순환'의 의미가 쉽게 와닿지 않습니다. 게다가 '베이비 스텝'과 '스크린 도어'라는 외래어까지 더해지면서 어려운 표현이 만들어졌습니다. 아래와 같이 좀 더 쉬운 표현으로 고쳐 쓰는 것이 좋습니다.

□ **추진 방향**
  ○ 지하철 2호선 시계 방향으로 운행하는 열차에서 발생할 수 있는 안전문 오작동을 방지하기 위해, 단계적으로 시스템 개선을 진행할 예정

아래 문장에서도 현안, 하절기, 동절기, 미연 등의 단어가 어렵게 느껴질 수 있습니다.

□ **하반기 중점 추진 과제**
  ○ 하절기 현안 대책 마련 후, 동절기 사고 미연 방지 계획 수립

아래와 같이 고쳐 쓰면 상대방이 쉽게 이해할 수 있습니다.

> □ 하반기 중점 추진 과제
>   ○ 여름철 주요 문제에 대책 마련 후, 겨울철 사고를 사전에 방지하기 위한 계획 수립

둘째, 외래어나 전문 용어 옆에 괄호( )를 추가해서 쉬운 표현을 함께 기술합니다.

- 디지털 트랜스포메이션(디지털 전환)을 가속화하여 조직 운영 방향을 애자일(유연하고 신속한) 방식으로 전환하고자 함

영문 약어를 쓸 때는 약어를 쓴 후 괄호 안에 전체 단어를 풀어서 쓰면 됩니다. 처음 표기만 그렇게 하고 뒤에서는 약어만 써도 됩니다.

> □ 회의 내용
>   ○ 12월 임원회의에서 QPR(Quarterly Performance Review)은 사장님이 직접 발표할 예정임
>   ○ 12월 QPR 내용에 따라 각 부서장은 내년 사업 계획을 수립하고, 12월 30일까지 사업 계획서를 제출해야 함

보고서에 영어 약어가 많이 포함되는 경우, 보고서의 시작이나 마지막에 약어 목록을 제공하는 것도 좋습니다. 참고로 회사에서 자주 쓰는 약어 표현을 다음과 같이 정리하였으니 보고서 작성에 참고하여도 좋습니다.

- **TBD** : To be decided, 추후 결정할 예정

- **FYI** : For your information, 참고 바람
- **FU** : Follow up, 후속 조치나 지속 관리
- **KICK-OFF** : 어떤 일의 시작을 의미
- **N/A** : Not applicable, 해당 사항 없음
- **KPI** : Key Performance Indicator, 핵심 성과 지표
- **OKR** : Objectives and Key Results, 목표 및 핵심 결과
- **CRM** : Customer Relationship Management, 고객 관계 관리
- **ROI** : Return on Investment, 투자 대비 수익률
- **BEP** : Break-Even Point, 손익분기점, 총 수익과 총 매출이 같은 지점
- **SCM** : Supply Chain Management, 공급망 관리
- **ERP** : Enterprise Resource Planning, 전사적 자원 관리
- **NPS** : Net Promoter Score, 순 추천 고객 지수
- **SLA** : Service Level Agreement, 서비스 수준 계약
- **B2B** : Business to Business, 기업 간 거래
- **B2C** : Business to Consumer, 소비자 대상 거래
- **D2C** : Direct to Consumer, 직접 소비자 대상 판매
- **CAGR** : Compound Annual Growth Rate, 특정 기간을 기준으로 매년 동일한 비율로 성장했다고 가정했을 때의 연간 성장률
- **YOY** : Year Over Year, 전년 동기 대비, 올해와 전년 같은 기간의 변화율 비교
- **MOM** : Month Over Month, 전월 대비 이번 달과 지난달의 변화율 비교
- **P&L** : Profit and Loss, 손익 계산서
- **SOP** : Standard Operating Procedure, 표준 운영 절차
- **RFP** : Request for Proposal, 제안 요청서
- **R&R** : Roles and Responsibilities, 역할과 책임
- **IPO** : Initial Public Offering, 기업 공개(상장)
- **CSR** : Corporate Social Responsibility, 기업의 사회적 책임

- **MOU** : Memorandum of Understanding, 양해 각서
- **ETA** : Estimated Time of Arrival, 예상 도착 시간
- **QTD** : Quarter to Date, 이번 분기 현재까지
- **YTD** : Year to Date, 올해 현재까지
- **MTD** : Month to Date, 이번 달 현재까지
- **UX** : User Experience, 사용자 경험
- **UI** : User Interface, 사용자 인터페이스

셋째, 외래어나 전문 용어에 '각주'를 활용해 부연 설명을 덧붙입니다. 이렇게 하면 문장이 길어지지 않고 읽는 흐름을 방해하지 않을 수 있습니다. 각주는 기호 *로 표기하며, 단어 오른쪽 상단에 위첨자로 표시하는 것이 일반적입니다. 한 문장에 각주가 두 개인 경우 *, **로 구분해서 표기하면 됩니다.

각주의 내용은 본문의 내용과 구분하기 위해 서체를 다르게 쓰면 좋습니다. 통상적으로 본문에 명조를 사용했다면 각주는 고딕 계열의 서체를 씁니다.

> ○ 초등학교 1학년생은 입학 초(3월) 조기 하교로 돌봄 공백이 발생하여, 이에 대처하기 위한 집중 에듀케어(Educare)* 프로그램 도입이 시급함
> * 인공지능, 예체능 등을 활용한 미래형 방과후 프로그램

② 구와 절의 혼용은 피하자

문장을 읽다 보면 의미 파악에는 문제가 없는데, 어딘지 모르게 읽기 불편한 문장이 있습니다. 예를 들면 다음과 같은 문장입니다.

- 한국 축구 대표팀은 불확실한 패스워크와 수비가 불안하여 네덜란드 팀에 패배하였다.

왠지 모르게 어색한 문장을 고쳐 쓰기 위해서는 '구'와 '절'의 차이를 이해해야 합니다. 구와 절은 모두 두 단어 이상으로 이루어져 하나의 문장 성분으로 쓰이는 것을 의미하는데, 둘 간의 차이는 '술어'의 유무입니다.

- 불확실한 패스워크 → 술어가 없는 '구'
- 수비가 불안하여 → 술어가 있는 '절'

의미 전달에는 문제가 없지만 상대방에게 좀 더 편한 문장으로 다가가기 위해서는 구 또는 절로 일관성 있게 결을 맞춰서 쓰는 것이 좋습니다.

- '구'로 통일해서 쓰면 : 한국 축구 대표팀은 불확실한 패스워크와 수비 불안으로 네덜란드 팀에 패배하였다.
- '절'로 통일해서 쓰면 : 한국 축구 대표팀은 패스워크가 불확실하고 수비가 불안하여 네덜란드 팀에 패배하였다.

아래 문장에서도 구와 절을 혼용하고 있습니다.

---

3. 협업 체계 구축
   ☐ 협력적인 노사 관계를 구축하기 위해서는 노사 간 신뢰 회복과 제도를 정비하는 것이 필요함
   ☐ 노사가 분기에 1회 정기적으로 만나 정보 교류와 친목을 도모해야 함

다음 문장처럼 '구'나 '절'로 일관성 있게 고쳐 쓰는 것이 좋습니다.

> **3. 협업 체계 구축**
> - 협력적인 노사 관계를 구축하기 위해서는 노사 간 신뢰 회복과 제도 정비가 필요함
> - 노사가 분기에 1회 정기적으로 만나 정보 교류와 친목 도모를 진행함

> **3. 협업 체계 구축**
> - 협력적인 노사 관계를 구축하기 위해서는 노사 간 신뢰를 회복하고 제도를 정비하는 것이 필요함
> - 노사가 분기에 1회 정기적으로 만나 정보를 교류하고 친목을 도모함

③ 명사 뭉치기 표현은 지양하자

명사 뭉치기라는 말은 문장에 포함된 조사를 제거하고, 명사로만 연결해 문장을 쓰는 것을 의미합니다. 예를 들면 이런 문장입니다.

> ○ **시장 현황**
> - 저가 수입 김치 세계 시장 보급으로 세계 김치 시장 중 한국 시장 점유율 지속 하락 추세

물론 위와 같은 표현이 간결해서 좋다는 사람도 있습니다. 하지만 제가 생각하기에 왠지 읽기 불편하고, 어딘지 모르게 부자연스럽습니다. 의미 파악에

도 어려움이 있습니다. 아래와 같이 적절한 조사를 추가해서 자연스러운 문장으로 고쳐 쓰는 것이 좋습니다.

○ 시장 현황
　－ 저가 수입 김치가 세계 시장에 보급되고 경쟁이 심화됨에 따라, 세계 김치 시장에서 한국의 시장 점유율이 지속적으로 하락함

아래 문장도 조사가 생략되어 문장을 읽고 이해하는데 어려움이 있습니다.

□ 요청 사항
　○ 예산 집행 결과 보고서 제출 기한 미준수 시 불이익 발생 및 심위 위원회 회부 조치 가능

적절한 조사를 삽입하여 좀 더 자연스러운 문장으로 고쳐봅니다.

□ 요청 사항
　○ 예산 집행 결과 보고서 제출 기한을 준수하지 않으면, 불이익이 발생하고 심위 위원회에 회부될 수 있음

물론 쓸데없는 조사를 반복해서 사용하는 것은 피해야 합니다. 불필요한 조사의 사용이나 반복은 문장의 질을 떨어뜨릴 수 있기 때문입니다.

- 주차 공간이 부족한 문제를 해결하기 위해 매장 옆에 추가 주차장을 마련을 해야 함

'마련을'에서 '을'은 불필요한 조사로 보입니다. 아래와 같이 고쳐 쓰는 것이 좋습니다.

- 주차 공간이 부족한 문제를 해결하기 위해 매장 옆에 추가 주차장을 <u>마련해야 함</u>

아래 문장에서도 불필요한 조사 '의'가 반복되고 있습니다.

- 프로젝트<u>의</u> 목표와 성과<u>의</u> 분석을 통해 향후 계획을 수정해야 함

아래와 같이 고쳐 쓰는 것이 좋습니다.

- <u>프로젝트</u> 목표와 <u>성과</u> 분석을 통해 향후 계획을 수정해야 함

④ 문장 앞에 태그를 달아보자

문장을 쉽게 쓸 수 있는 네 번째 방법은 문장의 서두에 중요 단어를 괄호 안에 쓰는 '태그 기술'입니다. 마치 옷에 달린 태그(Tag)가 옷의 중요한 정보를 제공하는 것처럼, 문장의 서두에 태그를 달아서 상대방에게 중요한 정보를 먼저 전달하는 기술입니다.

□ 추진 계획
- (가격 경쟁력 강화) 안정적 원료 수급을 지원하고 김치 보관 시설 확충을 지원함
- (통합 컨트롤 타워 신설) 세계김치연구소 설립으로 분산된 김치 관련 기관을 통합

괄호 안에 의미가 있거나, 중요한 내용을 먼저 기술해주면 상대방은 괄호 안의 단어를 머릿속에 태그하고 나머지 내용을 읽기 때문에 전체 문장을 이해하기가 쉽습니다. 상대방의 뇌를 편하게 해주는 방식으로 많은 사람들이 즐겨 쓰는 방식이기도 합니다. 특히 태그 표현은 여러 문장이 병렬로 기술되어 있을 때 효과적입니다.

□ 해결책
- ○ (예방) 24시간 상시 범죄 모니터링 구축으로 마약 유통 사전 차단
- ○ (조치) 초·중·고 학생들을 대상으로 한 마약 예방 교육을 강화
- ○ (사후) 청소년 마약보호 센터를 수립하여 청소년 마약사범 관리

괄호 안에는 분류, 핵심 문구, 순서/절차의 세 가지 내용을 가장 많이 씁니다. 아래 내용은 도시라는 분류를 태그로 표현한 문장입니다.

○ 산업도시 육성방향
- (대전) 과학과 연구 중심지로 IT와 R&D 산업이 발달한 도시로 육성
- (대구) 패션과 섬유 산업의 중심지로 전통과 현대가 조화된 도시로 양성
- (부산) 대한민국 제2의 도시이자 국제 무역항으로 해양 산업이 활성화된 도시 구현

다음은 핵심 문구를 태그로 표현한 문장입니다.

○ 산업도시 육성방향
- (과학연구) 과학과 연구 중심지로 IT와 R&D 산업이 발달한 대전
- (패션섬유) 패션과 섬유 산업의 중심지로 전통과 현대가 조화된 대구
- (해양경제) 대한민국 제2의 도시이자 국제 무역항으로 해양 산업이 활성화된 부산

마지막은 순서/절차의 내용을 태그에 적용한 표현입니다.

○ 산업도시 육성방향
- (1단계) 대전을 과학과 연구 중심지로 IT와 R&D 산업이 발달한 도시로 개발
- (2단계) 대구를 패션과 섬유 산업의 중심지로 전통과 현대가 조화된 도시로 구축
- (3단계) 부산을 대한민국 제2의 도시이자 국제 무역항으로 활발한 해양 경제 도시로 활성화

태그 표현을 할 때 반드시 괄호 표현을 사용할 필요는 없습니다. 경우에 따라 콜론을 쓰거나 도형으로 표현하는 것도 가능합니다.

[다양한 태그 표현 예시]

□ [대전] 과학과 연구 중심지로 IT와 R&D 산업이 발달한 도시
□ 대전: 과학과 연구 중심지로 IT와 R&D 산업이 발달한 도시
대전 과학과 연구 중심지로 IT와 R&D 산업이 발달한 도시

태그 표현이 유용하지만, 무분별하게 사용해서는 안 됩니다. 특히 세 가지는 피해야 합니다.

첫째, 태그 표현에 일관성이 없으면 안 됩니다.

☐ (시설 확충) ~

☐ (콘텐츠) ~

위 내용에서 '시설 확충'과 '콘텐츠'는 일관성이 결여된 표현입니다. '시설 확충'은 목적어+술어의 구조입니다. 하지만 '콘텐츠'는 목적어만 기술된 형태입니다. '시설 확충'을 '시설'로 바꾸든가, '콘텐츠'를 '콘텐츠 개발'로 변경해서 일관성 있게 쓰는 것이 좋습니다.

둘째, 길고 장황한 태그 표현은 좋지 않습니다.

☐ (교육 관련 콘텐츠 도입과 개발) ~

☐ (낙후되고 오래된 시설 교체) ~

태그 표현은 상대방의 이해를 돕는 것이 목적입니다. 길고 장황한 표현은 오히려 복잡성을 가중시킵니다. 단어나 짧은 문구로 표현하는 것이 좋습니다.

셋째, 태그의 내용과 문장의 내용이 중복되지 않게 씁니다.

☐ (콘텐츠 개발) 뉴미디어와 최신 교육 트렌드를 반영한 <u>콘텐츠 개발</u>

☐ (시설 확충) 대규모 강의와 쌍방향 소통이 가능한 교육 <u>시설 확충</u>

앞과 같이 쓰면 결국 동어반복밖에 되지 않습니다. 괄호 안에 단어를 썼다 뿐이지 결국 중복되는 표현입니다. 문장에 있는 단어를 다른 단어로 대체하거나 태그 표현을 제거하는 편이 낫습니다.

⑤ 브리징 스킬로 문장과 문장의 연결성을 확보하자

아래 보고서는 추진 배경의 내용을 세 개의 문장으로 간결하게 정리한 보고서입니다.

> **추진 배경**
> - 독특한 향신료와 강렬한 매운맛, 맞춤형 재료 선택 가능성, SNS와 미디어 홍보 효과로 20-30대 젊은 층을 중심으로 마라탕 인기가 급상승하고 있음
> - 시장이 오프라인 중심으로 형성되고 특정 대도시에 매장이 집중되어 지방 수요를 충족하는 데 한계가 있음
> - 최근 간편식 수요 증가로 밀키트 시장에 유리한 환경이 조성되어, 마라탕을 밀키트에 적용한 신제품 출시로 당사 시장 확대가 가능함

두 줄 이하의 단문으로 정리된 문장을 읽는 데 별 어려움이 없습니다. 다만, 한 가지 아쉬운 점은 문장과 문장 간의 연결성이 떨어진다는 점입니다. 이때 문장과 문장을 자연스럽게 연결하기 위해 적절한 접속사를 사용하는 기술을 '브리징 스킬'이라고 합니다. 문장과 문장의 연결 논리에 따라, 아래 네 가지 접속사를 주로 활용합니다.

- **그리고/또한** : 두 가지 내용을 연결하거나 추가 설명할 때

- **한편/반면에** : 다른 시각이나 새로운 관점을 제시할 때
- **그러나/하지만** : 앞선 내용과 반대되는 내용을 이어줄 때
- **따라서/그러므로/때문에/이에** : 앞의 내용을 근거로 결론이나 결과를 제시할 때

앞서 살펴본 보고서에 브리징 스킬을 적용해서 좀 더 자연스러운 흐름으로 수정해보겠습니다.

☐ **추진 배경**
  ○ 독특한 향신료와 강렬한 매운맛, 맞춤형 재료 선택 가능성, SNS와 미디어 홍보 효과로 20~30대 젊은 층을 중심으로 마라탕 인기가 급상승하고 있음
  ○ 하지만, 시장이 오프라인 중심으로 형성되고 특정 대도시에 매장이 집중되어 지방 수요를 충족하는 데 한계가 있음
  ○ 또한, 최근 간편식 수요 증가로 밀키트 시장에 유리한 환경이 조성되어, 마라탕을 밀키트에 적용한 신제품 출시로 당사 시장 확대가 가능함

아래 예시는 교육부에서 작성한 보고서의 일부 내용입니다. '그러나', '따라서' 등의 접속사가 더해지면서 문장이 자연스럽게 연결됩니다.

☐ **인간 + 인공지능(AI) 협업 시대의 생존 전략**
  ○ AI는 정확히 답을 찾는 능력이 인간보다 빠르고 정확 → 반복적 직업이나 노동의 상당 부분을 AI가 대체할 전망
  ○ 그러나, AI가 인간을 대체하는 것보다 더 큰 관심 사항은 인간의 고유 능력에 AI 능력이 더해져 '인간+AI 융합'을 완성하는 것에 있음

> – AI에게 요구되는 것이 더 정확·신속한 효율성이라면, 인간에게 요구되는 것은 더 인간적인, 인간다운 특성임
> ○ 따라서, AI가 미래사회에 빠르게 적응하고 생존하기 위해 인간 교육의 핵심이 점점 더 강화될 필요성이 있음

보고서는 하나의 문장으로 구성되지 않습니다. 문장과 문장이 이어지면서 하나의 연결된 흐름으로 완성됩니다. 이때 브리징 기술을 활용하면, 마치 자동차 엔진에 윤활유가 더해져 엔진 효율이 올라가는 것처럼, 상대방이 내 보고서를 이해하는 효율이 올라갈 것입니다.

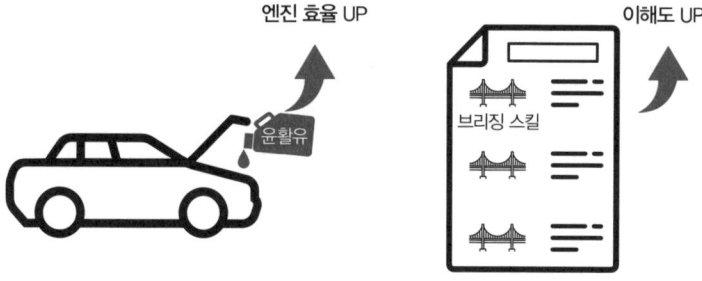

저는 백종원 씨를 무척 좋아합니다. 그 분이 가진 요리 실력과 사업 능력과는 별개로, 어려운 걸 너무나 쉽게 설명하는 말솜씨에 큰 매력을 느낍니다. 예전에 어느 TV 프로그램에서 라면을 맛있게 끓이기 위해 라면 물 양 조절법을 설명하는데 이렇게 말씀하시더라고요.

500ml라는 어려운 표현을 종이컵 3컵이라는 쉬운 표현으로 설명하니 훨씬 더 쉽게 이해되고, 왠지 더 맛있는 라면이 될 것 같지 않나요? 앞서 설명한 다섯 가지 방법을 적용해본다면, 여러분의 보고서도 좀 더 맛있고 매력적인 보고서가 되지 않을까 기대해봅니다.

LESSON 04
간결한 문장 표현의 기술 다섯 가지

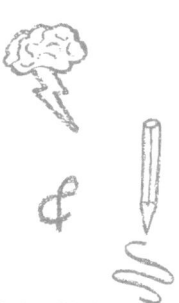

중학교 1학년 딸아이와 차를 타고 외출을 하면, 차 안에서는 주로 딸아이가 좋아하는 노래를 듣습니다. 그러던 어느 날 노래 재생 시간을 보고 깜짝 놀란 적이 있습니다. 제가 즐겨 듣던 예전 노래는 대부분 3분 30초, 길게는 4분 이상인 노래들인데, 요즘 노래는 2분 내외로 짧은 음악이 대부분이었습니다.

어디 그뿐일까요? 요즘은 1시간가량 되는 드라마 16편을 몰아보는 것보다 90분으로 요약한 영상을 보는 사람들이 많습니다. 10분 내외의 유튜브 콘텐츠보다 1분 내외의 숏폼을 선호하는 시대가 되었습니다. 뭐든 짧게, 짧게가 대세가 된 세상입니다.

보고서도 마찬가지라고 생각합니다. 길고 장황한 문장보다, 핵심만 간결하게 쓰는 것이 좋습니다. 앞서 세 줄 이상의 문장을 두 줄 이하의 문장으로 고쳐 쓰는 방법을 설명드린 바 있습니다. 이번 LESSON에서는 간결한 문장을 만드는 구체적인 방법 다섯 가지를 소개하도록 하겠습니다.

① 문장 내에서 단어 중복을 피하자

우리 뇌는 중복되는 것을 지겨워하는 경향이 있습니다. 또한 문장에서 단어가 중복되면 문장은 길어지고 문장의 힘이 약해집니다. 상대방의 뇌에 지루함을 덜어내고 문장의 힘을 키우기 위해서 중복되는 단어를 제거하는 것이 좋습니다.

관련해서 예전 TV 프로그램 시작 전 시청 연령 안내 문구에는 이런 내용이 있었습니다.

- 이 <u>프로그램</u>은 15세 미만의 청소년이나 어린이가 <u>시청</u>하기에 부적절하므로, 부모의 <u>시청</u> 지도가 필요한 <u>프로그램</u>입니다.

얼핏 보면 자연스러운 문장 같지만 한 문장 안에 '프로그램'과 '시청'이라는 단어가 중복해서 나오고 있습니다. 한쪽에서 중복을 제거하고 간결한 문장으로 수정해서 쓰는 것이 좋습니다.

- 이 <u>프로그램</u>은 15세 미만의 청소년이나 어린이가 <u>시청</u>하기에 부적절하므로, 부모의 지도가 필요합니다.

중복되는 단어 두 개만 제거했을 뿐인데 문장이 간결해지고, 문장에서 힘이 느껴집니다.

다음 보고서 내용도 살펴보겠습니다.

☐ **기대 효과**
  ○ 다양한 고객사에 교육 솔루션을 제공<u>함으로써</u> 교육 서비스의 경쟁력을 강화<u>함으로써</u> 고객 만족도 <u>증대</u>와 매출 <u>증대</u>를 도모할 수 있을 것입니다.

한 문장에 여러 단어가 중복되었습니다. 앞쪽에서 '~으로써'가 중복되고, 뒤쪽에서는 '증대'가 중복되었습니다. 한쪽에서 중복되는 단어를 제거하거나, 제거하는 것이 어색하다면 다른 단어로 대체해서 쓰는 것이 좋습니다.

□ **기대 효과**
  ○ 다양한 고객사에 교육 솔루션을 제공하고 교육 서비스의 경쟁력을 강화함으로써 고객 만족도와 매출 증대를 도모할 수 있습니다.

단어 반복은 한 문장 내에서만 국한되지 않습니다. 보고서는 문장이 모여서 완성되는데, 연속되는 문장의 흐름 속에서 중복되는 단어가 나오면 상대방의 뇌는 이내 지루함을 느끼게 됩니다.

□ **현황 및 문제점**
  ○ 교육 운영에 필요한 기자재와 환경 부족
  ○ 교육생들의 니즈를 반영한 프로그램 부족
  ○ 교육 담당자의 상황 대처와 교육 운영 능력 부족

□ **추진 과제**
  ○ 종이컵 사용 및 관리에 대한 인식 개선
  ○ 쓰레기 분리 수거와 처리 방법 개선
  ○ 지자체의 행정 능력과 관리 능력 개선

'부족'이 반복되거나 '개선'이 반복되는 문장을 보면 상대방은 다음과 같이 부정적인 생각을 할 수 있습니다.

- 뭐가 다 부족하다는 거야?
- 개선만 한다는 건가?

중복되는 단어 대신 유사어를 찾아서 다양하게 생각을 표현하는 것이 좋습니다.

□ **현황 및 문제점**
  ○ 교육 운영에 필요한 기자재와 환경 부재
  ○ 교육생들의 니즈를 반영한 프로그램 부족
  ○ 교육 담당자의 상황 대처와 교육 운영 능력 미흡

□ **추진 과제**
  ○ 종이컵 사용 및 관리에 대한 인식 확보
  ○ 쓰레기 분리 수거와 처리 방법 개선
  ○ 지자체의 행정 능력과 관리 능력 개발

보고서 문장의 끝맺음을 다양하게 할 수 있는 술어 표현을 아래와 같이 정리해두니, 참고 자료로 활용하시기 바랍니다.

구분	부정	긍정
상태	결여, 감소, 둔화, 미흡, 부족, 부진, 위축, 악화, 약화, 저조, 축소, 취약, 편중, 하락	기여, 달성, 도달, 발전, 부상, 성장, 상승, 상존, 증가, 증대, 지속, 정착, 확산, 향상
행위	간소화, 금지, 방지, 완화, 제거, 절감, 최소화, 차단, 철회, 통제, 해소, 해체,	구축, 구성, 개발, 개선, 가속화, 극대화, 강화, 고도화, 가시화, 구체화, 개편, 고취, 가동, 검토, 결집, 규모화, 개정, 관리, 구현, 공급, 고려, 내실화, 도입, 다양화, 다변화, 다각화, 도출,

구분	부정	긍정
행위		대응, 대비, 도모, 도약, 마련, 모색, 명확화, 발굴, 보강·보완, 복원, 변화, 병행, 반영, 부여, 수립, 선도, 수행, 선점, 신설, 설치, 시행, 시도, 생성, 실현, 완수, 완성, 육성, 양성, 운영, 안정화, 연장, 유치, 유지, 유인, 연계, 운용, 유도, 제고, 제공, 조성, 정교화, 제시, 주도, 지원, 재도약, 제정, 자립화, 전환, 전파, 조정, 전망, 진화, 지속, 진출, 장악, 정비, 지정, 재개, 정상화, 추진, 최대화, 최적화, 창출, 추구, 촉진, 착수, 통합, 투입, 필요, 혁신, 확대, 확산, 협의, 활성화, 효율화, 함양, 확보, 활용, 형성, 확충, 획득, 현실화, 회복, 확립

② 문장 내에서 의미 중복을 제거하자

문장을 간결하게 쓰기 위해서는 단어 중복뿐만 아니라, 의미 중복도 피해야 합니다. 문장을 읽다 보면 이 얘기가 그 얘기 같고, 했던 얘기가 또 나오는 문장이 있습니다. 이런 느낌이 든다면 문장에 중복된 의미가 포함되어 있을 가능성이 높습니다.

- 본 건물은 <u>쓰이는 용도</u>에 따라 다르게 활용할 수 있음

이 문장에서 '쓰이는'과 '용도'가 중복된 의미입니다. 의미 중복을 피하고 아래와 같이 고쳐 쓰는 것이 좋습니다.

- 본 건물은 <u>용도</u>에 따라 다르게 활용할 수 있음
- 본 건물은 <u>쓰임</u>에 따라 다르게 활용할 수 있음

이 문장에서는 여러 단어의 의미가 중복되고 있습니다.

- 향후 8월 말까지 매출 판매 증진 전략 수립을 진행할 예정임

　우선 미래지향적인 의미를 가진 단어 '향후'와 '예정'이 중복되고 있습니다. 또 '매출'과 '판매' 역시 중복되는 의미를 지니고, '수립을 진행'이라는 표현은 '수립'이라고만 써도 충분합니다. 수립에 이미 어떤 일을 진행한다는 의미가 포함되어 있기 때문입니다.

- 8월 말까지 매출 증진 전략을 수립할 예정

　보고서에서 많이 등장하는 의미 중복 표현을 아래와 같이 정리하였습니다. 추후 보고서 작성에 참고하시기 바랍니다.

매 분기마다 → **분기마다**	각 계열사별로 → **각 계열사가**
기간 동안 → **기간**	10월달 → **10월**
새롭게 도입 → **도입**	현안 문제 → **현안**
과반수 이상 → **과반수**	사전에 미리 → **사전에**
과정 속에서 → **과정에서**	범위 내에서 → **범위에서**
쓰이는 용도 → **용도**	관점에서 보면 → **관점에서**
거의 대부분 → **대부분**	주요 핵심 내용 → **핵심 내용/주요 내용**
문의하는 질문 → **~하는 질문**	그때 당시 → **그때/당시**
지나간 과거 → **과거**	각 나라별 → **나라별**
반드시 필요 → **필요**	중요한(필요한) 요건 → **요건**
완전히 근절 → **근절**	미리 예견된 → **예견된**

의견 교환을 나눔 → **의견을 나눔**	연속으로 ~을 이어갔다 → **연속으로 ~했다**
부터 먼저 → **부터**	
간단히 요약 → **요약**	10일날 → **10일**
수준 높은 양질 → **양질**	추후에 다시 → **추후**
약 1시간 정도 → **약 1시간**	함께 협력하여 → **협력하여**

단어의 의미가 중복되는 것은 아니지만 이 말이 저 말 같고, 했던 말이 또 나오는 문장 표현도 있습니다. 예를 들면 다음과 같은 문장입니다.

- 기초체력이 향상되지 않으면 운동을 지속하기가 힘들고 악순환이 반복되어 기초체력을 늘릴 수 있도록 기초체력 향상에 필요한 요소인 심폐지구력과 근력을 강화해야 하며 근육량도 신경 써야 함

먼저 복잡한 문장을 의미 단위로 아래와 같이 분리해보겠습니다.

- 기초체력이 향상되지 않으면 운동을 지속하기가 힘들고 악순환이 반복되어
- 기초체력을 늘릴 수 있도록 기초체력 향상에 필요한 요소인
- 심폐지구력과 근력을 강화해야 하며 근육량도 신경 써야 함

문장을 분리해놓고 보니 대부분의 내용이 겹칩니다. 우선 첫 번째 문장에서 '운동을 지속하기 힘들다'와 '악순환이 반복된다'가 중복으로 보입니다. 두 번째 문장에서 '기초체력을 늘릴 수 있도록'과 '기초체력 향상에 필요한 요소인'은 첫 번째 문장 '기초체력이 향상되지 않으면'과 비슷한 의미로 보입니다. 마지막 문장에서도 '근력을 강화해야 하며'와 '근육량도 신경 써야 함'이 중복으로 보입니다. 다음과 같이 간결하게 고쳐 쓰는 것이 좋습니다.

- 운동을 지속하기 위해 기초체력 향상에 필요한 심폐지구력과 근력을 강화하는 습관이 필요함

다음 보고서 내용도 같은 의미가 중복되어 문장이 길어지고, 내용을 이해하는 데 어려움이 있습니다.

□ **사업 배경**
  ○ 농산업계는 해마다 비즈니스의 양적 감소 위기 속에 제품 원가의 상승으로 매출 성장을 어렵게 유지하고 있는 지속 성장이 가능하지 않은 사업 환경에 처해 있음

비즈니스의 양적 감소, 매출 성장이 어려움, 지속 성장이 가능하지 않은 사업 환경 모두 유사한 의미입니다. 비슷한 내용이 중복되니 문장만 길어지고 복잡해졌습니다. 아래와 같이 간결한 문장으로 고쳐봅니다.

□ **사업 배경**
  ○ 농산업계는 해마다 제품 원가의 상승으로 지속 성장이 어려운 사업 환경에 처해 있음

③ 뱀의 다리는 제거하자, 사족과 같은 표현

사족은 '뱀의 다리'라는 뜻으로, 굳이 필요 없는 것을 표현할 때 쓰는 말입니다. 사실 뱀에게 다리가 있다고 해서 생명에 지장이 있는 것은 아닙니다. 그러

나 다리는 뱀이 빠르게 이동하는 데 방해가 될 뿐입니다. 보고서의 사족도 마찬가지입니다. 사족 표현이 있다고 해서 문장을 잘못 쓴 것은 아니지만 상대방이 문장을 빠르게 읽고 이해하는 데 방해가 될 수 있습니다.

보고서 문장에 등장하는 대표적인 사족 표현은 '~로 인하여', '~에 대한(관한)', '~라는 과정을 통해'가 있습니다. 이런 표현은 대부분 영어나 일본어를 번역하는 과정에서 생긴 소위 '번역투'에 해당하며, 생략해도 의미 전달이 가능하다면 아래와 같이 고쳐 쓰는 것이 좋습니다.

① ~로 인하여 → ~로
② ~에 대한(관한) → (삭제)
③ ~라는 과정을 통해 → ~ 후에

다음 예시 문장을 보면 불필요한 사족 표현이 곳곳에 포함되어 문장이 길어지고 있습니다.

- 기상악화로 인하여 출발에 관한 계획에 차질이 생겨, 참가자 의사결정 과정을 통해 향후 계획을 수립하기로 함

사족 표현을 제거하고 아래와 같이 고쳐보겠습니다.

- 기상악화로 출발 계획에 차질이 생겨, 참가자 의사결정 후 향후 계획을 수립하기로 함

이 외에도 많은 전문가들이 지적하는 사족 표현으로 '적, 의, 것, 들, 있는'이 있습니다. 이 역시 다음과 같은 방법으로 간결하게 고쳐 쓸 수 있습니다.

1. 적

금번 조세 정책 방향은 정치적, 사회적 환경을 고려해야 함
→ 금번 조세 정책 방향은 정치, 사회 환경을 고려해야 함

  '적'이 없어도 충분히 의미가 전달되면 제거하는 것이 좋습니다. 같은 방식으로 '환경적 변화', '제도적 변화'가 아니라 '환경 변화', '제도 변화'라고만 쓰면 됩니다.

2. 의

작업자 환경을 고려한 최신의 시스템 구축
→ 작업자 환경을 고려한 최신 시스템 구축

  비슷한 사례로 '현재의 상황'이 아니라 '현재 상황'이라고 쓰는 것이 좋습니다. '사용자의 프로필'이라는 표현보다 '사용자 프로필'이 좋습니다.

3. 것

AI 산업은 2024년까지 20% 성장할 것으로 전망
→ AI 산업은 2024년까지 20% 성장 전망

  비슷한 예로 '발전할 것으로 전망'이 아니고 '발전 전망'이 좋습니다. '필요할 것으로 보임'보다 '필요함'이 좀 더 좋은 표현입니다.

4. 들

다양한 고객들 의견을 수렴하여, 서비스 정책을 수립해야 함
→ 다양한 고객 의견을 수렴하여, 서비스 정책을 수립해야 함

'다양한'과 '고객들' 모두 복수의 개념이므로, 이때는 뒤에서 '들'을 제거하고 쓰는 것이 좋습니다. 같은 방식으로 '많은 회사들이'가 아니라 '많은 회사가'로 쓰는 것이 좋습니다.

5. ~ 있는

아카데미에서 <u>운영하고 있는</u> 홍보 채널 개선 필요
→ 아카데미에서 <u>운영하는</u> 홍보 채널 개선 필요

'운영하고 있는'은 마치 '해야'를 '하여야'로 늘려 쓴 것과 같이 아무 의미가 없는 표현입니다. '운영하는'이 간결하고 좋습니다.

물론 무조건 '적, 의, 것, 들, 있는'을 제거해야 한다는 것은 아닙니다. 제거하는 것을 기본 원칙으로 하되, 문장이 어색해지지 않는 범위에서 하면 됩니다. 한마디로 '빼도 되면 빼고, 아니면 그냥 둬라' 정도로 이해하셔도 좋습니다.

④ 복잡한 글을 기호로 표현하자

문장을 쓰다 보면 설명하고자 하는 내용이 지나치게 길어지고 복잡해지는 경우가 있습니다. 이때 글자 대신 기호를 활용하면 같은 의미를 간결하게 전달할 수 있습니다.

보고서에 등장하는 기호 표현은 여러 가지가 있지만, 간결한 문장을 쓰기 위해 자주 쓰는 기호는 →(화살표), ·(가운뎃점), *(각주), +(더하기) 네 가지입니다. 다음과 같이 활용 방법과 예시를 정리해봅니다.

1. 화살표(→)

　　화살표는 이동이나 흐름, 절차, 순서를 표현할 때 사용하며 구구절절 장황한 문장을 간결하게 표현할 수 있습니다.

> ☐ 50세 이상 생산 가능 인구의 비중은 지속적인 감소세를 보임
> 　○ ('16년) 24.1% → ('17년) 23.2% → ('18년) 21.2% → ('19년) 18.2%

> ☐ 스타트업 R&D 투자 진행 및 관리 프로세스
> 　○ 사업 아이템 선정 → 사업 구성 → 평가 체계 구축 → 사후 관리

　　보고서에서 사용하는 화살표는 두 줄 화살표(⇒) 혹은 굵은 화살표(➜)도 있습니다. 이는 주로 소결론이나 핵심 메시지를 표현할 때 쓰입니다. 한 줄 화살표와는 쓰임이 다르니 구분해서 사용해야 합니다.

2. 가운뎃점(·)

　　병렬로 연결되는 단어나 문구 등을 열거할 때 가운뎃점을 사용하면 문장을 간결하게 표현할 수 있습니다.

- 곤충의 몸은 머리·가슴·배로 구분할 수 있다
- 공시가격 산정의 정확성·투명성 제고를 위한 제도 개선이 필요함

　　이때 쉼표를 사용해도 됩니다. 다만 가운뎃점과 쉼표의 쓰임은 차이가 있으니 다음과 같이 구분해서 쓰면 좋습니다.

　　① 가운뎃점 : 주로 단어를 연결할 때, 연결할 단어의 관계가 밀접할 때

대전시 문화유산을 조사·연구하는 일이 17대 의회 핵심 과제로 부상했다.

② **쉼표** : 구나 절을 연결할 때, 연결하는 단어의 관계가 대등할 때

17대 의회는 대전시 문화유산을 조사하고, 활용 방안을 연구하는 일을 핵심 과제로 선정함

3. 각주(*)

각주는 부연 설명이나 상세 설명이 필요한 단어 오른쪽 상단에 별표 기호 (*)로 표기해서 문장을 간결하게 하는 효과가 있습니다. 주로 외래어, 전문 용어, 신조어 등을 설명할 때 사용합니다.

○ 베이비부머* 세대는 낮은 여가 활동 수준을 보이지만, 여가의 중요성 인식 지수는 높음

  * '55~'63년 출생한 약 600만 명, 총 인구의 13.2% 차지

4. 더하기(+)

결합어나 가치의 크기가 같은 항목을 병렬로 연결할 때는 주로 더하기 기호 (+)를 사용합니다.

- 경제+문화+정치 분야에서 균형 잡힌 성장 추구
- 평가 요소에는 리더십+소통+기획 역량이 포함됨
- 짜슐랭은 A사 신제품으로 짜장면+미슐랭 의미로 사용됨

지금까지 앞서 언급한 네 가지 기호 표현을 활용해서 복잡하고 장황한 문장을 간결하게 수정한 예시를 확인해보도록 하겠습니다.

> □ 코로나 이후 수협을 통한 보조로 인해 수협 거래 의존도 증가
>   ○ '20년 수협 80%, 시판 20% 비율에 비해 '24년 수협 95%, 시판 5%로 비율로 시판 거래 위축
>   ○ 영업소장의 시판 거래처 방문 감소, 고수익 제품의 부재의 원인으로 최근 5년간 연평균 10% 매출이 감소하고 있음

위와 같이 복잡한 내용을 글로만 표현하면 문장이 길어집니다. 시간의 흐름은 장황한 설명보다 화살표(→)를 이용해서 정리하고, 가치의 크기가 같은 항목은 더하기(+)로 정리해봅니다. 여기에 더해, 앞서 소개한 태그 기술까지 적용해보겠습니다.

> □ 코로나 이후, 수협에서 보조해주는 거래 방식 증가로 시판 비율이 감소함
>   ○ 비율: ('20년) 수협 80%, 시판 20% → ('24년) 수협 95%, 시판 5%
>   ○ 원인: 영업소장의 시판 거래처 방문 감소 + 고수익 제품 부재

아래 보고서 내용도 어딘지 모르게 복잡하고, 다 읽고 나서도 이해하기 어렵습니다.

> □ 디지털기반 교육혁신
>   ○ 바람직한 수업을 위해 AI 기반으로 설계된 교과과정(Course)과 소프트웨어(Software)를 합친 컴퓨터 소프트웨어인 코스웨어를 운영하여 학습데이터 분석 결과를 교사가 수업에 활용해 학생별 최적화된 학습을 지원함
>   ○ AI와 VR 그리고 AR 등 디지털 신기술을 활용해 에듀테크 진흥방

> 안을 수립할 예정이며, 구체적으로 2023년까지 방안을 수립하고, 2024년에 시범운영을 거쳐 단계적 도입은 2025년부터 진행함

길고 장황한 문장을 기호 표현을 활용해서 수정해봅니다.

> □ **디지털기반 교육혁신**
> ○ AI 기반 코스웨어*를 운영하여 학습데이터 분석 결과를 교사가 수업에 활용해 학생별 최적화된 학습을 지원함
>   * 코스웨어: 바람직한 수업을 위해 설계된 컴퓨터 소프트웨어로 교과과정(Course)+소프트웨어(Software)를 결합한 용어
> ○ AI·VR·AR 등 디지털 신기술을 활용해 에듀테크 진흥방안을 수립함
>   - 방안 수립('23) → 시범운영('24) → 단계적 도입('25)

위에 설명한 네 가지 기호 외에도 보고서에서 자주 쓰이는 기호 표현이 있습니다. 활용 방법과 예시를 정리해두니 추후 보고서 작성에 참고가 되었으면 합니다.

5. 소괄호( )

괄호 표현에는 소괄호( ), 중괄호{ }, 대괄호[ ] 세 가지 표현이 있습니다. 이 중 가장 많이 쓰이는 괄호는 소괄호( )입니다. 국립국어원에 따르면 소괄호는 크게 일곱 가지의 쓰임이 있으나, 보고서에는 주로 세 가지로 활용됩니다.

① 보충 내용을 덧붙일 때

> 대전시 관광지(유성온천, 엑스포공원, 보문산) 활성화를 위해 대전 청년드림 서포터즈를 발족하고 운영함

② 우리말 표기와 원어 표기를 함께 쓸 때

ChatGPT(챗지피티) 기능을 활용해 보고서 작성에 도움을 받을 수 있음

③ 항목의 순서나 종류를 나타내는 숫자나 문자 등을 쓸 때

입사 지원 서류는 (1)이력서, (2)자기 소개서, (3)경력 기술서로 3월 14일까지 홈페이지에서 접수 가능

6. 작은따옴표(' ')

작은따옴표는 아래 세 가지로 쓰이지만, 보고서에는 ①번의 활용 빈도가 가장 높습니다.

① 문장 내용 중에서 특정한 부분을 특별히 강조할 때

② 인용문 속의 인용문이거나 마음속으로 한 말임을 나타낼 때

③ 소제목, 그림이나 노래와 같은 예술 작품의 제목, 상호, 법률, 규정 등을 나타낼 때 쓰며, 홑낫표(「 」)와 홑화살괄호(〈 〉)도 사용 가능함

- 워크스마트에 활용할 수 있는 대표적인 도구 '줌(ZOOM)'을 활용해 재택근무 활성화에 기여함

7. 큰따옴표(" ")

큰따옴표도 세 가지 쓰임이 있지만, 이 중 보고서에는 ①번의 쓰임이 가장 많습니다.

① 말이나 글을 직접 인용할 때

② 글 가운데 직접 대화를 표시할 때

③ 책이나 신문 이름 등을 나타낼 때 쓰며, 겹낫표(『 』)와 겹화살괄호(《 》)도 사용 가능함

- "공 하나에 다음은 없다"는 김성근 감독님의 말처럼 매사 최선을 다할 수 있는 자세가 필요함

8. 쌍화살표(↔)

비교나 대조를 표현할 때 사용합니다.

- 우리 회사 신제품 개발 주기는 18개월(↔12개월, 경쟁사 평균)로, 경쟁사 대비 다소 긴 편입니다.

9. 쌍점, 콜론(:)

① 표제 다음에 해당 항목을 들거나 설명을 붙일 때
② 의존 명사 '대'가 쓰일 자리 대신

①번의 쌍점은 앞은 붙여 쓰고, 뒤는 띄어서 씁니다. 반면 ②번의 쌍점은 앞뒤 모두 붙여서 씁니다.

- 흔하진 않지만 두 자로 된 성씨도 있다(예: 남궁, 선우, 황보).
- 청군:백군의 점수는 65:60(65 대 60)이었다.

10. 참고 사항(※)

관련법령, 통계, 연구 결과, 설문 결과, 전문가 견해, 국/내외 사례 등을 나타낼 때 활용합니다.

> ○ 60대 이상의 희망 여가활동은 문화예술(23.2%), 스포츠(17.2%), 봉사활동(12.3%), IT 활용(9.8%) 순으로 나타나고 있음
> ※ '15년 노인 희망 여가활동 실태조사 결과 보고서

11. 물결표(~)

기간이나 거리 또는 범위를 나타낼 때 쓰며, 앞말과 뒷말에 붙여 씁니다.

- 행사 일정: 6월 1일~6월 15일

⑤ 하이라이팅 표현으로 간결함을 더하자

상사는 내 보고서를 다 읽을 시간도, 다 읽고 싶은 인내심도 없는 사람입니다. 위로 올라 갈수록 생각할 것이 많고, 업무도 복잡하기 때문에 빨리 내용을 파악하고 싶은 것이 인지상정입니다.

이때 전체 보고서 중 중요한 부분에 일명 하이라이팅 기술(강조 표기)을 적용하면 상사의 시간을 절약해줄 수 있습니다. 쉽게 활용할 수 있는 방법이자, 보고서를 간결하게 표현할 수 있는 가장 효과적인 방법 중 하나입니다.

보고서에 하이라이팅을 적용하는 방법에는 굵은 글씨, 강조 색깔, 밑줄 기울임, 형광펜 효과 네 가지가 있습니다. 다음 예시는 하이라이팅 기술을 각 문장마다 적용한 예시입니다.

> ☐ 자녀돌봄 지원 확대 및 가족친화 문화 확산
> ○ (아이돌봄서비스) 출·퇴근 시간대 등 돌봄 공백이 있는 맞벌이가구 양육부담 경감을 위해 **아이돌봄서비스 지원 시간 및 가구 확대**
> ○ (아이돌봄플랫폼) 이용자의 수요 기반으로 긴급·출퇴근 돌봄 등 맞춤형 서비스 제공을 위한 아이돌봄 통합지원 플랫폼 구축
> ○ (가족친화기업) 근로자의 일·생활 균형 및 가족친화 직장문화 확산을 위해 가족친화 *인증기업 및 최고기업 지정* 확대

○ (경력단절 예방) 경력단절 가능성이 높은 여성과 기업을 대상으로 생애주기별 ==경력준비-유지-전환 등 맞춤형 서비스== 확대

다만 이 기술은 지나치면 안 하느니만 못합니다. 너무 많은 부분에 하이라이팅을 적용하면 오히려 복잡해집니다. 다음 예시와 같이 너무 많은 부분에 하이라이팅을 적용하면, 뭐가 중요한지 모른다고 상대방에게 자백하는 것과 다를 바가 없습니다. A4 용지 한 페이지 기준 20% 내외가 적정하다고 생각합니다.

□ **자녀돌봄 지원 확대 및 가족친화 문화 확산**
 ○ (아이돌봄서비스) 출·퇴근 시간대 등 **돌봄 공백**이 있는 맞벌이가구 양육부담 경감을 위해 **아이돌봄서비스 지원 시간 및 가구 확대**
 ○ (아이돌봄플랫폼) **이용자의 수요 기반**으로 긴급·출퇴근 돌봄 등 **맞춤형 서비스 제공**을 위한 아이돌봄 통합지원 플랫폼 구축
 ○ (가족친화기업) 근로자의 일·생활 균형 및 **가족친화 직장문화 확산**을 위해 **가족친화 인증기업 및 최고기업 지정 확대**
 ○ (경력단절 예방) **경력단절 가능성**이 높은 **여성과 기업**을 대상으로 생애주기별 **경력준비-유지-전환** 등 **맞춤형 서비스 확대**

또한 하이라이팅을 할 때 일관된 방식을 적용하는 것이 좋습니다.

□ **자녀돌봄 지원 확대 및 가족친화 문화 확산**
 ○ (아이돌봄서비스) 출·퇴근 시간대 등 돌봄 공백이 있는 ==맞벌이가구 양육부담 경감==을 위해 아이돌봄서비스 지원 시간 및 가구 확대
 ○ (아이돌봄플랫폼) **이용자의 수요 기반**으로 긴급·출퇴근 돌봄 등 맞

춤형 서비스 제공을 위한 아이돌봄 통합지원 플랫폼 구축
○ (가족친화기업) 근로자의 일·생활 균형 및 가족친화 직장문화 확산을 위해 가족친화 인증기업 및 최고기업 지정 확대
○ (경력단절 예방) 경력단절 가능성이 높은 여성과 기업을 대상으로 생애주기별 경력준비-유지-전환 등 맞춤형 서비스 확대

위와 같이 하나의 보고서에 여러 가지 하이라이팅을 적용하면, 보고서에 복잡함만 더해질 뿐입니다. 또한, 하이라이팅 방식에 따라 정보의 중요도가 다르게 전달될 수 있는 위험도 있습니다.

[간결한 보고서의 일석이조 효과]

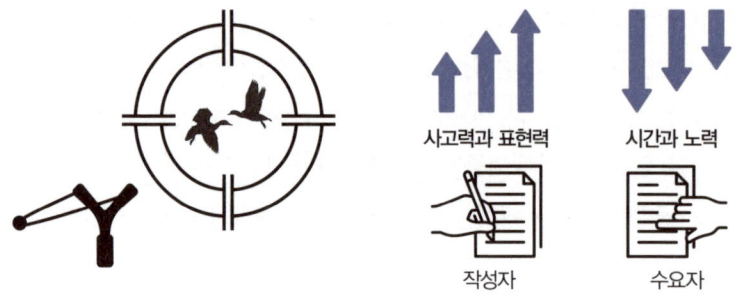

보고서를 쓰면서 불필요한 표현을 제거하고 핵심만 전달하기 위해 노력하면 그 과정에서 작성자의 사고력과 표현력이 올라갑니다. 또한 상대방은 최소한의 노력으로 핵심을 파악할 수 있어 정보 처리에 시간을 절약할 수 있습니다. 작성자와 상대방 모두에게 득이 되는 방식입니다.

앞서 제시한 다섯 가지 방법을 적용해서 나와 상대방 모두에게 이로운 보고서를 작성해보시길 바랍니다.

CHAPTER 04

보고서의 문단

"복잡한 내용에 규칙을 부여하자"

LESSON 01
문단 정리 기술의 양대 산맥, 구조화와 피라미드

문단을 정리하는 두 가지 방법

지금까지 '보고서의 첫인상은 문장이 결정한다', '문장이 쌓여 보고서가 된다'라는 설명으로 문장 표현의 중요성을 강조했습니다. 하지만 아무리 잘 쓴 문장도 낱개로 흩어져 있으면 가치가 떨어질 수 있습니다. 흩어진 문장을 덩어리로 정리하는 기술이 필요합니다.

이때 아무 규칙 없이 막무가내로 정리하는 것보다 체계적으로 정리하는 것이 좋습니다. 여러 가지 방법이 있지만 보고서에서 가장 많이 활용하는 방법은 두 가지입니다. 일명, 문단 정리 기술의 양대 산맥으로 불리는 **구조화**와 **피라미드 구조**입니다.

구조화는 문장 간의 상하 관계를 '체계적'으로 정리하는 방법이고, 피라미드 구조는 결론을 중심으로 문장을 '논리적'으로 정리하는 방법입니다.

[문단 정리계의 양대 산맥]

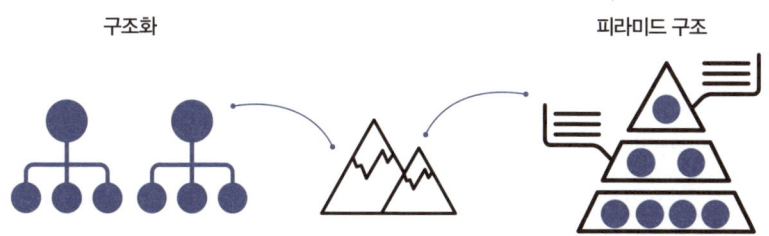

구조화 기법은 쉽게 말해 컴퓨터의 폴더를 정리하듯 상위 항목 아래 하위 항목 1, 하위 항목 1-1 형태로 정리하는 방법입니다. 상위에 자동차가 있으면 하위에 현대자동차가 있고, 다시 그 하위에 그랜저, 소나타 등으로 정리하는 방식입니다.

[구조화 정리 방법과 예시]

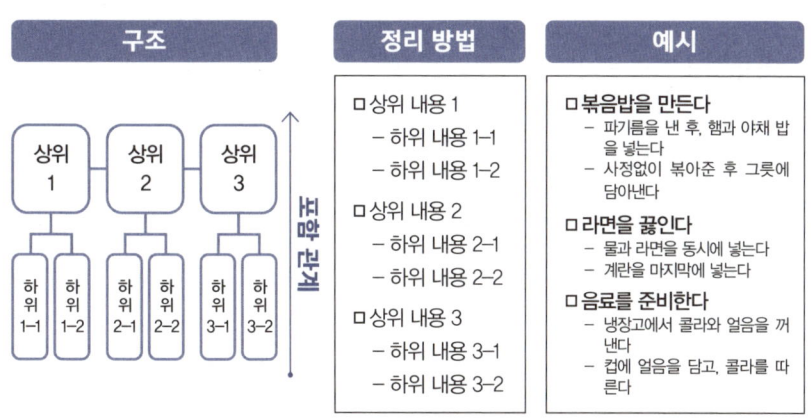

반면 피라미드 구조는 조금 더 복잡합니다. 제일 상위에 결론이 위치하고

CHAPTER 04 보고서의 문단 **193**

그 하위에 결론을 뒷받침하는 이유가 위치합니다. 이유 하단에는 이유를 뒷받침하는 근거가 위치하는 형태입니다.

예를 들어 '결혼할 때는 반드시 프로포즈를 해야 한다', '왜냐하면 프로포즈를 해야 상대방이 승낙할 확률이 높다', '한국결혼장려위원회 조사 결과, 프로포즈를 할 경우 결혼 승낙 확률이 87%로 나타났다'와 같은 형태로 정리하는 방식입니다.

[피라미드 구조의 정리 방법과 예시]

물론 '구조화'와 '피라미드 구조' 외에도 다양한 문단 정리 방법이 존재합니다. 하지만 이 두 가지 기법만 제대로 이해하고 활용해도 충분히 효과적으로 문단을 구성할 수 있을 것입니다.

다음 LESSON부터 구조화와 피라미드 기법의 활용 방법과 구체적인 예시에 대해서 자세히 알아보겠습니다.

LESSON 02
구조화 사고 기법 세 가지

어느 날 연말 행사에 쓸 파티 준비물을 정리해서 보고하라는 상사의 요청이 있었습니다. 만약 이런 식으로 정리한다면 상사의 반응은 어떨까요?

□ **파티 준비물**
- 사탕
- 초콜릿
- 오렌지
- 쿠키
- 샤인머스켓
- 풍선
- 고깔모자

아마 상사는 이렇게 반응하지 않을까 생각해봅니다.

> "뭐야, 이게? 뭐 이리 복잡해? 좀 정리해서 가져오면 안 되겠어?"

상사는 정리되지 않은 정보 앞에 짜증이 날 수밖에 없습니다. 머릿속이 오염되어 독으로 가득 차게 됩니다. 많은 내용을 이해하기도 어렵고, 기억하기도 쉽지 않습니다. 그럼 보고서의 고수는 어떻게 보고할까요? 주절주절 낱개로 나열하는 방식을 취하지 않습니다. 큰 틀로 정보를 정리해서 덩어리로 보여줍니다.

☐ 파티 준비물
　○ 과자
　　- 사탕
　　- 초콜릿
　　- 쿠키
　○ 과일
　　- 오렌지
　　- 샤인머스켓
　○ 소품
　　- 풍선
　　- 고깔모자

상사는 상세 내용을 접하기 전에 [과자], [음료], [소품]으로 큰 틀을 먼저 인식하고, 그 후에 세부 정보를 파악합니다. 이해하기도 쉽고, 기억하기도 편합니다. 이런 표현을 상대방의 뇌가 독에 오염되는 것을 방지하는 가장 강력한 해독제인 '구조화'라고 합니다.

[상대방 머릿속에 정리할 수 있는 구조(틀)을 만들어줘라]

사실 여기까지는 많은 분들이 알고 있는 내용이라고 생각합니다. 앞서 기획 보고서 내용을 다루며 본문을 정리할 때 활용하는 방법으로 한 차례 설명한 적도 있습니다. 기본기는 이미 충분히 알고 있을 거라 생각합니다. 그럼 지금부터는 여러분이 가진 기본기에 더해 구조화를 좀 더 잘할 수 있는 세 가지 방법에 대해 이야기해보겠습니다.

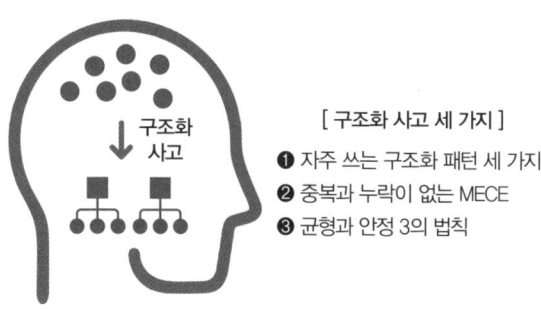

[구조화 사고 세 가지]
❶ 자주 쓰는 구조화 패턴 세 가지
❷ 중복과 누락이 없는 MECE
❸ 균형과 안정 3의 법칙

① 자주 쓰는 구조화 패턴 세 가지

보고서에 자주 등장하는 구조화 패턴 세 가지는 상대/반대, 순서/시간, 영역/사람 패턴입니다. 물론 이외에도 여러 가지 패턴이 있지만 이 세 가지 패턴만 잘 알고 있어도 정보를 체계적으로 정리할 수 있습니다.

또한, 단순히 알고 있는 것을 넘어 세 가지 패턴을 억지로라도 머릿속에 저장해둘 필요가 있습니다. 이런 패턴들을 사고의 틀로 저장하고 있으면 세 가지 장점을 누릴 수 있기 때문입니다.

상대/반대	순서/시간	영역/사람
• 외부/내부 • 전/후 • 긍정/부정 • 장점/단점 • 고정/변동 • 질/양 • 기존/신규 • 비용/이익 • Hard/Soft • As is/To be	• 과거/현재/미래 • 도입/정착/확대 • 단기/중기/장기 • 1단계/2단계/3단계 • 준비/운영/사후관리 • 인지/각인/확산 • Plan/Do/Check/Act • Attention/Interest/ Desire/Memory/Action • R&D/생산/영업/AS	• 자사/경쟁사/고객 • 강점/약점/기회/위기 • A 제품/B 제품/C 제품 • 하드웨어/소프트웨어/휴먼웨어 • 본사/지사/현장 • 고객/회사/직원 • 노/사/정 • 경영자/관리자/직원 • 기획팀/홍보팀/관리팀 • Product/Price/Promotion/Place • Man/Machine/Material/Method

첫째, 생각 정리가 빨라지고, 보고서 작성 시간이 단축됩니다. 예를 들어, 상사가 '○○ 교육 종료 후에 교육생 반응을 정리해서 차기 교육을 어떻게 할 건지 보고서 작성해'라고 요청을 합니다. 이때 다양한 구조화 패턴을 알고 있으면 생각 정리가 빨라지고, 보고서 작성 방향을 쉽게 정할 수 있습니다.

> '긍정적 반응과 부정적 반응으로 정리하는 게 낫겠지?'

> '회사에서 처음 시도한 교육이었으니, 교육 전 기대 반응과
> 교육 후 사후 반응으로 정리해서 보고서를 써야겠다!'
> '환경(하드웨어), 프로그램(소프트웨어), 강사(휴먼웨어)로 구분해
> 더욱 체계적으로 정리해봐야겠다.'

이렇게 보고서 작성의 틀을 정하고, 빠르게 생각을 정리해서 보고서를 작성할 수 있습니다.

둘째, 같은 내용이라도 다양한 패턴으로 생각을 정리하면 새로운 아이디어를 만들어낼 수 있습니다. 예를 들어, 상사가 '김 주임, 요즘 직장 내 세대갈등이 심한데, 해결 방법 좀 정리해서 알려줘'라고 했을 때 아래와 같이 다양한 패턴으로 정리가 가능합니다.

앞 내용처럼 다양한 구조화 패턴으로 생각을 정리하면 기존의 틀을 깨고 다양한 해결책을 생각해볼 수 있습니다. 늘 하던 대로 보고서를 작성하던 습관에서 벗어나 보고서에 새로움을 더할 수 있습니다.

셋째, 후배들의 보고서를 검토하고 피드백할 때 명확하게 할 수 있습니다. 후배의 보고서를 검토할 때 애매모호하게 '정리가 안 된 것 같은데, 체계적으로 만들어봐'라고 피드백한다면 후배는 아마 이런 생각을 할 지도 모릅니다.

> '좀 구체적으로 피드백해주지. 자기도 모르니까 애매하게 말하는 거 아니야?
> 나보고 어쩌라고?'

아는 만큼 보이고, 아는 만큼 피드백할 수 있습니다. 애매모호한 피드백 대신 아래와 같이 구체적으로 피드백해보는 건 어떨까요?

> '이번 건은 상대/반대 패턴을 적용해서 내부와 외부 관점으로 정리해봐.'
> '이 내용은 시간의 흐름에 따라 정리하는 게 좋을 것 같아.
> Plan - Do - See - Action으로 내용을 정리하면 체계적이겠다.'

후배 입장에서는 피드백이 명확해서 좋고, 선배 입장에서는 조금 더 똑똑해 보이는 방식입니다.

이처럼, 상대/반대, 순서/절차, 영역/사람의 다양한 패턴을 익히고 머릿속에 사고의 틀로 저장하면 빠르고 새롭게 구조화를 하고, 후배들에게도 똑똑한 피드백을 할 수 있을 것입니다.

② MECE 사고를 적용해보자

앞서 파티 준비물을 구조화할 때 만약 이런 식으로 내용을 정리했다면 상사는 어떤 반응을 보일까요?

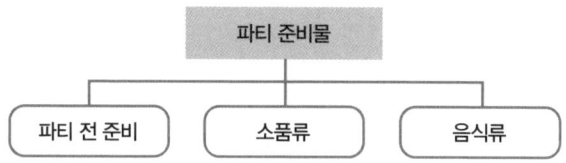

비슷한 예로 이런 식으로 구조화를 했다면 상사는 어떤 피드백을 할까요?

상사마다 반응은 제각각이겠지만 아마 비논리적인 구조화 패턴에 당혹스러움을 감추지 못했을 것입니다.

상사를 당혹스럽게 하는 결정적인 이유는 구조화할 때 MECE 사고를 적용하지 않았기 때문입니다. MECE는 '미씨' 또는 '엠이씨이'라고 읽습니다. MECE는 Mutually Exclusive Collectively Exhaustive의 앞 글자를 따서 만든 말이며, 상호 배타적이면서 모였을 때는 완전히 전체를 이루는 것을 의미합니다. 한마디로 낱개를 덩어리로 구조화할 때, 중복과 누락이 없이 정리해야 한다는 뜻입니다.

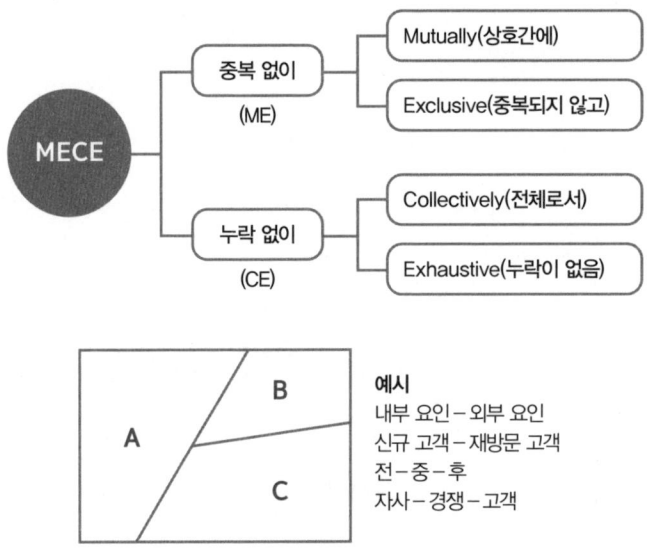

예를 들어서 수많은 자동차를 구조화할 때 단순히 경형-중형-대형이라고 정리하면 어떨까요? 뭔가 빠져 보이지 않나요? 소형이 누락된 걸 발견할 수 있습니다. 사람을 구조화하는 경우, 남자-여자-직장인으로 정리하면 어떨까요? 남자와 직장인, 여자와 직장인 사이에 중복이 발생하겠죠? 모두 MECE 사고가 적용되지 않은 비체계적인 구조화입니다.

[MECE 사고의 중요성]

- **시스템 사고** : 요소들이 전체 구성 요소로서 적합한지 확인 가능
- **균형적 사고** : 어느 한쪽으로 치우치게 되는 오류 방지
- **간결한 사고** : 유사한 내용을 중언부언 제시하는 오류 방지

MECE는 정보 간의 관계를 정리할 때 지켜야 하는 최소한의 규칙으로, MECE에 맞춰 정보를 정리하면 상대방은 체계적이라는 느낌을 받을 수 있습니다. 보고서를 쓰는 사람은 보고서 내용에 필요한 전체 요소를 포괄하는 사고가 가능하며, 어느 하나의 정보에 편중되는 현상을 방지할 수도 있습니다. 중언부언해서 설명하는 것도 피할 수 있습니다.

③ 3의 법칙을 적용하자

3의 법칙은 낱개를 덩어리로 구조화할 때 두 개의 덩어리, 네 개의 덩어리보다 세 개로 정리하는 게 유리하다는 법칙입니다. 이는 숫자 3이 가진 특징인 '균형'과 '안정' 때문입니다.

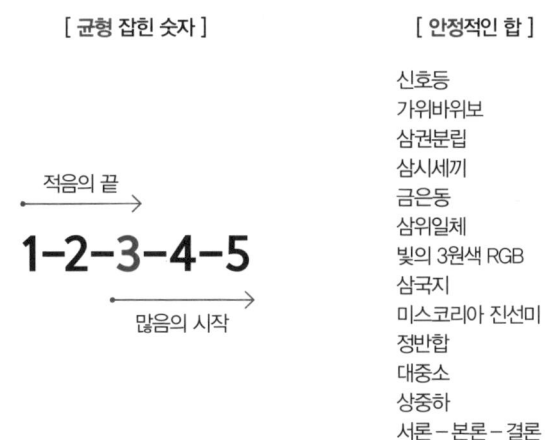

사람은 기본적으로 정보를 받아들일 때 한 개나 두 개의 정보가 유입되면 '적다', '부족하다'는 생각을 하게 됩니다. 뭔가 더 있을 것 같은 기대감에 의심이 들기 시작합니다. 반면 네 개 이상의 정보가 유입되면 '많다', '복잡하다'는 생각이 듭니다. 기억하기도 어렵습니다. 이때 적지도 많지도 않은 숫자가 3입니다. 그래서 기획이나 컨설팅 업계에서는 3을 '적음의 끝'이자 동시에 '많음의 시작' 으로 규정하며, Perfect Number 혹은 Magic Number라고 부릅니다.

숫자 3은 예로부터 전체를 규정하는 안정적인 숫자로 활용되어 왔습니다. 그래서일까요? 세상을 둘러보면 전체를 규정하는 합이 세 가지로 구성되어 있는 것이 꽤 많습니다.

대표적으로 입법부, 행정부, 사법부의 삼권분립이나, 성부, 성자, 성령의 삼위일체, 신호등의 세 가지 색, 색의 3원색, 삼시세끼 등 일일이 열거할 수 없을 정도로 많습니다. 그만큼 안정감을 주는 숫자이고, 전체를 규정함에 있어 부족함이 없습니다.

이런 3의 특성을 구조화에 적용하면 보고서가 체계적으로 정리되고 설득력이 올라갈 수 있습니다. 다음 보고서도 김치 산업 활성화 방안을 더도 말고 덜도 말고 딱 세 가지로 정리했습니다.

> ▢ 김치 산업 활성화 방안
>   ○ (생산) 김치 생산 효율성 증대와 원가 절감
>   - 세계김치연구소 설립하여 통합 컨트롤타워 역할 수행
>   - 김치 산업 육성법 제정 및 유통구조 개선
>   - 기초기술 및 응용기술 연구개발, 통계조사, 홍보마케팅 지원
>   ○ (판매) 세계시장 맞춤형 김치 판매 전략 수립
>   - 국가별 식문화에 맞춘 레시피 개발 및 판매
>   - 나라별 선호도 조사를 통한 맞춤형 김치 판매
>   - 포장 방법 및 단위에 맞춘 포장 디자인 개선

○ (인력) 김치 관련 인력 양성과 인식 개선 교육
　– 김치 관련 전문 교육기관 지정 및 운영
　– 대학 및 연구소와 협력하여 단기·장기 교육 과정 운영
　– 어린이·청소년 대상 김치 관련 교육 프로그램 확대

3의 법칙은 PPT 보고서에서도 활용될 수 있습니다. 많은 내용이 낱개로 나열되어 있는 보고서보다, 3의 매력을 이용해서 정리한 보고서가 좀 더 체계적으로 느껴집니다.

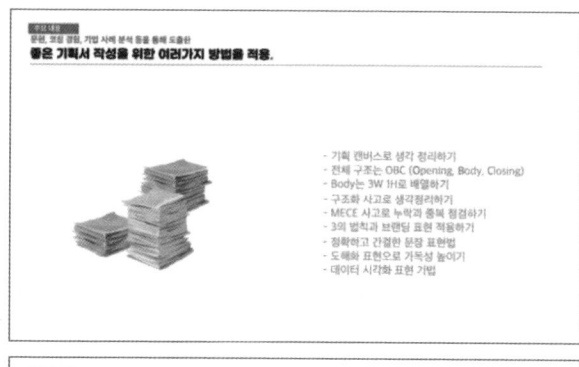

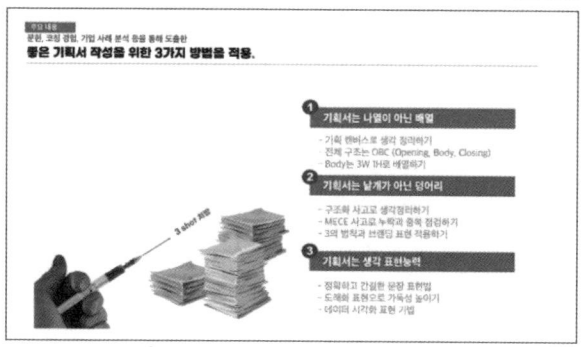

낱개는 독입니다, 구조화가 득입니다. 보고서계의 가장 강력한 해독제 구조화 사고로 내용을 체계적으로 정리해서 전달한다면, 상사의 머릿속이 해독되면서 보고서의 설득력이 올라갈 것입니다.

여기에 더해 다양한 구조 패턴으로 사고의 폭을 넓히고, MECE 사고와 3의 법칙까지 장착한다면 보고서 작성 시간은 단축되고, 보고서의 퀄리티는 무한 상승할 것입니다.

LESSON 03
구조화 표현 기법 세 가지

'부뚜막의 소금도 넣어야 짜다'라는 속담이 있습니다. 아무리 좋은 소금이라도 음식을 만들 때 사용하지 않으면 소용없다는 뜻입니다. 구조화 사고와 표현의 관계도 마찬가지입니다. 머릿속 생각이 구조화되어도 이를 문서 위에 표현하지 못하면 부뚜막의 소금과 다를 바가 없습니다. 구조화 사고만큼 표현도 중요하다는 뜻입니다.

보고서는 생각을 정리하면서 쓰는 것이 아니라 정리된 생각을 옮기는 것입니다. 생각이 체계적으로 정리되어 있어야 그 내용을 효과적으로 표현할 수 있습니다. '표현' 이전에 생각을 정리하는 '사고'가 우선이라고 판단해서 이전 LESSON에서 '구조화 사고'에 대한 설명을 먼저 진행했습니다. 지금부터는 구조화된 내용을 보고서에 옮기는 '구조화 표현' 세 가지에 대해서 알아보도록 하겠습니다.

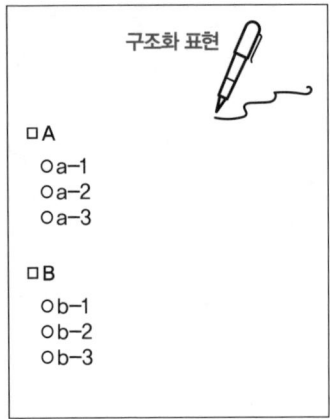

[구조화 표현 세 가지]
❶ 자주 쓰는 구조화 표현 세 가지
❷ 운율을 맞춘 구조화 표현
❸ 영어 구조화 표현

① 키워드형, 문장형, 결합형 패턴

복잡한 내용을 구조화해서 표현할 때 주로 세 가지 패턴을 활용합니다. 키워드형, 문장형, 결합형 패턴인데요. 본격적인 설명에 앞서, 길고 장황하게 서술식으로 작성된 보고서를 보겠습니다.

▫ **교육 센터 개선 방안**
  ○ 현재 영업 사원 교육을 위한 교육 센터에 대한 문제가 제기되고 있어, 먼저 곳곳에 산재되어 있는 교육 센터를 한곳으로 모으고, 교육을 관장하는 컨트롤 타워도 일원화하여 업무의 효율성을 달성함
  ○ 낙후되어 있는 강의 시설(책상, 의자, 빔 등)도 새것으로 교체하기로 한다. 강의 자료도 지금 시대에 맞지 않는 옛날 자료로 최신 강의 콘텐츠로의 업그레이드가 필요하며, 교육 센터 내 인력관리 시스템을 구축하여 정확한 업무 분장 및 관리를 추진한다. 설문조사 결과 내부 강사만 활용하다 보니 강의의 전문성이 떨어진다는 지적도 있어서 외부 강사도 적극 활용

○ 요즘 세대가 좋아하는 카페테리아를 북카페 형식으로 구성하여 책도 보고 휴식도 취할 수 있는 공간을 추가

내용을 읽기도 전에 복잡하고 장황한 내용 앞에 숨이 막혀옵니다. 복잡함을 풀기 위해 문장을 의미 단위로 분리해서 다음과 같이 단문으로 변경해봅니다.

□ 교육 센터 개선 방안
  - 교육을 관장하는 컨트롤 타워도 일원화하여 업무의 효율성 추구
  - 교육 센터 내 인력관리 시스템을 구축하여 정확한 업무 분장 및 관리
  - 곳곳에 산재되어 있는 교육 센터를 한곳으로 통합
  - 낙후되어 있는 강의 시설(책상, 의자, 빔 등)도 새것으로 교체
  - 책도 보고 휴식도 취하는 카페테리아식 북카페 마련
  - 외부 전문강사 강의 프로그램 도입
  - 최신 강의 콘텐츠로 업그레이드

조금 나아지기는 했지만 여전히 정리된 느낌은 없습니다. 마지막으로 구조화를 통해 정리해보도록 하겠습니다.

□ 교육 센터 개선 방안
  ○ 인력
    - 교육을 관장하는 컨트롤 타워도 일원화하여 업무의 효율성 추구
    - 교육 센터 내 인력관리 시스템을 구축하여 정확한 업무 분장 및 관리

- ○ 환경
  - 곳곳에 산재되어 있는 교육 센터를 한곳으로 통합
  - 낙후되어 있는 강의 시설(책상, 의자, 빔 등)도 새것으로 교체
  - 책도 보고 휴식도 취하는 카페테리아식 북카페 마련
- ○ 콘텐츠
  - 외부 전문강사 강의 프로그램 도입
  - 강의 자료도 지금 시대에 맞지 않는 옛날 자료로 최신 강의 콘텐츠로 업그레이드

이때, 앞선 예시와 같이 [인력], [환경], [콘텐츠] 등 단어나 짧은 문구로 소제목을 기술하는 방법을 키워드형 구조화라고 합니다. 반면 아래와 같이 하위 내용을 압축 요약해서 구체적인 문장으로 정리하는 방식을 문장형 구조화라고 합니다.

- □ 교육 센터 개선 방안
  - ○ 인력관리 시스템 구축과 컨트롤 타워 일원화
    - 교육을 관장하는 컨트롤 타워도 일원화하여 업무의 효율성 추구
    - 교육 센터 내 인력관리 시스템을 구축하여 정확한 업무 분장 및 관리
  - ○ 교육 센터 통합과 시설 최신화 도모
    - 곳곳에 산재되어 있는 교육 센터를 한곳으로 통합
    - 낙후되어 있는 강의 시설(책상, 의자, 빔 등)도 새것으로 교체
    - 책도 보고 휴식도 취하는 카페테리아식 북카페 마련

○ 실질적이고 트렌드에 맞는 전문 콘텐츠 제공
- 외부 전문강사 강의 프로그램 도입
- 강의 자료도 지금 시대에 맞지 않는 옛날 자료로 최신 강의 콘텐츠로 업그레이드

두 가지 모두 효과적인 구조화 표현이지만, 둘 중 더 좋은 방식은 후자입니다. 소제목만 읽어도 하위 내용을 파악할 수 있어 보고서 검토 시간을 줄일 수 있기 때문입니다. 많은 상사들이 더 선호하는 방식이기도 합니다.

키워드형	구분	문장형
가독성	효과	효율성
• 좀 더 간결하게 정리된 느낌으로 보인다.	장점	• 필요에 따라, 상위 메시지만 읽으면 하위 메시지를 읽지 않아도 된다.
• 상대방이 하위 메시지를 다 읽어야 하는 수고가 따른다.	단점	• 상위 메시지를 만들기가 쉽지 않고, 문장이 복잡해 보일 수 있다.
• 항목을 구분하거나 정리할 때 • 구조를 보여주고 싶을 때	주요 활동	• 하위 내용을 정리할 때 • 메시지를 전달하고 싶을 때

물론 두 가지 방식 모두 일장일단이 있습니다. 키워드형 구조화는 간결하고 직관적이라는 장점이 있지만, 문맥 없이 핵심 단어만 나열하면 상대방이 내용을 정확히 이해하기 어려울 수 있습니다. 상대방 입장에서 전체 내용을 이해하려면, 하위 내용을 모두 읽어야 하는 부담감도 있습니다.

반면 문장형 구조화는 상위 메시지만으로도 핵심 내용을 전달할 수 있어 상대방의 시간을 절약할 수 있습니다. 하지만 문장이 길어질 경우에는 핵심이 묻

히거나 지루하게 느껴질 수 있고, 소제목을 문장 형태로 만들기가 어렵다는 단점이 있습니다.

요즘은 둘 간의 장단점을 보완한 결합형 구조화 표현을 많이 활용합니다. 괄호 표현을 활용해서 괄호 안에 키워드를 쓰고, 그 옆에 문장을 결합해서 [키워드+문장]으로 정리하는 방식입니다.

□ **교육 센터 개선 방안**
- ○ **[인력]** 인력관리 시스템 구축 및 컨트롤 타워 일원화
  - 교육을 관장하는 컨트롤 타워도 일원화하여 업무의 효율성 추구
  - 교육 센터 내 인력관리 시스템을 구축하여 정확한 업무 분장 및 관리
- ○ **[환경]** 교육 센터 통합 및 시설 최신화 도모
  - 곳곳에 산재되어 있는 교육 센터를 한곳으로 통합
  - 낙후되어 있는 강의 시설(책상, 의자, 빔 등)도 새것으로 교체
  - 책도 보고 휴식도 취하는 카페테리아식 북카페 마련
- ○ **[교육]** 실질적이고 트렌드에 맞는 콘텐츠 제공
  - 외부 전문강사 강의 프로그램 도입
  - 최신 강의 콘텐츠로 업그레이드

구조화 패턴에 정답은 없습니다. 키워드형으로 쓰든, 문장형으로 쓰든, 결합형을 쓰든 상관없습니다. 내가 정리하기 쉬운 방식을 선택하거나, 더 효과적인 방법은 보고서를 검토하는 상대방이 선호하는 방식을 선택해서 쓰는 것입니다.

② 운율 맞추기

구조화 표현의 두 번째 기술은 운율을 맞추는 방법입니다. 영어로는 라임이라고도 합니다. 구조화 표현을 할 때 운율을 맞춰서 문장을 쓰면, 문장에 리듬감이 생겨서 읽기도 쉽고 기억하기도 쉬운 표현이 만들어집니다.

☐ **밀레니얼 시대를 대비한 2023년 경영 전략**
  ○ **(세계로)** 국내 화학 산업 인프라를 기반으로 중동/아시아 시장 진출
    - 중동 지역의 석유화학 자원과 연계한 합작 투자 추진
    - 아시아 주요 국가와 자유무역협정(FTA)을 적극 활용한 현지 공장 설립
  ○ **(미래로)** 인공지능을 활용한 신사업 개발로 미래 성장 동력 확보
    - 고객 데이터 분석을 통한 맞춤형 제품 추천 시스템 구축
    - 제조 공정에 AI 기반 자동화 시스템 도입으로 생산성 향상
  ○ **(고객으로)** 소비자 관찰과 경험을 토대로 제품과 서비스 개선 방안 마련
    - 실시간 고객 피드백 수집 플랫폼 운영을 통한 제품 개선 주기 단축
    - 소비자 체험 프로그램을 확대해 제품 개발 초기 단계부터 의견 반영

위 보고서를 보면 2023년 경영 전략을 구조화하면서 '~로'라는 운율 표현을 적용했습니다. '~로, ~로, ~로'가 입에 착착 붙으면서 기억하기 쉬운 표현이 만들어졌습니다.

물론 진중하고 현실적인 이야기를 담아내는 보고서에 운율(라임)이 웬말이냐 할 수도 있습니다. 하지만 보고서가 진지해야 한다는 법은 세상 어디에도 없습니다. 또한 소통이라는 맥락에서 생각해볼 때 운율 표현을 통해 잘 읽히고 기억하기 쉬운 표현이 만들어진다면 이보다 더 좋은 방법은 없다고 생각합니다.

앞서 예시로 든 김치 산업 활성화 방안에도 운율 표현을 적용해 볼 수 있습니다. 전체 내용을 생산, 판매, 인력으로 구조화하는 것도 좋지만, 아래와 같이 화, 화, 화로 운율을 맞추면 좀 매력적인 표현이 완성됩니다.

▫ 김치산업 활성화 방안
　○ (전문화) 세계김치연구소 설립 및 전문인력 양성
　　- 본 연구소를 컨트롤 타워로 김치산업 관련 통합 업무를 진행하고 관련 연구 지원
　　- 교육부와 협업으로 김치 관련 전문인력 확충을 위한 교육 프로그램 운영
　○ (효율화) 유통과정에서 발생하는 비효율을 제거하여 비용 절감
　　- 김치 산업 육성법 제정을 제정하여 농가와 판매 업체가 직접 계약하는 기반 마련
　　- 저온유통체계 구축사업을 통해 김치업체의 저온저장 시설 확충 지원
　　- 영세업체 공동구매 지원으로 비용 절감 및 가격 교섭력 강화 유도
　○ (세계화) 세계인의 니즈와 입맛에 맞는 다양한 김치 관련 상품 개발
　　- 소량 구매를 선호하는 해외 소비자를 위해 100g~500g의 소형 단위 제품 판매
　　- 자극적인 김치 맛 대신 현지인이 쉽게 접근할 수 있는 김치 소스 및 시즈닝 개발
　　- 김치의 자극적인 이미지가 부각되지 않는 세련된 포장 디자인으로 패키징

보고서 전체 내용은 잊어버려도, 전문화, 효율화, 세계화라는 표현은 머릿속에 콕 박혀서 오래도록 기억나지 않을까 싶습니다.

운율 표현은 PPT에서도 활용될 수 있습니다. 아래 보고서에서 '성, 성, 성'으로 운율을 맞춘 표현이 딱딱한 보고서에 재미를 더하며 더 매력적인 느낌을 줍니다.

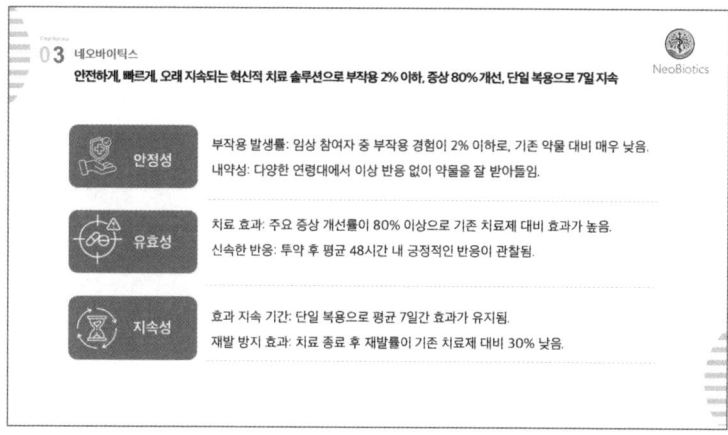

운율 표현과 유사한 방법으로 강조하고 싶은 단어를 의도적으로 반복함으로써 리듬감을 만드는 방법도 있습니다. 다음 보고서의 내용을 보면, '협업'이라는 핵심 키워드를 반복해서 멋진 구조화 표현이 완성되었습니다.

> □ **제품 및 서비스 제공 방안**
>   ○ **(내부 협업)** 유관 부서와의 협업으로 고객 이슈 발생 시 종합적이고 입체적인 대응
>   - 서비스, 마케팅, R&D 부서 간 실시간 정보 공유 시스템 구축
>   - 부서별 담당자 간 정기 협의체 운영을 통해 문제 해결 속도 향상
>   ○ **(외부 협업)** 외부 전문가 협업을 통해 제품/서비스 전문성 확보
>   - 각 분야 전문가 자문을 통한 기술 검토 및 개선안 수립
>   - 사용자 커뮤니티를 통해 실사용자 피드백 반영 및 서비스 개선
>   ○ **(정부 협업)** 관계부처의 정책 연구를 통해 안정적 사업 기반 마련
>   - 정부 지원 프로그램 및 R&D 투자 유치 방안 검토
>   - 정책 변화에 따른 규제 대응 및 준법 경영 시스템 정비

③ 영어 구조화 표현

세 번째 구조화 표현 방법은 영어 구조화입니다. 예를 들어, 임직원들의 역량을 향상시키기 위해서는 '태도, 행동, 역량 측면에서의 개발이 필요합니다'라는 평범한 문장을 '역량 개발을 위한 ABC(Attitude, Behavior, Competency)'라고 구조화하는 방식입니다.

공공기관에서 발행한 다음 보고서에서도 일 잘하는 방법을 아홉 가지로 나열한 것이 아니라, 세 가지로 구조화하면서 영어 구조화 표현을 더해 적용했습니다.

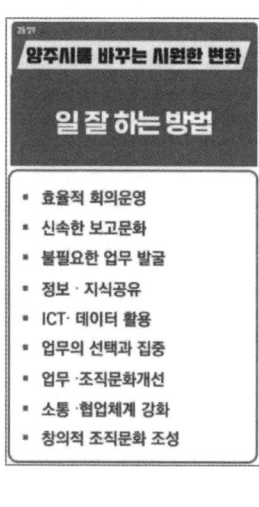 

세 개의 덩어리를 Simple, Smart, Soft로 구조화하고, 이를 다시 정리해서 '일 잘하는 3S'로 표현하니 이해하기도 쉽고 기억하기도 쉬운 멋진 표현이 만들어졌습니다.

앞선 김치 산업 활성화 방안에 영어 구조화 표현을 적용해서 아래와 같이 수정하는 것도 가능합니다.

□ 김치 산업 활성화를 위한 3E Way
　○ (Expense) 안정적인 원료 확보와 시설 확충으로 생산 비용 절감
　　- 김치 산업 육성법을 제정하여 농가 재배 업체와 직접 계약 지원
　　- 저온유통체계 구축사업을 수행하여 저온저장 시설 확충 지원

○ **(Expand)** 다양한 제품 개발과 패키징 개선으로 접근성 확대
 - 김치 시즈닝, 액체 김치 소스 등 해외 소비자 맞춤형 제품 개발
 - 해외 소비자에게 거부감을 줄 수 있는 김치 패키징 디자인을 개선
 - 소형, 중형, 대형 등 포장 단위를 다양화하여 1인 가구 니즈 충족
○ **(Expert)** 김치 R&D 기관 설립과 교육 과정 운영을 통한 전문성 확보
 - 세계김치연구소에서 김치 관련 연구개발 지원 및 관련 업무 통합
 - 전문교육기관에서 유통, 마케팅 등 장·단기 교육 과정을 운영

영어 구조화 표현은 PPT 보고서에서 특히 효과적입니다. 다음 보고서는 약 10년 전 캐논이라는 회사를 다닐 때 작성했던 보고서입니다. 회사 워크숍을 기획함에 있어 그 내용과 특징을 네 가지로 정리했고, 이때 영어 구조화 표현을 적용해 메시지를 잘 전달하고 있습니다.

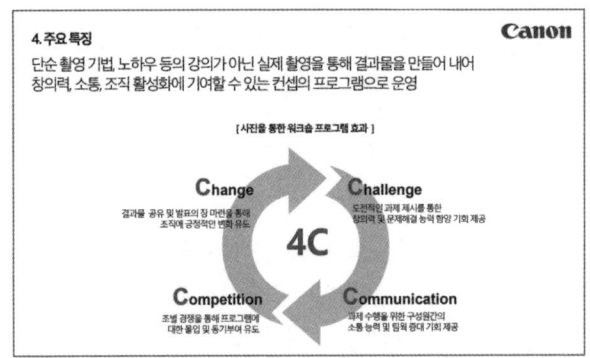

다음 내용은 ○○기업의 공기청정기 소개 자료를 만들 때 썼던 영어 구조화 표현입니다. 먼저 공기 청정기의 특징을 Superior, Smart, Simple의 세 가지로 구조화한 후, 세부적인 내용을 설명하는 슬라이드를 추가했습니다.

이렇게 하면 고객 입장에서는 Superior, Smart, Simple이라는 큰 틀을 가지고 세부 정보를 받아들이기 때문에 이해하기도 쉽고, 기억하기도 수월합니다.

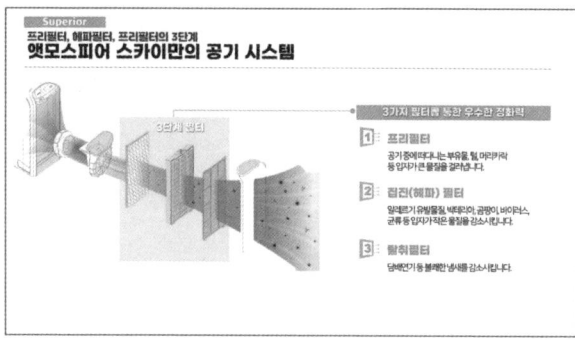

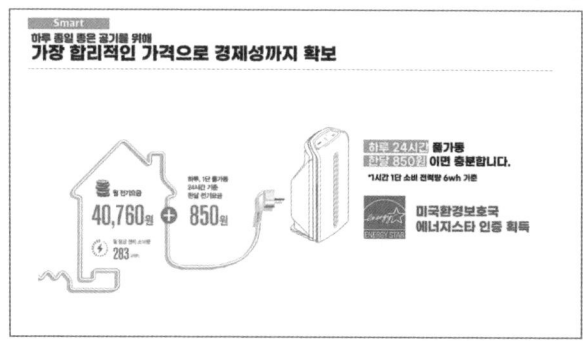

　소금은 짠맛을 내야 진짜 소금입니다. 구조화 사고 역시 표현으로 실현될 때 진정한 가치를 발휘합니다. 머릿속 정리는 시작에 불과하며, 상대방에게 전달하고 설득하는 구조화 표현으로 연결되어야 합니다. 다양한 구조화 표현 방식을 익히고, 운율 표현과 영어 구조화 표현까지 적용한다면 내 소금은 단순한 소금을 넘어서 히말라야 핑크 소금으로 더 매력적으로 상대방에게 다가갈 것입니다.

LESSON 04

피라미드 구조 ①
주장-이유-근거

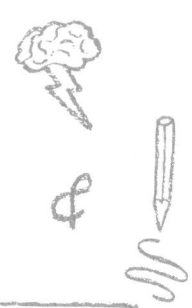

지금까지 구조화 사고와 표현을 통해 문단을 구성하는 방법에 대해서 알아봤습니다. 하지만 모든 보고서의 문단을 상하관계나 포함관계로만 정리할 수는 없습니다. 때로는 상단에 주장이나 결론을 제시하고, 이어서 주장을 뒷받침하는 이유나 근거를 제시해야 하는 경우도 있습니다. 이때 활용해 볼 수 있는 방법이 이번 LESSON에서 소개할 두 번째 문단 정리의 기술 **피라미드 구조**입니다.

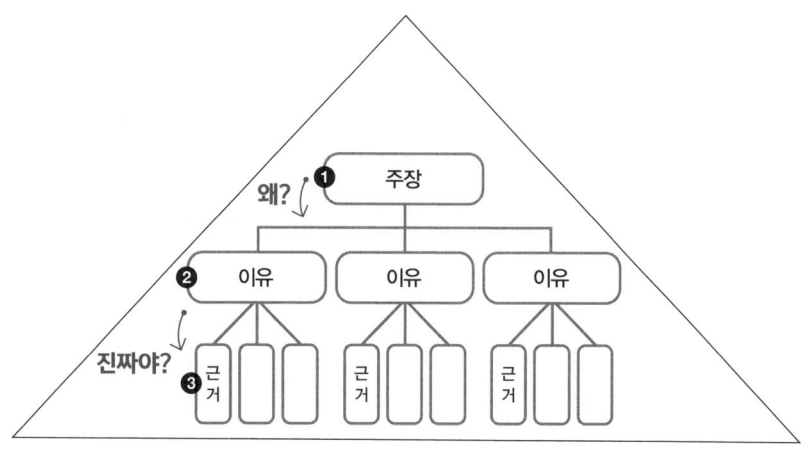

이러한 정리 방법을 '피라미드 구조'라고 부르는 이유는 고대 이집트의 무덤인 피라미드 모양을 닮았기 때문입니다. 제일 상단에 주장(결론)이 위치하고 그 아래에 이유와 근거가 층층이 쌓이는 모양이 마치 피라미드를 연상케 합니다.

피라미드 구조의 핵심은 결론을 가장 먼저 제시하는 것입니다. 가끔 보고서를 읽다 보면 상사들의 입에서 이런 반응이 나올 때가 있습니다.

> "그래서 뭐 어쩌자는 거지?"
> "하고 싶은 말이 뭐지?"

명확한 결론이나 핵심 메시지가 없다는 피드백입니다. 계란을 툭 깼는데 노른자가 없으니 상사 입장에서는 당황할 만도 합니다. 사실을 통해 추론한 명확한 주장이나 결론을 제시해야 합니다.

겨우 넘어갔다 싶으면 상사는 또 이런 말로 공격해올 수 있습니다.

> "이걸 하는 건 좋은데, 왜 해야 하지?"
> "왜 그렇게 생각하지?"

명분이나 이유가 불분명한 보고서입니다. 주장에 대한 설득력이 떨어지는 보고서가 갈 곳은 파쇄기밖에 없습니다. 주장에 대한 이유를 보강해야 합니다. 여기까지 해서 됐다 싶으면 상사는 끊임없이 공격적인 말을 쏟아냅니다.

> "확실해? 팩트 체크해봤어?"
> "진짜야? 근거 있는 이야기야?"

근거가 부족하다는 피드백입니다. 객관적이고 사실적인 근거를 통해 이유를 증명할 필요가 있습니다.

앞의 내용과 같이 상사의 질문을 예상해서 피라미드 구조 형태로 내용을 정리하면, 상사의 의식의 흐름에 맞게 정보가 착착 제시되면서 설득력 있는 구조가 만들어집니다.

[상사의 의식 흐름에 따른 문단 구성]

❶ 핵심은?
❷ 왜 그렇게 생각하지?
❸ 확실해?

이때 피라미드 구조를 제대로 활용하기 위해서는 이유와 근거의 차이를 이해하는 것이 중요합니다. 많은 사람들이 둘을 같이 묶어서 비슷한 의미로 이해하는 경우가 있지만, 사실 두 단어는 완벽하게 다른 단어입니다.

구분	이유	근거
정의	주장에 대해 '왜 그런지?' 타당성을 설명하는 주관적 or 추론적인 내용	이유에 대해 '진짜 그런지?'를 증명하는 객관적 or 사실적인 내용
쉽게 말해서	내 머리에서 나오면 이유	밖에서 끌어오면 근거
한마디로	뇌피셜	오피셜
예시	이 기계는 매우 우수하다	○○컨설팅업체 평가 결과, 종합 평점 4.9점을 획득

또한 보고서의 설득력을 높이기 위해서는 다양한 근거의 유형을 익히고 활용하는 것이 중요합니다. 상황에 따라, 사안에 따라, 설득 대상에 따라 적절한 근거를 선택해서 활용해야 합니다.

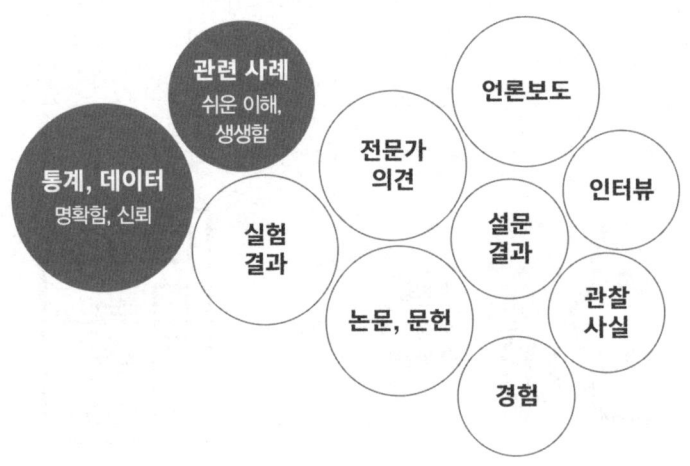

다양한 근거 유형 중에 가장 많이 활용되는 근거는 수치와 사례입니다. 수치는 늘 명확하고 상대방에게 신뢰감을 주는 정보입니다. 하지만 수치로만 가득 채운 보고서도 좋은 보고서는 아닙니다. 너무 딱딱하게 느껴질 수 있기 때문입니다. 이때 활용해 볼 수 있는 근거 유형이 사례입니다. 사례는 상대방에게 쉽고, 생생한 느낌을 전달할 수 있습니다.

설득은 꼭 이성적으로만 이루어지는 것은 아닙니다. 감성도 설득에 한몫 거들 수 있습니다. 이성적인 설득을 담당하는 대표 주자 수치와 감성적인 설득을 담당하는 사례를 조화롭게 사용하면 설득에 도움이 될 수 있습니다.

[생각한 순서를 뒤집어서 쓰자]

[생각한 순서]
하늘 보니까 먹구름 잔뜩 끼었네
비가 올 것 같네
우산 챙겨야겠다.

[보고서 작성 순서]
우산 챙겨야 해 (주장)
비가 올 것 같아 (이유)
하늘 보니까 먹구름 잔뜩 낌 (근거)

 우리는 보통 '하늘에 먹구름이 잔뜩 끼었네 → 곧 비가 오겠는걸 → 밖에 나갈 때 우산 가지고 가야겠다'라는 순서로 생각을 합니다. 사실을 통해 추론을 하고 결론을 도출하는 과정입니다. 지극히 자연스럽고 정상적인 사고 방식입니다.

 하지만 이 방식을 그대로 보고서에 적용하면 상사의 조바심을 유발할 수 있습니다. 인내심이 없고 핵심부터 빨리 알고 싶은 상사에게는 답답한 방식이기 때문입니다. '그래서 결론이 뭐야? 하고 싶은 말이 뭐야?'라는 공격을 피해갈 수 없습니다. 상사의 공격을 막을 수 있는 가장 효과적인 방패는 두괄식 구성입니다. 생각의 흐름을 반대로 뒤집어 주장을 먼저 제시하고 그 다음에 이유와 근거를 제시해야 합니다.

 이 방식을 효과적으로 구현한 것이 지금까지 설명한 피라미드 구조입니다. 보고서에 피라미드 구조를 적용해 주장부터 이유, 근거 순서로 제시한다면 상사의 공격을 막아낼 수 있을 뿐만 아니라 오히려 상사와의 논리 싸움에서 빛나는 승리를 거둘 수 있을 것입니다.

지금까지 피라미드 구조의 기본 개념과 구성 방법에 대해서 알아보았습니다. 다음 LESSON에서는 피라미드 구조를 워드 또는 PPT 보고서로 옮기는 구체적인 방법에 대해서 알아보도록 하겠습니다.

LESSON 05
피라미드 구조 ②
워드 보고서에 적용하기

이번에는 피라미드 구조를 워드 보고서로 정리하는 방법에 대해서 알아보겠습니다. 사실 복잡한 생각을 피라미드 구조로 정리했다면, 이를 보고서 문단으로 정리하는 것은 어려운 일이 아닙니다. 주장, 이유, 근거를 각각 글머리 기호 'ㅁ, ㅇ, -'에 단차를 달리해서 배치만 하면 됩니다.

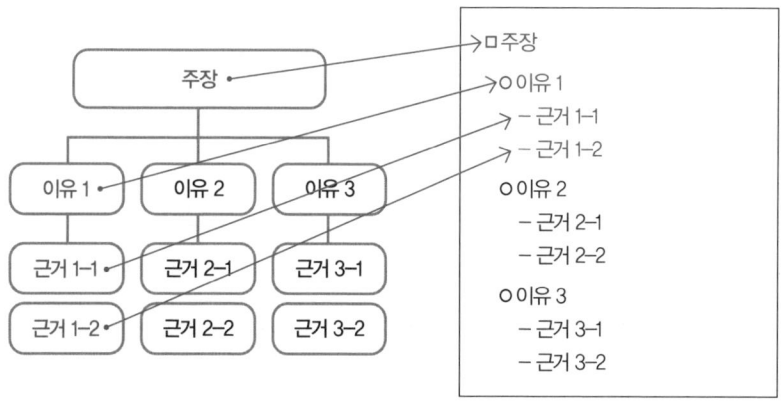

예를 들어, 점심에 순대국밥을 먹고 싶은 김 대리가 팀장님을 설득한다고 가정해보겠습니다. 김 대리가 피라미드 구조를 이해하고 있다면, 아마 이런 식으로 생각을 정리해서 팀장님을 설득했을 것입니다.

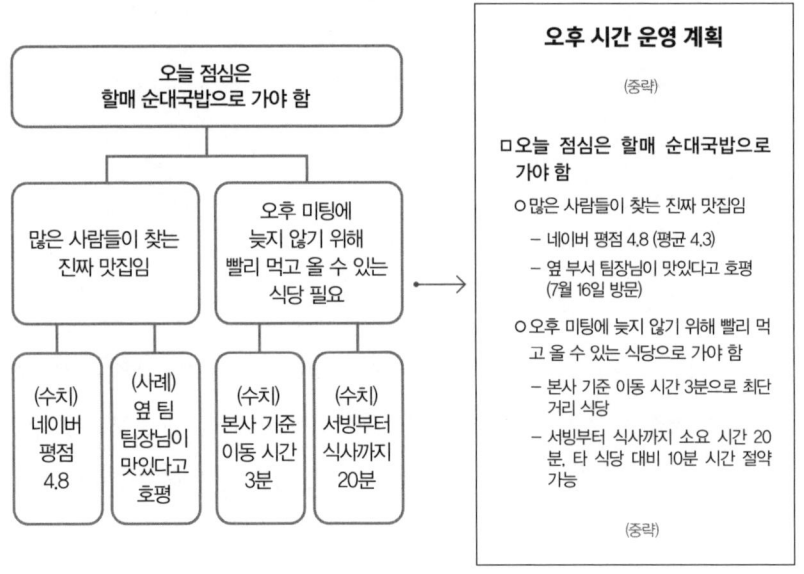

주장-이유-근거의 3단 구성이 체계적으로 전달되면서 팀장님은 순대국밥을 먹으러 가지 않으면 안 될 상황에 몰립니다. 강력한 논리 앞에 설득될 수밖에 없습니다.

하지만 피라미드 구조가 꼭 위와 같이 정리될 필요는 없습니다. 상황에 맞게 자유자재로 변경할 수 있습니다. 먼저 기본 3단 구성은 유지하면서 이유를 합쳐 기술하는 방법이 가능합니다.

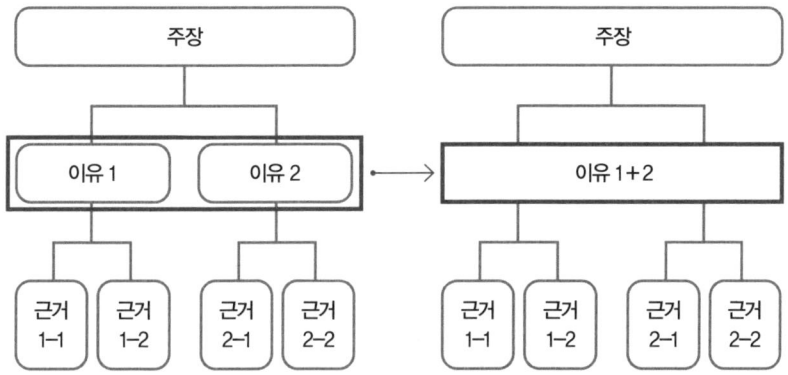

앞선 순대국밥 사례에 적용하면 아래와 같이 정리할 수 있습니다.

[원본]

☐ **오늘 점심은 할매 순대국밥으로 가야 함**
  ○ 많은 사람들이 찾는 진짜 맛집임
    – 네이버 평점 4.8 (평균 4.3)
    – 옆 부서 팀장님이 맛있다고 호평 (7월 16일 방문)
  ○ 오후 미팅에 늦지 않기 위해 빨리 먹고 올 수 있는 식당을 정해야 함
    – 본사 기준 이동 시간 3분으로 최단거리 식당
    – 서빙부터 식사까지 소요 시간 20분, 타 식당 대비 10분 시간 절약

[1차 변형]

☐ **오늘 점심은 할매 순대국밥으로 가야 함**
  ○ 많은 사람들이 찾는 진짜 맛집이며, 오후 미팅에 늦지 않기 위해 빨리 먹고 올 수 있는 식당을 정해야 함

- 네이버 평점 4.8 (평균 4.3)
- 옆 부서 팀장님이 맛있다고 호평 (7월 16일 방문)
- 본사 기준 이동 시간 3분으로 최단거리 식당
- 서빙부터 식사까지 소요 시간 20분, 타 식당 대비 10분 시간 절약

　3단 구성의 복잡함을 줄이기 위해 전체 구조를 2단으로 작성하는 방법도 가능합니다. 주장과 이유를 합쳐서 한 문장으로 기술하면 됩니다. 이때 문장 기술 순서는 이유 → 주장 순서로 쓰든, 주장 → 이유로 쓰든 상관은 없습니다.

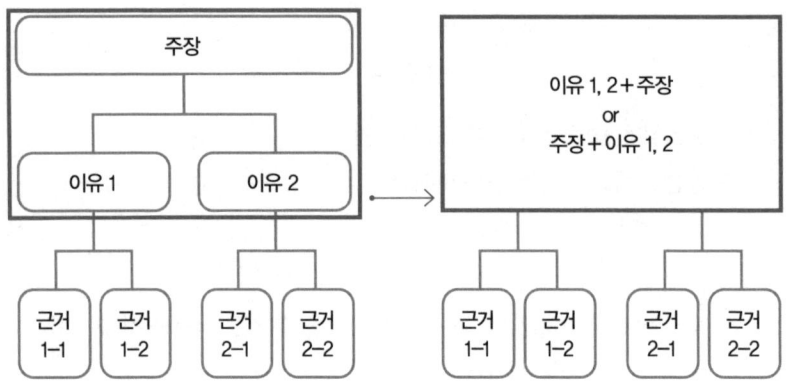

앞선 순대국밥 사례에 적용하면 다음과 같이 정리가 가능합니다.

[2차 변형]

☐ 많은 사람들이 찾는 진짜 맛집이고, 오후 미팅에 늦지 않도록 빨리 먹기 위해 오늘 점심은 할매 순대국밥으로 가야 함

- 네이버 평점 4.8 (평균 4.3)
- 옆 부서 팀장님이 맛있다고 호평 (7월 16일 방문)
- 본사 기준 이동 시간 3분으로 최단거리 식당
- 서빙부터 식사까지 소요 시간 20분, 타 식당 대비 10분 시간 절약

3단 구성을 2단 구성으로 줄이기 위해 이유와 근거를 합쳐서 기술하는 방법도 있습니다. 보고서에서 가장 많이 등장하는 패턴이기도 합니다.

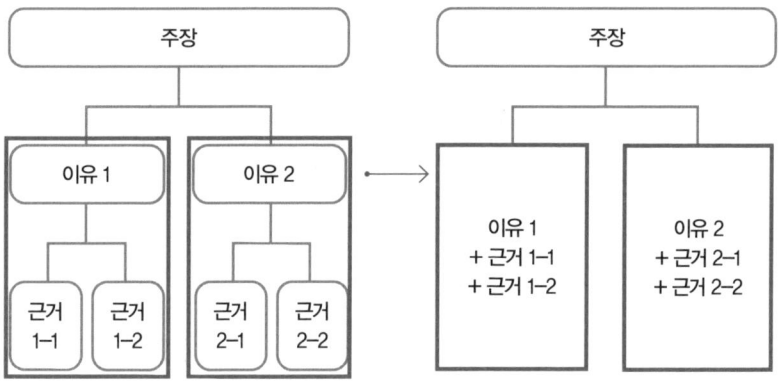

앞선 순대국밥 사례에 적용하면 다음과 같이 정리가 가능합니다.

[3차 변형]

□ 오늘 점심은 할매 순대국밥으로 가야 함
  ○ 네이버 평점 4.8(평균 4.3)이고, 옆 부서 팀장님이 7월 16일 방문 후 맛있다고 호평한 식당으로 많은 사람들이 찾는 진짜 맛집임

○ 본사 기준 이동 시간 3분으로 최단거리 식당이며, 서빙부터 식사까지 소요 시간 20분, 타 식당 대비 10분 시간 절약이 가능해서 오후 미팅에 늦지 않게 빨리 먹고 올 수 있음

실제 보고서에서도 피라미드 구조가 적용된 문단이 많이 등장합니다. 다음은 취업 준비생들을 위한 합격 사례 공유 플랫폼을 만들자는 기획 보고서의 일부 내용입니다. 현황 부분에 피라미드 구조가 적용된 내용을 확인할 수 있습니다.

흩어진 취업 정보를 한 곳에 모으자!
취업 사이트 통합 어플리케이션 사업 기획안

1. 배경
- 현재 대한민국의 취업 준비생은 기업 홈페이지와 취업 준비사이트를 중심으로 취업 정보를 파악해서 취업을 준비하고 있음
- 하지만, 기업과 취업 준비 사이트 내 정보가 불충분하여 취업 준비에 어려움을 겪고 있어, 여러 가지 취업 관련 정보를 통합하고 실질적인 정보를 제공하는 사이트가 필요함

2. 현황
- 취업 준비생이 취업에 필요한 실질적인 정보를 얻기가 어려움
  ○ 기업 홈페이지에서 제공하는 정보가 불충분하고, 취업 정보 사이트도 편협한 정보와 광고성 컨텐츠만 제공함

[구직자 1,362명 대상 설문조사, 출처: 사람인]   [취업준비생 & 신입사원 100명 인터뷰 내용]

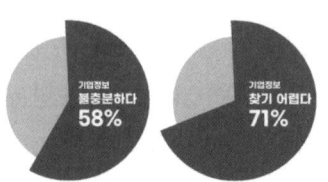

취업준비생 1. xxx
취업정보 사이트는 여기저기 매 정보가 분산되어 있어서 합격 관련 정보 찾기가 너무 어렵다.

취업준비생 2. xxx
합격자 아닌 전문가기 알려주는 뻔한 노하우, 후기성 이야기나 광고성 컨텐츠는 이제 그만

A기업 신입사원 xxx
편협하고 부분적인 정보 말고, 한방에 다 알 수 있는 방법은 없을까?

기업정보
불충분하다
58%

기업정보
찾기 어렵다
71%

마지막으로 해당 보고서는 모 기관에서 보고서 작성 실습 강의를 할 때 교육생이 작성한 보고서 내용입니다. 전체 내용은 공개할 수 없어서 피라미드 구조가 적용된 내용만 예시로 가져왔습니다.

두 보고서 모두 해결 방안을 제시한 부분으로, 왼쪽 보고서는 주장-이유-근거의 피라미드 3단 구조가 반영된 형태입니다. 반면 오른쪽 보고서는 주장+이유-근거의 2단 구조가 적용된 모습을 확인할 수 있습니다.

조직문화 개선 프로젝트

(중략)

☐ 부서 내 동료를 따돌리는 행위는 근절되어야 함
  ○ 따돌림을 당할 때와 물리적 폭력을 당할 때 인간이 느끼는 감정은 유사함
    – 신경과학자 아이젠버거 뇌 반응 실험 결과, 물리적 폭력을 당할 때 활성화되는 전두엽 전대상피질 부위가 따돌림을 당할 때 활성화됨

효율적인 회의 문화 구축 방안

(중략)

☐ 회의 효율성 향상과 원격 근무자와의 원활한 협업을 위해 스마트 회의 시스템을 2024년에 도입하고자 함
  ○ 기존 회의 시스템에서 회의 준비 시간과 자료 공유에 평균 30분이 소요되지만, 스마트 시스템은 10분 이내로 가능함
  ○ 스마트 회의 시스템을 도입한 S 기업의 경우, 회의 시간 자체가 20% 감소한 효과를 보임
  ○ 최근 원격 근무자들의 불만 중 35%가 회의 참여의 어려움과 관련된 내용으로, 이에 스마트 회의 시스템에 대한 요구가 증가함

LESSON 06
피라미드 구조 ③
PPT 보고서에 적용하기

피라미드 구조는 프레젠테이션(PPT) 보고서에도 적용할 수 있습니다. 여러 방법이 있겠지만 통상적으로 두 가지 방법을 많이 활용합니다.

[피라미드 구조를 PPT 보고서로 정리하는 두 가지 방법]

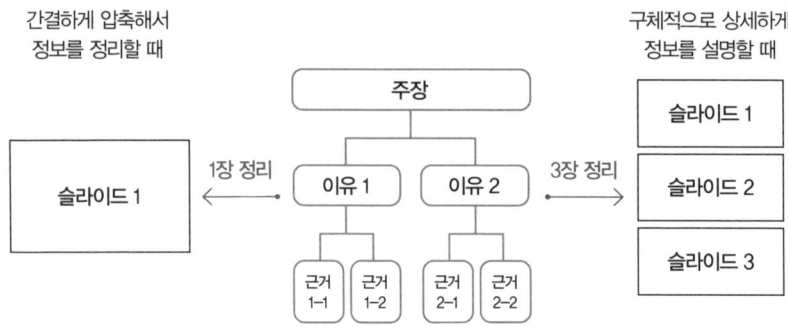

① 전체 내용은 한 장으로 간결하게 정리하자

먼저 가장 대표적인 형태이자 많이 쓰는 방법은 주장과 이유를 결합해서 헤드라인 메시지로 쓰고, 그 하단에 구체적인 근거를 제시하는 방법입니다.

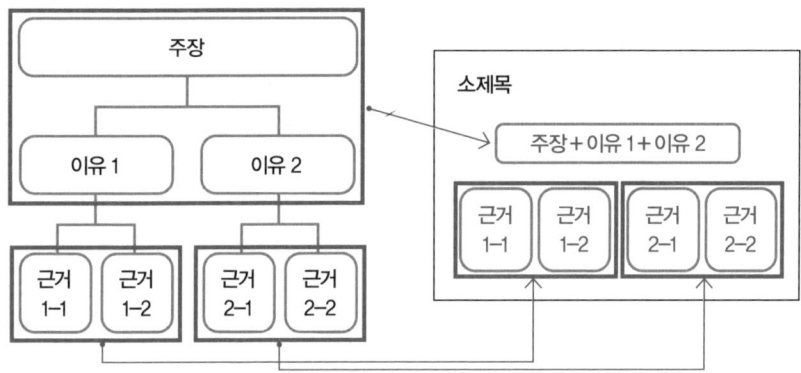

이 방법을 이용해서 앞서 워드 보고서에서 살펴본 순대국밥 사례를 PPT 보고서로 만든다면 아래와 같은 형태가 될 것입니다.

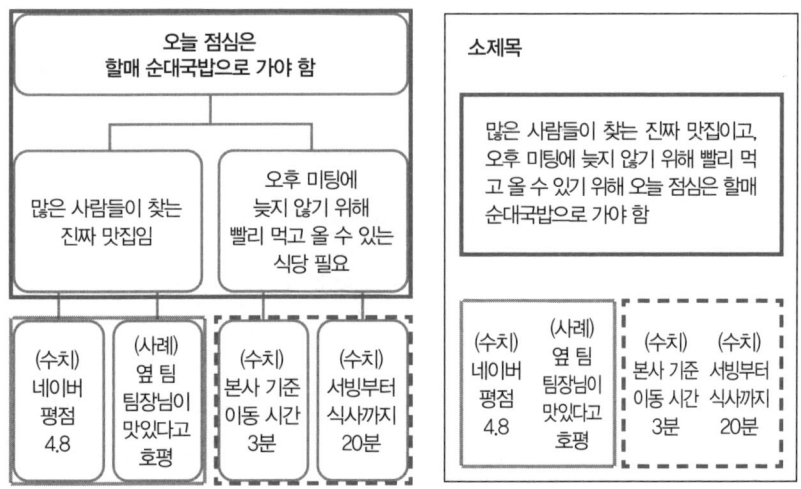

이 내용을 토대로 실제 PPT 보고서를 작성한다면, 다음과 같은 구성이 가능합니다.

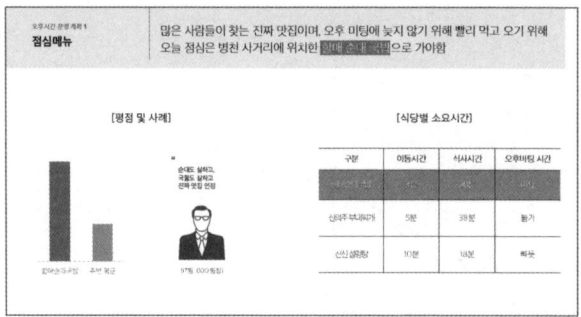

다음 보고서는 모 회사에서 비대면 판매 서비스를 시행하기 위해 작성한 보고서의 일부 내용입니다. 외부 환경을 분석한 슬라이드에서 헤드라인 메시지에 주장과 이유를 결합해 작성하고, 수치와 사례로 근거를 제시한 피라미드 구조를 확인할 수 있습니다.

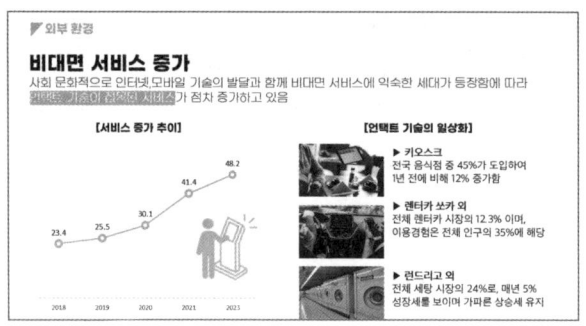

다음 보고서는 모기업에서 모바일을 이용한 새로운 정비 사업을 추진할 때 작성한 보고서입니다. 헤드라인 메시지에 주장과 이유를 제시하고 하단에 수치

와 사례를 근거로 제시하고 있습니다.

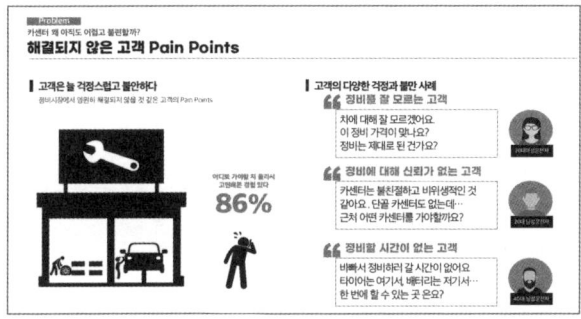

② 전체 내용을 세 장으로 풀어 정리하자

피라미드 구조를 PPT 보고서로 정리하는 두 번째 방법은 전체 내용을 세 장의 슬라이드로 풀어서 정리하는 방식입니다.

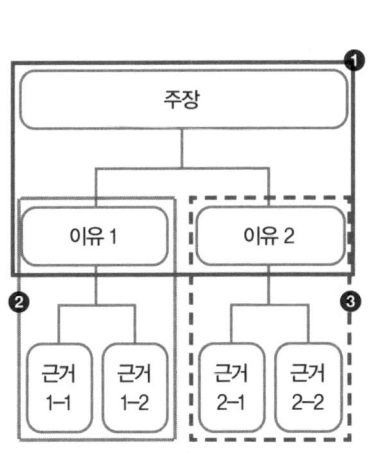

먼저 슬라이드 1에는 주장을 헤드라인 메시지로 기술하고, 하단에 이유 1과 이유 2를 배치합니다.

슬라이드 2에는 앞서 제시한 이유 1을 헤드라인 메시지로 기술하고 근거 1-1, 근거 1-2를 하단에 배치합니다.

슬라이드 3에는 이유 2를 헤드라인 메시지로 기술하고 근거 2-1, 근거 2-2를 하단에 배치합니다.

이 방식을 순대국밥 사례에 적용하면 아래와 같은 구성이 가능합니다.

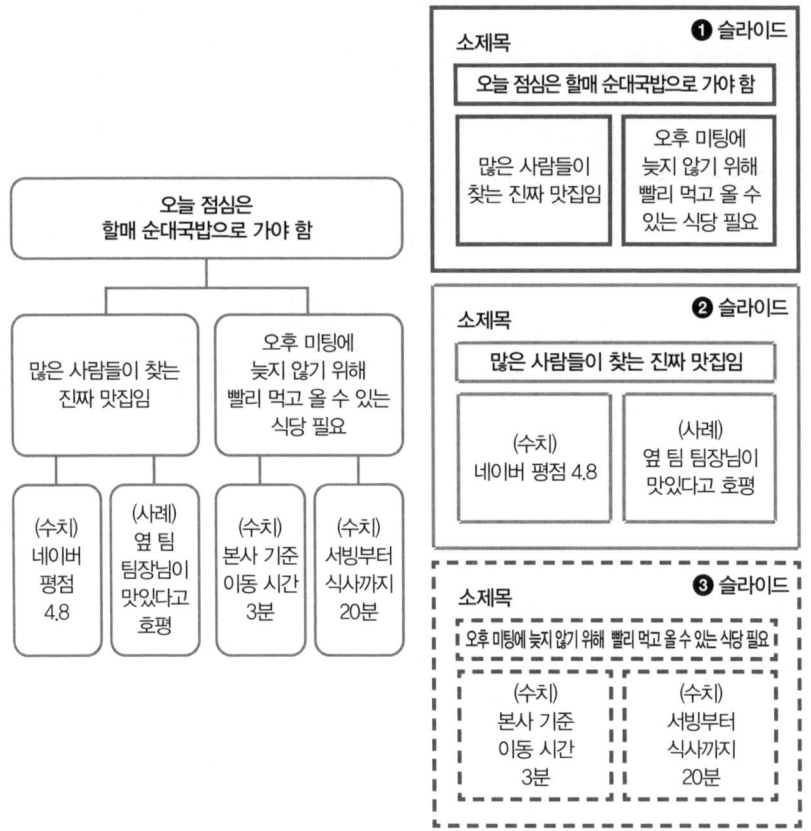

이제 앞 내용을 PPT 보고서에 적용해보겠습니다.

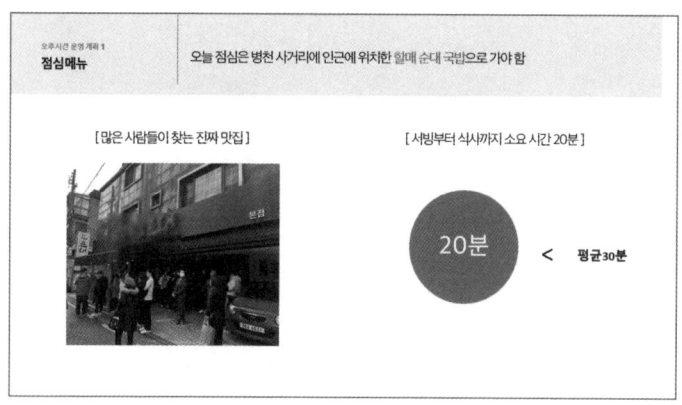

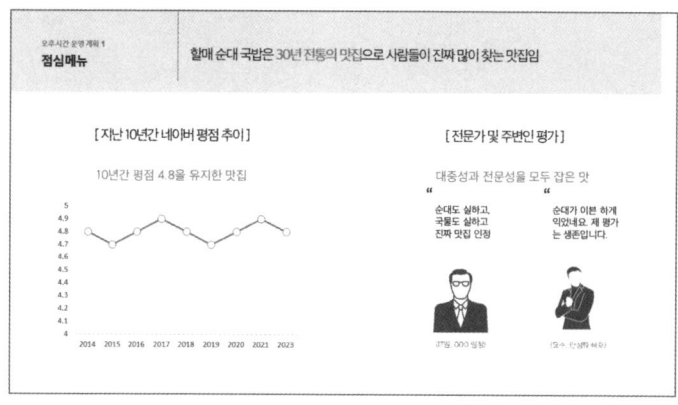

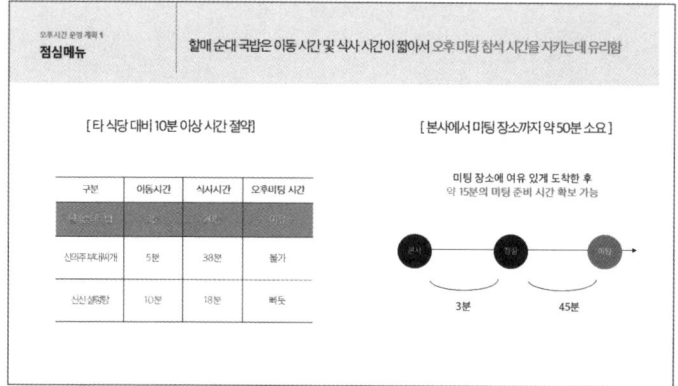

이렇게 세 장의 슬라이드로 피라미드 구조를 정리하면 슬라이드 한 장에 모든 내용을 정리하는 방법보다 더 구체적으로 내용을 설명할 수 있습니다.

CHAPTER 05

보고서의 시각화

"읽는 보고서가 아니라, 눈에 보이는 보고서"

LESSON 01
보고서의 시각적 표현력 3대장

　같은 내용을 다룬 두 개의 책이 있다고 가정하겠습니다. 하나는 우리가 일반적으로 접하는 텍스트 중심의 책, 다른 하나는 그림과 텍스트로 구성된 만화책입니다. 여러분이라면 두 책 중 하나를 선택해서 공부해야 할 때 어떤 책을 선택할까요?

　저라면 텍스트 중심의 책은 라면 받침 정도로 쓰고, 만화책을 선택할 것 같습니다. 아마 저뿐만 아니라 많은 사람들이 적절히 여백도 있고, 이해하기도 쉬운 만화책을 선택하지 않을까 싶습니다.

　같은 방식을 보고서에 적용해보는 것은 어떨까요? 상사에게 텍스트만 빽빽하게 가득 찬 보고서 대신 그림과 도형이 포함된 만화책 같은 보고서를 제출한다면 상사의 선택을 받을 가능성이 올라가지 않을까 생각합니다.

[같은 값이면 다홍치마]

상사의 우뇌를 공략하는 시각적 표현 방법

우리 뇌는 크게 두 가지 영역으로 구분된다고 합니다. 언어적, 논리적, 이성적인 영역을 관장하는 좌뇌와 시각적, 직관적, 감성적인 영역을 관장하는 우뇌입니다. 처한 상황에 따라, 처리하는 정보의 유형에 따라 활성화되는 뇌의 영역이 다르다고 합니다.

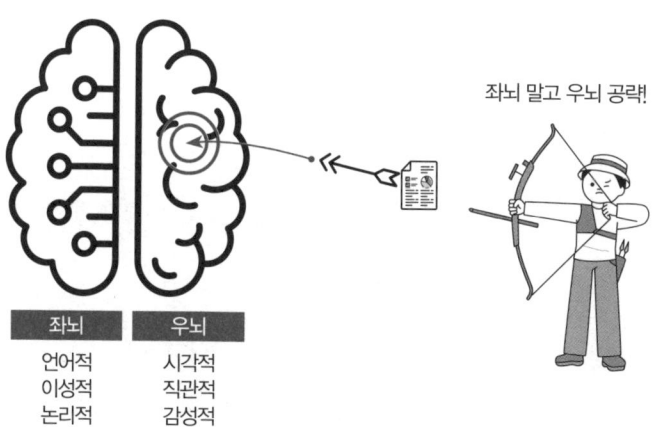

[시각적 표현력의 효과]

그렇다면 우리가 작성한 보고서를 검토하는 상사의 뇌는 평소에 어떤 영역을 많이 사용할까요? 아마도 좌뇌가 아닐까 싶습니다. 아침부터 올라온 실적 자료, 검토해야 할 회의 자료, 마케팅 이벤트 결과 보고서 등 복잡한 숫자와 텍스트 중심의 문서 때문에 상사의 좌뇌는 이미 지쳐 있는 상태입니다.

이런 상대방의 좌뇌에 굳이 내 보고서까지 더해져 카운터 펀치를 날릴 필요가 있을까요? 빈틈없는 텍스트, 빼곡한 숫자로 가득 찬 보고서를 들이밀어 좋을 게 없다는 뜻입니다. 이미 용량이 꽉 찬 상사의 좌뇌를 공략하는 방식이 아니라, 상대적으로 여유 있는 우뇌를 쿡 찌르고 들어가는 건 어떨까요? 방법은 간단합니다. 저는 다음 세 가지 방법을 추천합니다.

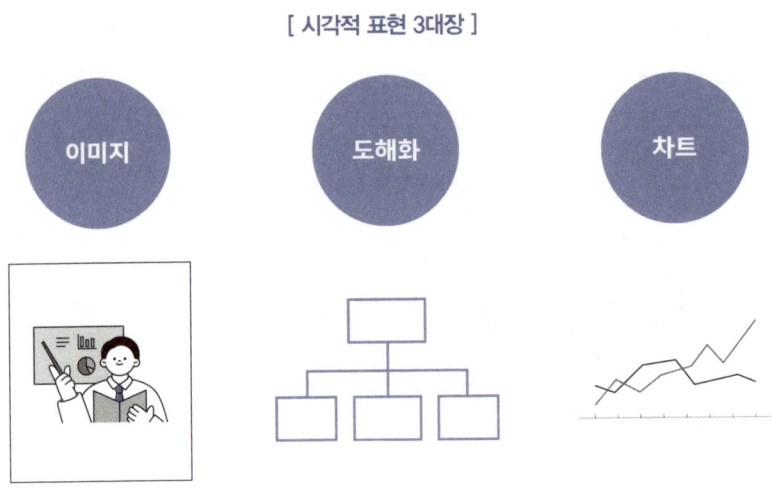

먼저 가장 쉬운 방법은 이미지를 사용하는 것입니다. 이미지는 텍스트로 설명하기 어려운 개념을 시각적으로 표현해서 내용이 더 직관이고 명확하게 전달됩니다. 예를 들어, 제품이나 서비스의 특징을 텍스트로 설명하는 대신 사진이나 일러스트로 설명하면 상대방이 시각적으로 정보를 처리하면서 보다 빠르게 내용을 이해할 수 있습니다.

두 번째, 도해화 표현은 복잡한 내용을 간단한 도형과 구조로 정리해서 상대방이 한눈에 내용을 파악할 수 있도록 돕는 방법입니다. 이를 통해 상대방은 길고 장황한 텍스트를 읽지 않고도 내용을 쉽고 빠르게 파악할 수 있습니다.

마지막으로, 차트는 숫자나 데이터를 시각화해서 비교나 추이, 비중 등 데이터의 관계를 명확하게 보여주는 방법입니다. 상대방은 복잡한 수치나 분석 결과를 한눈에 쉽게 이해할 수 있으며, 데이터 간의 관계를 직관적으로 파악할 수 있습니다.

텍스트로만 채워진 보고서보다 적절한 시각적 요소가 포함된 보고서는 상대방에게 더욱 쉽고 직관적으로 다가갑니다. 마치 만화책을 읽은 것처럼 보고서를 편안하게 읽을 수 있어 정보의 전달력과 이해도가 높아집니다.

다음 LESSON부터 시각화 방법에 대해 더 구체적으로 살펴보도록 하겠습니다. 다만 이 책의 주제는 컴퓨터 활용 능력, 오피스 프로그램 활용법이 아니기 때문에 이미지나 도형을 어떻게 삽입하고, 배치하는지 등 기술적인 설명은 하지 않겠습니다. 시각화의 원리와 방법, 예시, 핵심 포인트 등을 중심으로 설명하도록 하겠습니다.

LESSON 02
보고서에 자주 쓰는 이미지 유형 네 가지

가장 쉽고 빠르게 보고서의 시각적 효과를 올릴 수 있는 방법은 이미지를 활용하는 것입니다. 보고서에 주로 사용하는 이미지는 사진, 일러스트, 아이콘, 픽토그램 네 종류가 있습니다.

왼쪽으로 갈수록 사실적인 효과와 생동감을 주고, 오른쪽으로 갈수록 상징적이고 간결한 느낌을 줍니다. 이 중 보고서에서 가장 많이 사용하는 이미지는 양 끝에 위치한 **사진**과 **픽토그램**입니다.

보고서에 사진을 활용하는 방법

사진은 주로 사실적인 느낌을 전달하거나 생동감을 표현하고 싶을 때 많이 사용합니다. 또한 사진을 삽입하면 보고서 중간에 여백이 생기면서 전체적으로 여유가 생깁니다. 텍스트로 꽉 찬 왼쪽의 보고서와 사진과 여백이 반영된 오른쪽의 보고서를 함께 보면 그 차이가 명확하게 드러납니다.

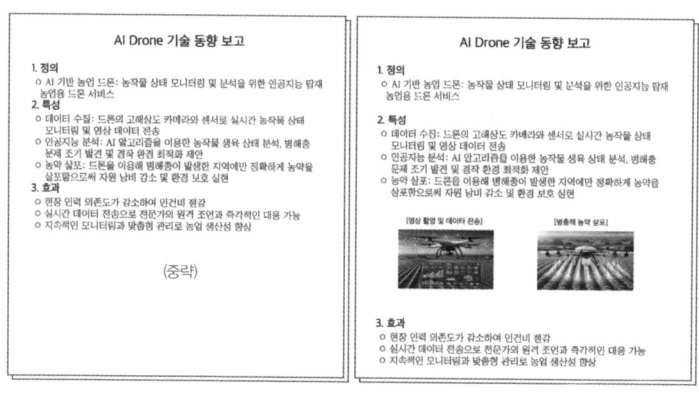

사진은 PPT 보고서에서 활용도가 높습니다. 슬라이드에서 헤드라인 메시지를 구체적으로 설명하기 위해서 사진을 활용하면 메시지의 의미가 더 선명해지고 쉽게 전달됩니다.

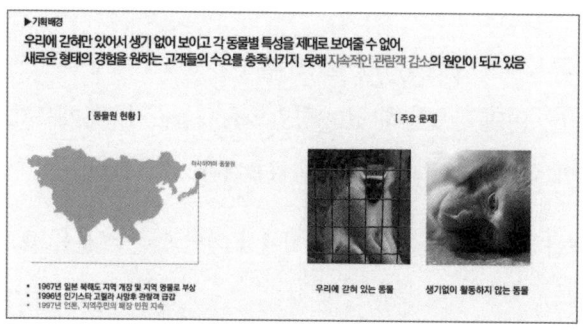

아래 슬라이드에서도 단순히 텍스트 정보만 전달하는 것이 아니라, 응답자의 사진을 추가해서 구성하니 발언 내용이 더욱 사실처럼 느껴지는 효과가 있습니다.

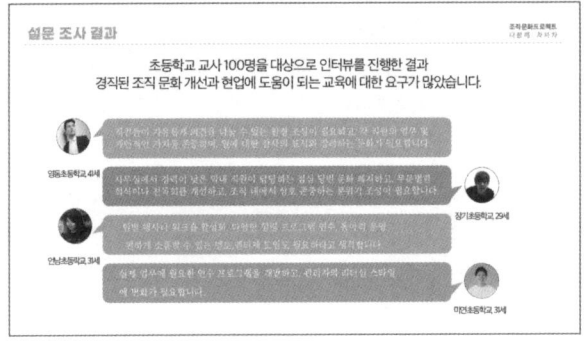

PPT 보고서에서 사진을 활용할 때 크기나 형태를 변형해서 써야 할 때가 종종 있습니다. 이때 활용할 수 있는 방법으로 크롭하기, 꽉 채우기, 배경 제거하기, 틀 안에 집어넣기 네 가지 방법이 있습니다.

첫째, 크롭하기(잘라내기)는 이미지에서 의미 있는 부분을 효과적으로 강조할 수 있다는 장점이 있습니다. 또한 슬라이드 내 여러 이미지의 크기와 비율을 조정해 시각적 균형을 맞추는 데도 유용합니다.

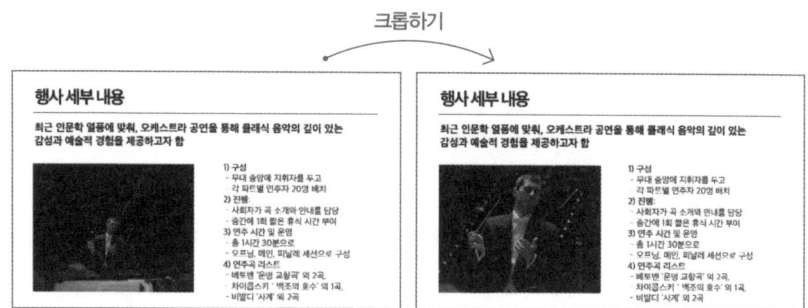

둘째, 이미지를 꽉 채우는 방법입니다. 상대방에게 긴장감을 주기 위해 극적인 연출을 하거나, 핵심 내용을 전달하는 슬라이드에 활용하면 좋습니다.

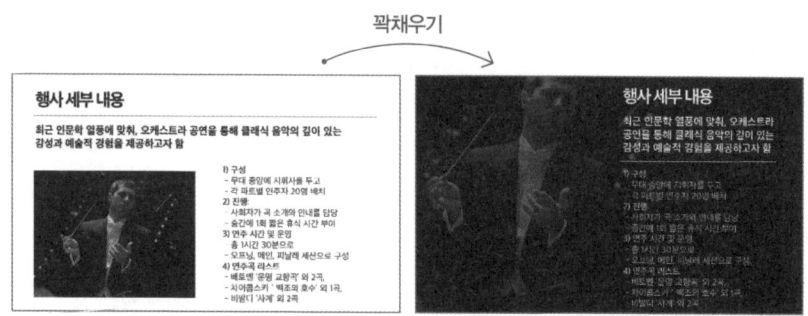

셋째, 배경 제거하기는 사진 활용의 자유도를 높이고 깔끔한 느낌을 만들어 냅니다. 특히 이미지의 배경이 지저분하거나, 특정 부분만 사용하고 싶을 때 많이 쓰는 방법입니다.

배경 제거하기

 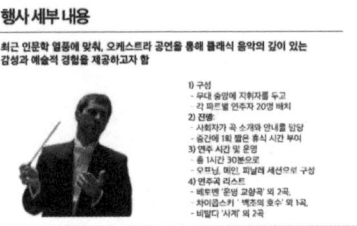

배경을 제거하는 방법은 파워포인트 자체 기능인 배경 제거하기 기능을 이용해도 되고, 전문적으로 배경을 제거해주는 무료 사이트를 이용해도 됩니다. 후자의 경우 최종 결과물의 해상도가 다소 떨어진다는 단점은 있지만, 파워포인트 자체 기능을 활용하는 것보다 훨씬 깔끔하게 배경이 제거됩니다.

- 무료 배경 제거 전문 기능 사이트: www.remove.bg

넷째, 틀 안에 집어넣기는 핸드폰, 노트북, TV, 등의 도형 안에 사진을 삽입해서 활용하는 방법으로, 본문과의 배치가 자연스러워지는 효과가 있습니다.

틀 안에 집어넣기

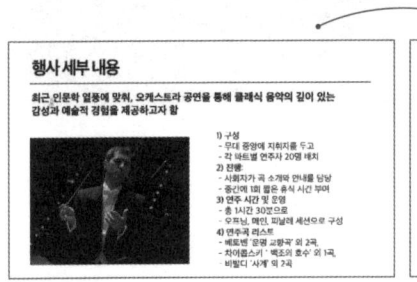 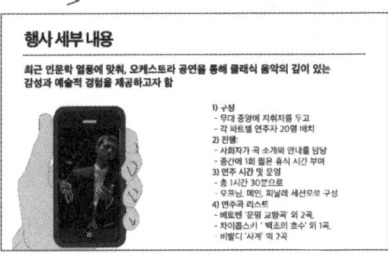

사진은 구글 이미지 검색을 통해 손쉽게 찾아서 활용할 수 있습니다. 이때 검색창 하단 오른쪽에 있는 '도구' 버튼을 클릭하고 색상, 크기, 유형, 기간, 사용권 등을 구분하여 상세하게 검색할 수 있습니다.

하지만 구글에서 검색한 이미지는 저작권 문제가 발생할 수 있기 때문에, 내부 문서나 보고용으로만 사용할 것을 권장합니다. 저작권 걱정 없이 사용할 수 있는 사진은 아래 3대 사이트에서 찾을 수 있습니다.

- 픽사베이 : pixabay.com
- 언스플래시 : unsplash.com
- 픽셀즈 : www.pexels.com/ko-kr

보고서에 픽토그램을 활용하는 방법

보고서에서 사진보다 활용도가 높은 이미지는 픽토그램입니다. 보고서에 픽토그램을 활용하면 간결하게 내용을 정리할 수 있고, 사진으로 표현하기 어려운 생각이나 정보를 표현하는 데도 유용합니다. 픽토그램(Pictogram)은 그림을 뜻하는 픽토(Picto)와 그리거나 쓰여진 것을 의미하는 그램(-Gram)의 합성어로, 어떤 사물이나 현상, 정보 등을 함축적이고 상징적으로 표현한 '그림 문자'를 의미합니다.

□ 배경 및 목적
  ○ 최근 소비자들이 신선하고 위생적인 식품을 선호하는 경향이 증가함
  ○ A 회사는 최고의 품질을 고객에게 제공하기 위해 신선한 오징어를 주요 원료로 하는 납품 및 가공 과정을 구축함
  ○ 본 보고서는 오징어가 소비자에게 전달되는 전 과정을 설명하며, 각 단계에서 품질 유지와 신선도 보장을 위한 관리 방법을 소개하는 것을 목적으로 함

□ 생물 오징어 납품 과정
  ○ (1단계) 원양 어선에서 잡은 신선한 오징어를 주 1회 원료로 수급함
  ○ (2단계) 불순물과 내장을 제거하는 최신 가공 시술을 적용하여 압축 비닐 포장으로 제품 생산
  ○ (3단계) 온도 관리와 신속한 배송을 위해 냉동 트럭을 이용해서 유통 업체에 납품 진행
  ○ (4단계) 유통 업체에서 대형마트 57곳에 납품 후 매대에 진열하고, 소비자에게 판매함

□ 배경 및 목적
  ○ 최근 소비자들이 신선하고 위생적인 식품을 선호하는 경향이 증가함
  ○ A 회사는 최고의 품질을 고객에게 제공하기 위해 신선한 오징어를 주요 원료로 하는 납품 및 가공 과정을 구축함
  ○ 본 보고서는 오징어가 소비자에게 전달되는 전 과정을 설명하며, 각 단계에서 품질 유지와 신선도 보장을 위한 관리 방법을 소개하는 것을 목적으로 함

□ 생물 오징어 납품 과정

[오징어 생산 및 납품 과정 4단계]

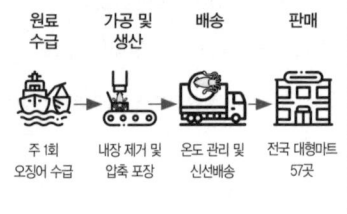

원료 수급	가공 및 생산	배송	판매
주 1회 오징어 수급	내장 제거 및 압축 포장	온도 관리 및 신선배송	전국 대형마트 57곳

왼쪽의 보고서도 간결하게 정리되어 있지만, 복잡한 납품 과정이 잘 그려지지 않고 내용을 이해하기가 어렵습니다. 반면 오른쪽 보고서는 읽지 않고 눈으로 보는 것만으로 납품 과정이 머릿속에 쉽게 들어옵니다. 보고서 전체에 여백이 생기면서 가독성도 올라갑니다.

픽토그램을 다운로드할 수 있는 사이트는 다음 세 가지가 대표적입니다.

- 플랫 아이콘 : www.flaticon.com
- 더 나은 프로젝트 : thenounproject.com
- 아이콘 파인더 : www.iconfinder.com

픽토그램도 사진과 마찬가지로 PPT 보고서에서 활용도가 높습니다.

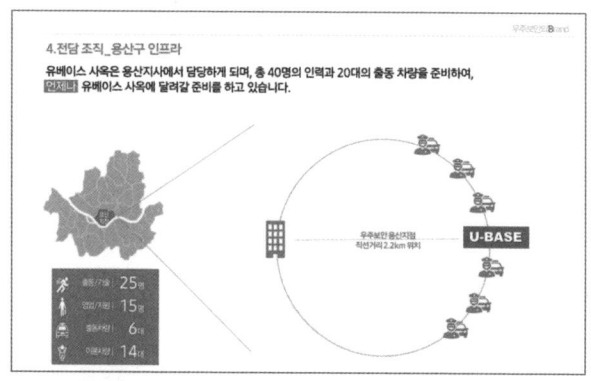

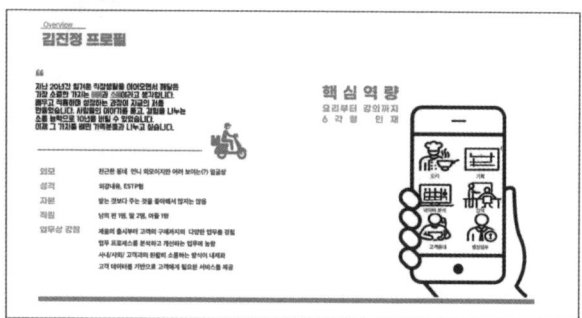

다만 픽토그램을 사용할 때도 주의할 점이 있습니다. 한 장의 슬라이드 내에서는 동일한 사이트에서 다운로드한 픽토그램이나 비슷한 느낌의 픽토그램을 활용해야 합니다. 예쁘다고 해서 여기저기에서 다운로드한 픽토그램을 혼용하면 오히려 복잡해 보일 수 있습니다.

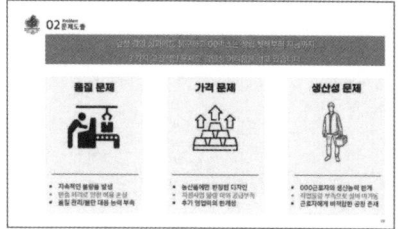 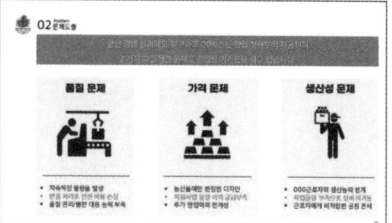

왼쪽 슬라이드를 보면 첫 번째 픽토그램과 두 번째, 세 번째 픽토그램의 스타일이 조금씩 다릅니다. 첫 번째는 검은색과 면 중심의 픽토그램이고, 두 번째와 세 번째는 투명색과 선 중심의 픽토그램입니다. 첫 번째 픽토그램의 사람과 세 번째 픽토그램 사람의 형태나 느낌도 다릅니다. 전체적으로 일관성이 없어서 다소 산만해 보입니다.

물론 왼쪽 슬라이드가 잘못됐다는 것은 아닙니다. 하지만 작은 차이가 명품을 만드는 것처럼 비슷한 느낌의 픽토그램을 찾아서 오른쪽 슬라이드와 같이 고치는 것이 좋다고 생각합니다.

2019년, 유럽 정상들이 밀려드는 시리아 난민 수용에 대한 의사결정을 미루다가, 한 장의 사진을 보고 단박에 수용했다는 기사를 본 적이 있습니다. 해당 사진은 난민을 태우고 탈출을 시도하던 보트가 뒤집혀 실패하고, 그 보트에 타고 있던 한 아이가 파도에 떠밀려와 해변가에서 숨을 거둔 사진이었습니다.

> 한 장의 사진은 백 마디 말보다 강력하다.

수백 수천 장의 보고서도 움직이지 못했던 유럽 정상들의 마음을 움직인 것은 단 한 장의 이미지였습니다. 이미지가 가진 힘을 잘 보여주는 단적인 장면이라고 생각합니다. 이처럼 내 보고서에도 강력한 이미지의 힘을 적용해보는 것은 어떨까요? 굳게 닫혀 있던 상사의 마음을 여는 강력한 한 방이 될 수 있을 것입니다.

LESSON 03
보고서에 자주 쓰는 도해화 패턴 네 가지

글자로만 빼곡하게 채워진 보고서를 보고 있으면 가끔 이런 생각이 들 때가 있습니다.

'이걸 언제 다 읽지?'

이때 보고서 중간에 도형이나 도표가 떡 하니 자리 잡고 있다면 왠지는 모르게 꽉 막힌 가슴에 숨통이 트입니다. 게다가 뭔가 정리되어 있다는 느낌까지 주면서 보고서를 읽기가 편해집니다.

이처럼 복잡한 텍스트를 도형으로 정리해서 시각적 표현력을 높이는 기술을 **도해화 표현** 혹은 **도식화 표현**이라고도 합니다. 보고서에서 활용할 수 있는 도해화 패턴은 여러 가지가 있지만, 가장 자주 쓰는 패턴은 네 가지입니다.

❶ 테이블형

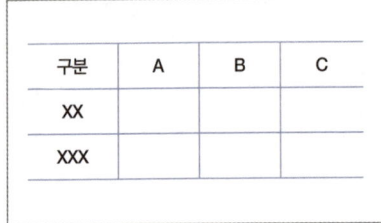

❷ 프로세스형

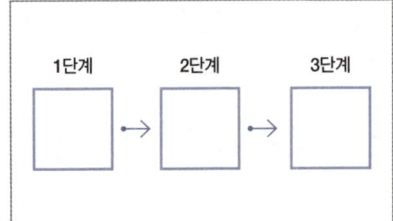

❸ 변화형

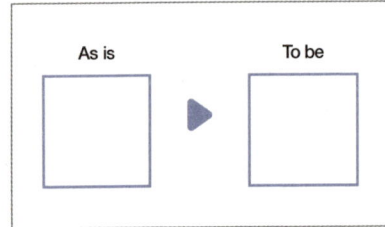

❹ 계층형

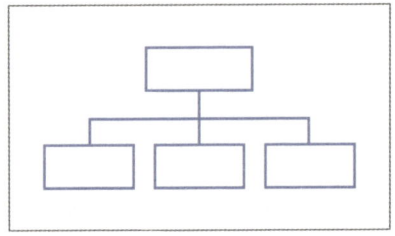

① 테이블형 도해화 패턴

첫 번째로 소개할 도해화 패턴이자 가장 많이 쓰는 유형은 **테이블형**입니다. 격자 모양의 도형 안에 텍스트나 숫자를 정리하여 간결하게 구성한 도형으로, **표** 혹은 **도표**라고 부르기도 합니다. 테이블형은 설명해야 하는 내용이 복잡하거나 많을 경우 내용을 일목요연하게 정리할 때 주로 활용합니다.

오른쪽과 같이 텍스트로만 정리된 보고서를 보면 복잡함이 느껴집니다. '많다. 언제 다 읽지?'라는 생각이 먼저 듭니다. 구조화를 통해 정리하기는 했지만 다 읽고 나서 무슨 내용인지 기억하기가 쉽지 않습니다.

(중략)

□ 인공지능 활용 분야
　○ 의료 분야
　　– AI 기술로 의료 데이터 분석하여 최적의 솔루션 제시
　　– 의료진이 정확한 진단 및 최적화된 치료 제공
　　– IBM의 Watson Health, 암 진단 및 맞춤형 치료 계획 제시
　　– 병리학 이미지 분석, 유전자 데이터 해석 등 다양한 분야에서 활용
　○ 금융 분야
　　– 투자 전략 수립, 리스크 관리, 고객 서비스 개선에 AI 적용
　　– 시장 데이터 실시간 분석하여 최적 투자 결정을 지원
　　– 로보 어드바이저, 고객 맞춤형 포트폴리오 구성 및 관리
　　– 사기 탐지 시스템으로 비정상 거래 패턴 실시간 감지하여 금융 사기 예방
　○ 제조업
　　– 생산 공정 자동화 및 효율화 달성
　　– 생산 라인 데이터 실시간 모니터링 및 공정 최적화
　　– GE의 Predix 플랫폼, IoT 센서 데이터 분석으로 예방 정비 수행
　　– 품질 관리에서 결함 검사 및 불량률 감소에 기여

이 내용을 좀 더 간결하게 정리해서 일목요연하게 볼 수 있도록 테이블형 도해로 정리해봤습니다. 복잡한 내용이 정리되면서, 좀 더 쉽게 이해할 수 있는 시각적인 보고서가 만들어집니다.

(중략)

□ **인공지능 3대 활용 분야와 예시**

분야	활용	예시
의료	[기술] 방대한 의료 데이터를 분석하여 환자에게 최적의 솔루션 제시 [활용] 질병 진단과 치료법 제시, 병리학적 이미지 분석, 유전자 데이터 해석	IBM 왓슨 헬스가 암 진단 및 맞춤형 치료 계획 제시
금융	[기술] 시장 데이터를 실시간 분석하여 최적의 투자 결정을 지원 [활용] 전략 수립, 리스크 관리, 고객 서비스 개선, 금융사기 예방	로보 어드바이저가 포트폴리오 구성 및 관리
제조	[기술] 생산 라인 데이터를 모니터링 및 분석하여 공정 최적화 [활용] 공정 자동화 및 효율화, 품질관리	GE 프레딕스가 기계 이상 감지 및 예방 정비

테이블형 도해를 좀 더 효과적으로 작성하기 위해 다음 네 가지 방법을 활용할 수 있습니다.

첫째, 정렬입니다. 문장은 왼쪽, 단어는 가운데, 숫자는 오른쪽에 정렬하는 것이 좋습니다. 이때 도형 안에 들어가는 숫자의 단위가 동일하거나 두 자리 이하로 짧은 경우는 가운데 정렬도 가능합니다.

['23년 사업 추진 방향]

구분	내용	매출목표(천만원)
교육	▶ 문해력 및 기획·보고서 작성 능력 능력 개발 프로그램	1,123
컨설팅	▶ 세대간 갈등을 해소할 수 있는 소통·화합 컨설팅	632
행사	▶ 코로나 이후 침체된 조직을 활성화 할 수 있는 신규프로그램	90

둘째, 표의 제일 위와 아래 테두리는 굵은 선으로 표시해서 본문의 내용과 구분합니다. 시각적 개방감을 위해 좌우 테두리는 선을 제거해서 열어주는 것도 좋습니다.

['23년 사업 추진 방향]

구분	내용	매출목표(천만원)
교육	▶ 문해력 및 기획·보고서 작성 능력 능력 개발 프로그램	1,123
컨설팅	▶ 세대간 갈등을 해소할 수 있는 소통·화합 컨설팅	632
행사	▶ 코로나 이후 침체된 조직을 활성화 할 수 있는 신규프로그램	90

셋째, 전체 내용 중에서 강조하고 싶거나 의미 있는 정보가 있다면 굵은 글씨나 배경색 표현을 통해 강조 효과를 주는 것도 좋습니다. 상대방에게 중요한 정보를 좀 더 빠르게 전달할 수 있습니다.

['23년 사업 추진 방향]

구분	내용	매출목표(천만원)
교육	▶ 문해력 및 기획·보고서 작성 능력 능력 개발 프로그램	1,123
컨설팅	**▶ 세대간 갈등을 해소할 수 있는 소통·화합 컨설팅**	**632**
행사	▶ 코로나 이후 침체된 조직을 활성화 할 수 있는 신규프로그램	90

마지막은, 제목에 적용할 수 있는 넘버링 기술입니다. '2가지 특징, 3단계' 등으로 이야기하고자 하는 개수를 제목에서 언급하면, 상대방은 '아 2가지 특

징이 있구나, 3개의 단계가 있구나'라고 미리 인지하고 전체 내용을 좀 더 쉽게 파악할 수 있습니다.

['23년 사업 추진 방향 3가지]

구분	내용	매출목표(천만원)
교육	▶ 문해력 및 기획·보고서 작성 능력 능력 개발 프로그램	1,123
컨설팅	▶ 세대간 갈등을 해소할 수 있는 소통·화합 컨설팅	632
행사	▶ 코로나 이후 침체된 조직을 활성화 할 수 있는 신규프로그램	90

테이블형이 빛을 발하는 순간은 양자 또는 삼자, 다자간의 내용을 비교해서 보여줄 때입니다. 다음 보고서를 보면, 2022년과 2023년의 내용이 상호 비교되면서 그 의미가 명확하게 전달됩니다.

□ 23년에는 퇴직금에 대한 퇴직소득세 계산 시 근속연수에 따라 공제하는 금액을 상향 조정함

근속연수	2022년	2023년
5년 이하	▪ 30만원×근속연수	▪ 100만원×근속연수
6~10년	▪ 150만원+50만원×(근속연수-5년)	▪ 500만원+200만원×(근속연수-5년)
11~20년	▪ 400만원+80만원×(근속연수-10년)	▪ 1,500만원+250만원×(근속연수-10년)
20년 초과	▪ 1,200만원+120만원×(근속연수-20년)	▪ 4,000만원+300만원×(근속연수-20년)

다음 보고서도 다양한 세대 간 차이가 일목요연하게 정리되어, 내용 파악이 쉽습니다.

(중략)

❑ 세대별 소통 방식의 변화

세대별로 소통 방식과 업무 가치관에 차이가 있어, 이를 고려한 맞춤형 소통 전략과 업무 환경 설계가 필요함

구분	베이비부머	X세대	Y세대	Z세대
출생 시기	1946-1964	1965-1980	1981-1995	1996-2010
상징 기기	다이얼 전화기	삐삐와 워크맨	스마트폰 태블릿	사물인터넷
소통 방식	전화 대면	이메일 문자	메신저 카카오톡	웨어러블 IT 기기
업무 가치관	회사/조직 중심	평생 직장보다 평생 직업	일과 삶의 균형	개인의 경험과 가치

이때 양자 간의 차이를 좀 더 극명하게 보여주기 위해 중앙 비교법을 활용하기도 합니다.

고딕	구분	명조
San-Serif	영어 표기	Serif
네모네모, 직각	모양	둥글둥글, 삐침 있음
강함과 객관적 느낌 전달 잘 보이게 하는 효과	효과	부드러움과 감성적 느낌 전달 잘 읽히게 하는 효과
맑은고딕, 헤드라인 M, HY견고딕, Kopub돋움체, G마켓산스, 나눔바른고딕	종류	휴먼명조, 나눔명조, Kopub바탕체, 조선일보명조체, HY견명조, 서울한강체
동해물과 백두산이 마르고 닳도록 하느님이 보우하사 우리나라 만세 무궁화 삼천리 화려 강산 대한 사람 대한으로 길이 보전하세	예시	동해물과 백두산이 마르고 닳도록 하느님이 보우하사 우리나라 만세 무궁화 삼천리 화려 강산 대한 사람 대한으로 길이 보전하세

테이블형 도해화 패턴은 PPT 보고서에서도 많이 등장합니다.

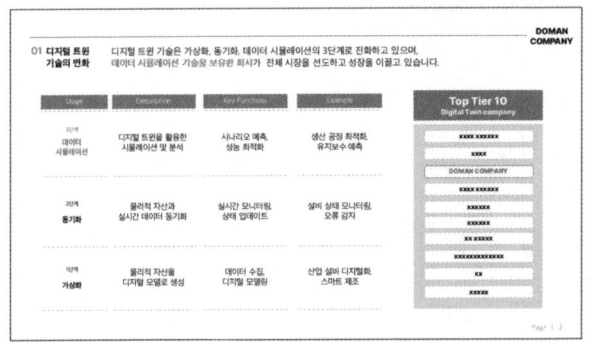

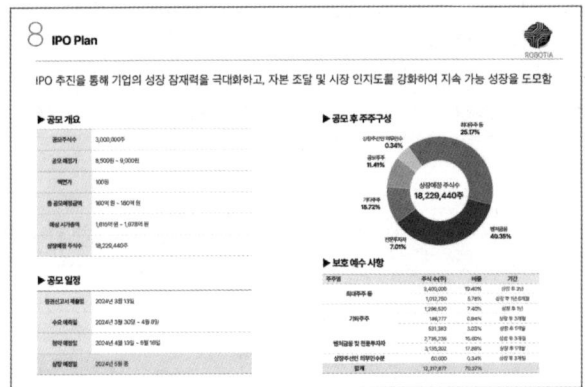

② 프로세스형 도해화 패턴

도해화 패턴 중 두 번째로 많이 활용하는 패턴은 프로세스형입니다. 어떤 일이든 순서나 절차가 있고, 대부분 시계열(시간 순서)로 진행되는 경우가 많습니다. 이런 흐름을 텍스트로 표현하면 내용을 이해하기 어렵지만, 프로세스 도형으로 정리하면 좀 더 쉽게 이해할 수 있습니다.

□ 추진 절차

- **과제 발굴 (~'20.3)**: 각 부처는 국민을 대상으로 공모를 통해 다양한 과제를 수집하고, 공모된 과제들은 분야별 전문가의 심도 있는 검토를 거쳐 실현 가능성이 높은 과제를 최종적으로 선정함
- **아이디어 공모·시상 ('20.4~7)**: 선정된 과제를 바탕으로 국민들이 제안한 해결 방안을 심사하여, 창의적이고 혁신적인 아이디어를 발굴하고, 우수 제안자에게는 시상과 함께 포상을 진행함
- **아이디어 숙성 지원 ('20.8~11)**: 수상된 아이디어가 실질적으로 실행될 수 있도록 기업 및 전문가 자문을 통해 아이디어를 고도화하고, 실행 가능성을 높이기 위한 기술적 지원도 병행함
- **정책 환류 ('20.11~12)**: 고도화된 아이디어가 후속 기술 지원을 통해 실제 정책에 반영될 수 있도록 지원하며, 정책화 과정에서 필요한 추가 지원이 이루어질 수 있도록 체계를 마련함

위와 같이 텍스트 중심으로 정리된 보고서는 내용이 복잡하고 이해하기 어렵습니다. 반면, 아래와 같이 프로세스형 도해화 패턴으로 정리하면 전체 내용이 어떤 순서로 진행되는지 한눈에 정보가 눈에 들어옵니다.

· 추진 절차

과제 발굴 (~'20.3.)	아이디어 공모·시상 ('20.4.~7)	아이디어 숙성 지원 ('20.8.~11)	아이디어 숙성 지원 ('20.8.~11)
▶ 과제공모(부처→국민) ▶ 전문가 검토	▶ 해결방안 공모 ▶ 심사 및 시상(포상)	▶ 아이디어고도화 ▶ 기업·전문가 자문 등	▶ 후속지원(기술 지원 등) ▶ 부처 정책 반영

프로세스형 도형은 다양한 형태로 표현할 수 있습니다. 표와 화살표를 결합해서 만들기도 하고, 도형 자체를 순서도 형태로 구성하는 것도 가능합니다.

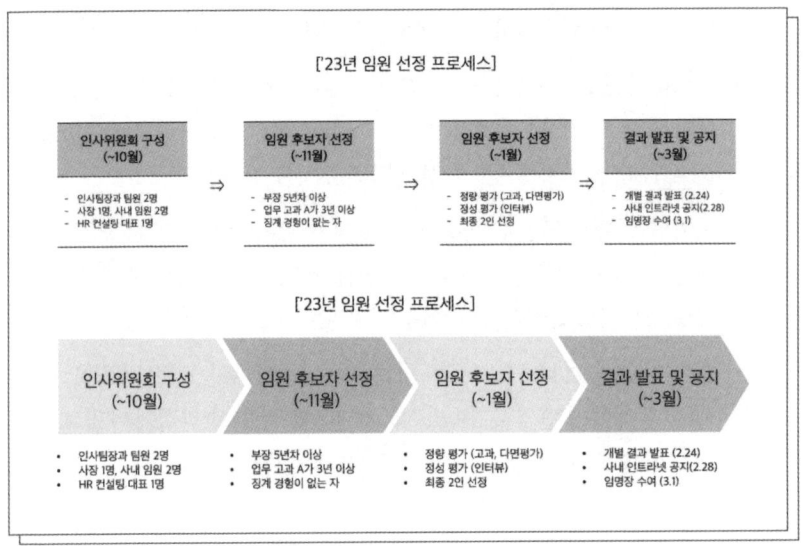

프로세스형 도해는 PPT 보고서에서도 많이 활용됩니다. 특히 일정이나 세부 실행 계획 등을 보여줄 때 효과적입니다.

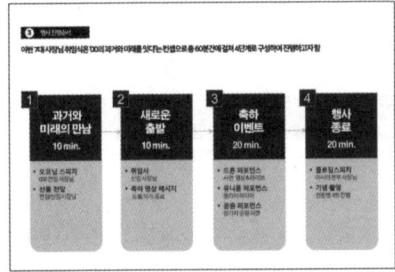 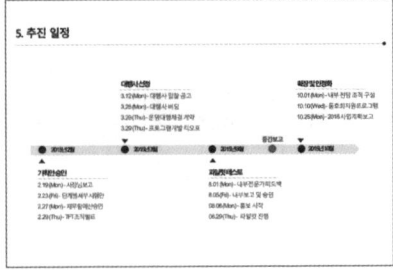

프로세스형 도해는 복잡한 관계나 일의 흐름을 보여줄 때도 많이 활용됩니다. 화살표 방향을 따라 일이나 돈, 서비스 흐름 등을 간결하게 표현할 수 있습니다.

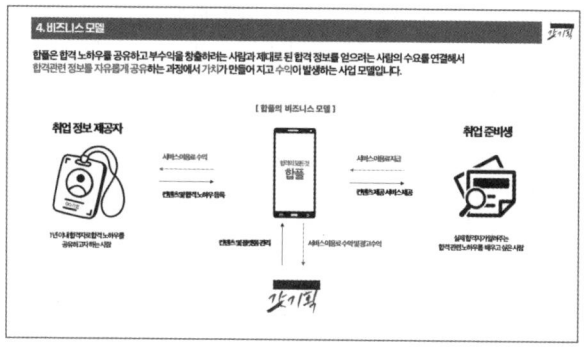

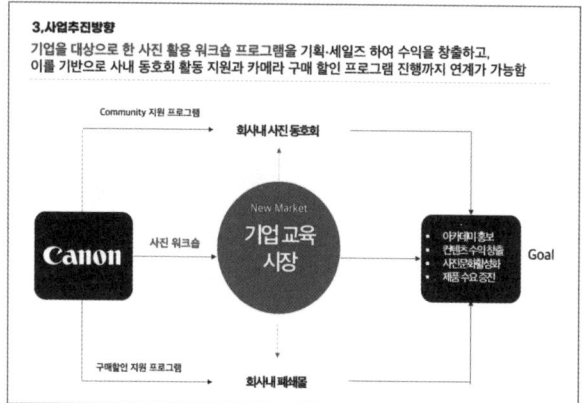

③ 변화형 도해화 패턴

세 번째 도해화 패턴은 **변화형**입니다. 우리가 보고서를 쓰는 이유 중에 하나는 현재 상황을 좀 더 나은 상황으로 바꾸기 위함입니다. 이때 [현재] → [미래], [As is] → [To be], [기존] → [개선] 등을 시각적으로 표현하기 위해 변화형 도해화 패턴을 활용할 수 있습니다.

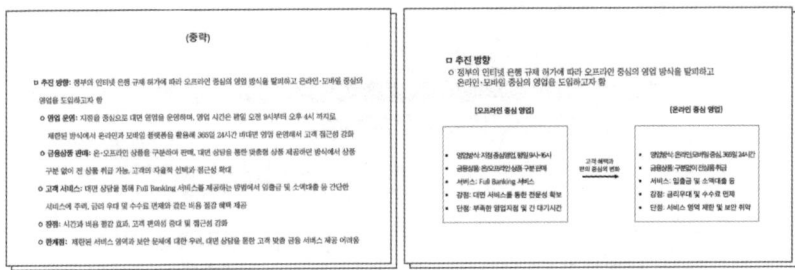

왼쪽과 같이 텍스트로만 작성된 보고서를 보면 뭔가 복잡하고 어렵습니다. 무슨 내용인지 이해는 되지만, 기존 방법과 무슨 차이가 있는지 의미를 파악하는 데 어려움이 있습니다.

반면 오른쪽 같이 사각형 두 개와 화살표 한 개를 이용해서 변화형 도해화 패턴으로 정리하면 내용 파악도 쉽고 기억하기도 수월합니다. 이때 화살표 위쪽이나 아래쪽에 변화의 주요 방향이나 내용을 추가하면 상대방에게 좀 더 명확한 의미를 전달할 수 있습니다.

변화형 도해화 패턴 역시 PPT에서 많이 활용합니다.

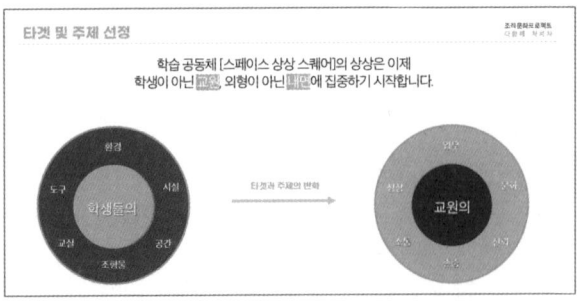

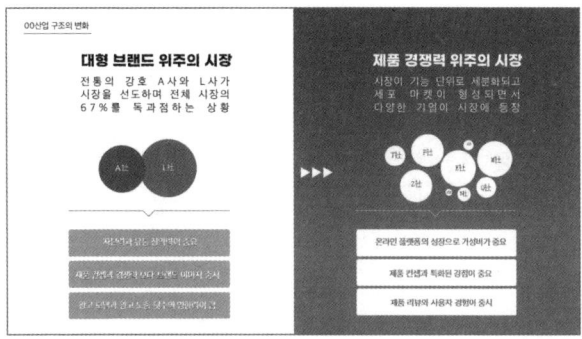

④ 계층형 도해화 패턴

마지막 도해화 패턴은 **계층형**입니다. 정보의 위계나 상하 관계를 표현하고 싶을 때 상하로 도형을 배치해서 정보 간의 관계를 표현합니다. 위쪽에 배치된 정보가 상위 정보이며, 아래쪽에 하위 정보나 세부 내용이 배치됩니다.

일의 위계를 보여줄 때는 비전, 전략, 과제, 세부 내용 등의 계층을 만들고, 사람의 위계를 보여줄 때는 경영진, 관리자, 실무자 등으로 상위 직급에서 하위 직급으로 계층을 설정합니다.

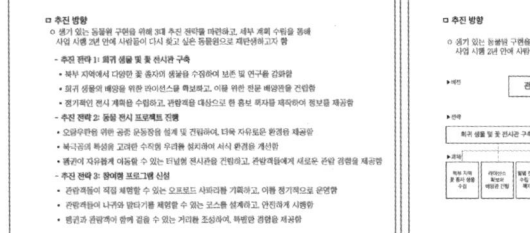
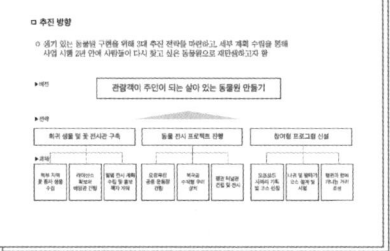

왼쪽의 보고서를 보면 동물원을 살리기 위한 다양한 아이디어가 상세하게

기술되어 있습니다. 다만 내용이 많고 복잡해서 한눈에 정보를 파악하기가 어렵습니다. 오른쪽은 이 내용을 계층형 도해화 패턴으로 정리했습니다. 정보 간의 관계가 한눈에 들어오고 전체 내용을 파악하는 데 용이합니다.

계층형 도해화 패턴 역시 PPT 보고서에 많이 활용됩니다.

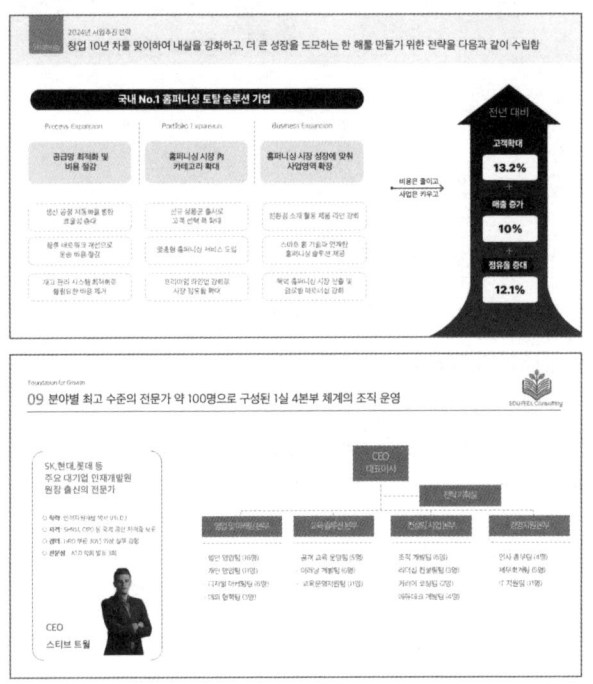

텍스트로만 빼곡히 가득 찬 보고서는 마치 복잡하게 얽힌 실타래 같습니다. 어디서부터 풀어야 할지 막막할 때가 많습니다. 이때 가끔씩 등장하는 도해화 표현은 복잡한 실타래의 매듭을 단번에 풀어주는 열쇠가 되어줍니다. 앞서 소개한 네 가지 도해화 패턴을 적절히 활용한다면 보고서의 복잡함을 풀고 핵심 내용을 보다 명확히 전달할 수 있을 것입니다.

LESSON 04

보고서에 자주 쓰는
차트 유형 아홉 가지

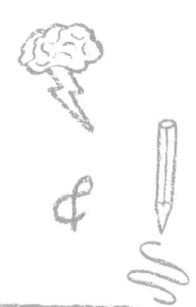

이번 LESSON에서는 수치를 시각적으로 전달하는 기술, 차트 사용법에 대해서 알아보겠습니다. 본격적인 설명에 앞서, 먼저 아래 두 개의 보고서를 비교해보겠습니다.

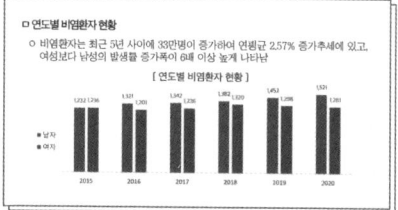

왼쪽의 보고서에는 도해화 표현을 활용해서 연도별 비염 환자 수가 잘 정리되어 있습니다. 하지만 숫자가 많고 복잡해서 정보를 쉽고 빠르게 파악하는 데 어려움이 있습니다. 또한 숫자가 의미하는 바가 명확하게 전달되지 않습니다. 꼼꼼하게 따져보고 검토해야 겨우 그 의미를 파악할 수 있습니다.

반면 오른쪽 보고서는 수치보다 그림이 먼저 눈에 들어오고 연도별 환자 증감 추이가 쉽게 파악됩니다. 별다른 고민이나 노력 없이 직관적으로 정보를 파악할 수 있습니다. 이처럼 복잡한 수치나 데이터를 차트로 표현하면 보고서의 가독성이 올라가고, 상대방이 내용을 더 쉽게 이해할 수 있습니다.

하지만 차트를 사용할 때도 나름의 법칙이 있습니다. 아무리 맛있는 평양냉면도 은색 스테인리스 그릇이 아닌 뚝배기에 담아내면 왠지 그 맛이 덜합니다. 차트도 마찬가지입니다. 데이터 유형이나 전하고자 하는 의미에 맞게 적절한 차트를 선택하는 것이 중요합니다. 차트의 유형에는 여러 가지가 있지만, 가장 많이 쓰는 차트는 비교, 추이, 비중 세 가지입니다. 이를 좀 더 세분화하면 총 아홉 가지로 정리할 수 있습니다.

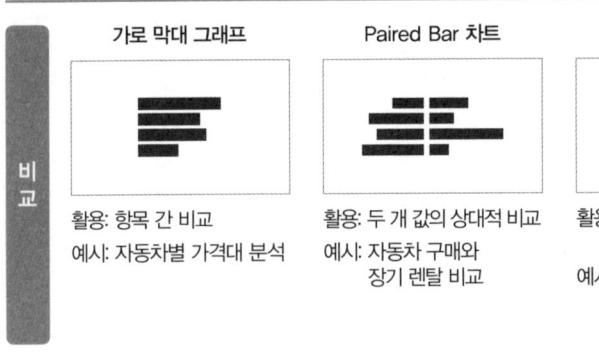

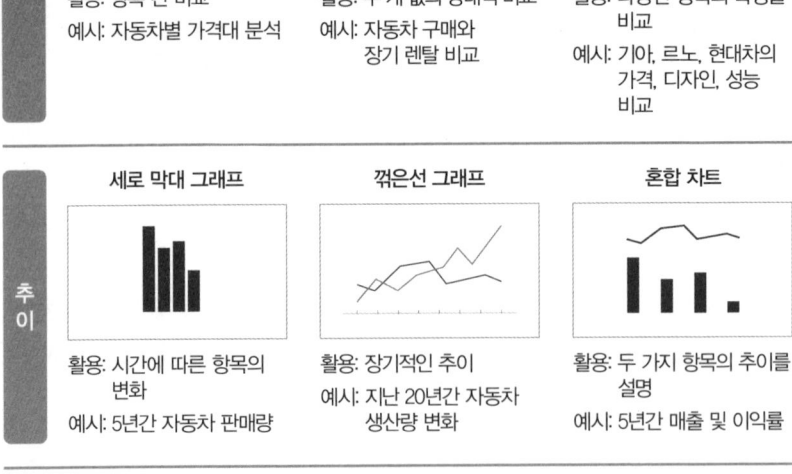

[자주 쓰는 차트 유형 아홉 가지]

	파이 차트	누적 세로 막대형	워터폴 차트
비중	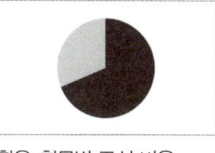 활용: 항목별 구성 비율 예시: 지역별 제품 판매 비중	 활용: 다양한 항목의 구성비 및 추이 예시: 신발, 의류, 액세서리의 지난 5년간 판매 비중 및 전체 판매량	 활용: 매출, 원가, 비용 등에 따른 이익 산출 예시: 4분기 당기 순이익

① 비교를 나타내는 그래프 활용 기술

데이터 간 비교를 할 때는 가로 막대 그래프, Paired-Bar(페어드바) 차트, 방사형 차트 세 가지를 많이 사용합니다. 이 중 사용 빈도가 가장 높은 차트는 가로 막대 그래프입니다.

가로 막대 그래프는 데이터를 수평 막대로 표현하여 항목의 값을 비교하는 차트입니다. 항목은 세로축에 나열하고, 값은 가로축을 따라 길이로 표현됩니다.

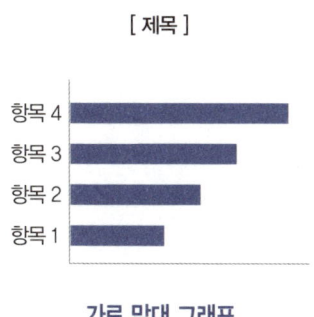

가로 막대 그래프

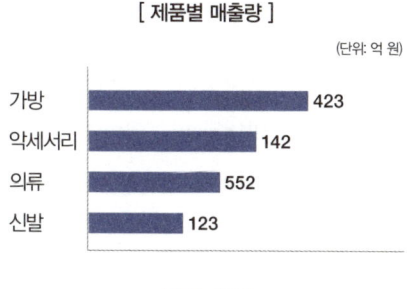

작성 예시

가로 막대 그래프는 시간의 흐름이나 추이가 포함되지 않은 특정 시점에서 항목의 값을 비교하는 차트로, 주로 순위를 비교하거나 제품별 판매량이나 만족도 점수를 비교할 때 활용합니다.

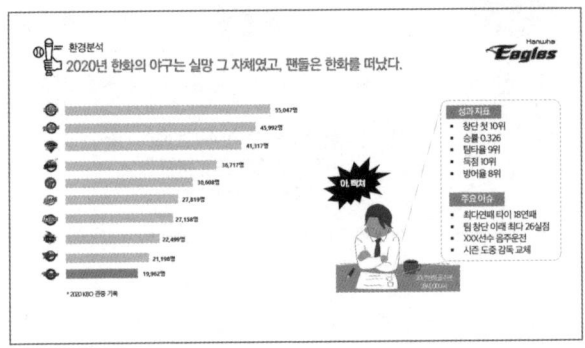

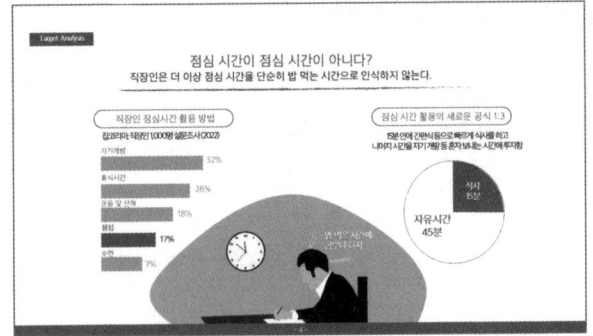

두 개 항목을 여러 가지 지표로 비교해서 보여주고 싶을 때는 **Paired-Bar**(페어드바) 차트를 사용합니다. 여기서 Pair는 '쌍'을, Bar는 '막대'를 의미합니다. 비교 지표를 중심으로 두 항목(쌍)을 왼쪽과 오른쪽에 나누어 배치하고, 데이터를 막대로 비교해서 보여주는 차트입니다.

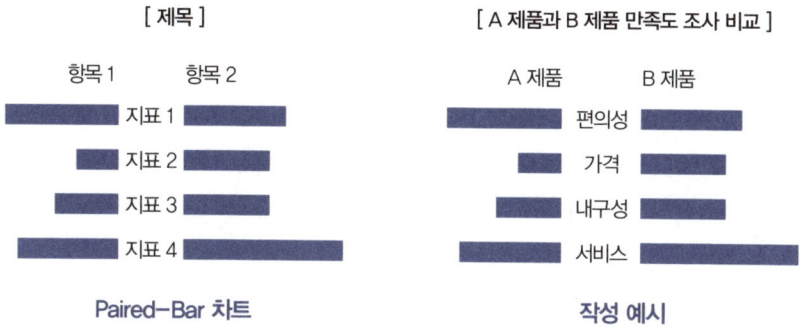

Paired-Bar 차트는 제품 A와 B의 특장점 분석, 만족도 차이, 두 집단 간의 점수 차이를 비교할 때 사용됩니다.

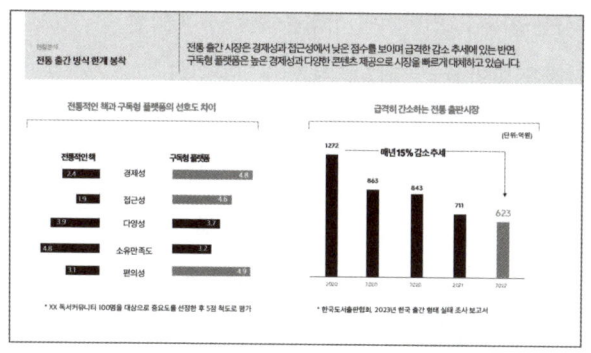

양자가 아닌 삼자 혹은 다자 간의 비교를 차트로 표현하고 싶을 때는 **방사형 차트**를 씁니다. 레이더 차트라고도 불리며, 여러 항목을 여러 지표로 비교할 때 효과적입니다.

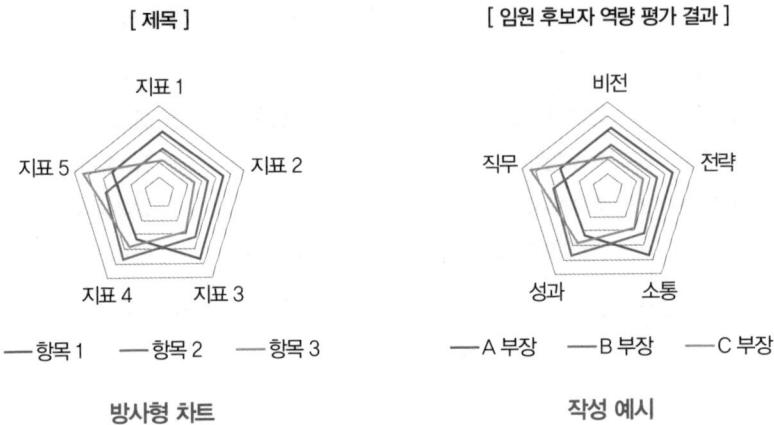

방사형 차트는 제품이나 서비스, 사람의 다양한 특징을 다각도로 비교 분석할 때 주로 사용됩니다. 전반적인 상황을 한눈에 파악할 수 있고, 특정 지표에서 강점과 약점을 확인할 수 있다는 장점이 있습니다.

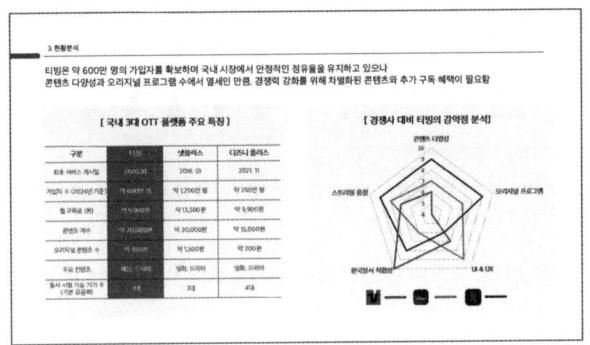

② 추이를 나타내는 그래프 활용 기술

시간의 흐름에 따른 추이를 보여줄 때는 세로 막대 그래프와 꺾은선 그래프, 혼합 차트 세 가지를 주로 사용합니다.

이 중 가장 많이 쓰는 차트는 **세로 막대 그래프**입니다. 가장 쉽고 직관적으로 시간의 흐름에 따른 항목의 변화를 보여줄 수 있기 때문입니다.

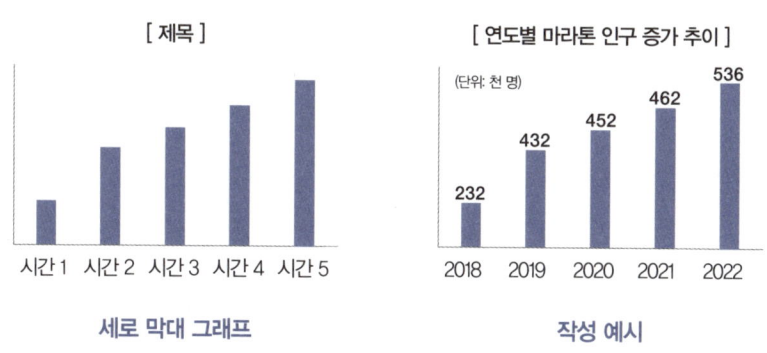

세로 막대 그래프는 제품의 연간 판매량 추이, 월별 고객 수 현황 등의 데이터를 보여줄 때 활용합니다. 세로 막대 그래프를 좀 더 돋보이게 하기 위해 증감률, 추이, 성장률 등의 핵심 내용을 요약해서 라벨을 달면, 세로 막대 그래프의 의미가 좀 더 효과적으로 전달됩니다. 이를 라벨링 기술이라고 합니다.

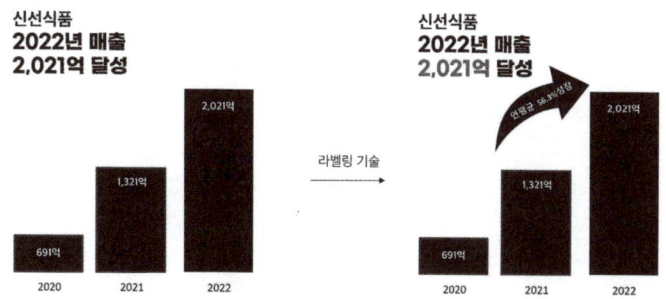

보고서에서 자주 활용하는 라벨은 YoY(Year-over-Year), MoM (Month over Month), CAGR(Compound Annual Growth Rate) 등이 있습니다. YoY는 특정 시점의 데이터를 전년도 같은 시점과 비교하여 성장률을 나타내는 지표로 아래와 같이 계산합니다.

$$\text{YOY 성장률} = \left(\frac{\text{현재 기간 값} - \text{전년 동기 값}}{\text{전년 동기 값}} \right) \times 100$$

다음 보고서에는 어느 한해 빠지지 않고 매년 고객 수가 꾸준히 증가하고 있다는 점을 강조하기 위해 세로 막대 그래프에 각 연도의 YoY 증가율을 라벨로 표시했습니다.

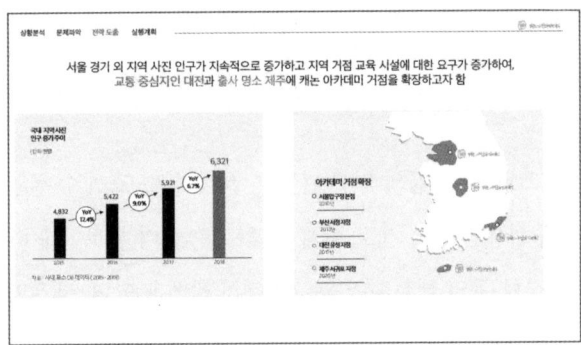

CAGR은 특정 기간 동안의 연평균 성장률을 나타냅니다. 시작 값과 종료 값만 사용해서 평균을 계산하여 연도별 성장 변동 폭이 크더라도 전체적인 성장 추세를 파악하는 데 유용합니다.

$$\text{CAGR} = \left(\frac{\text{종료 값}}{\text{시작 값}} \right)^{\frac{1}{n}} - 1$$

다음 보고서에서도 성장 폭에 다소 변화가 있더라도 지속적으로 꾸준히 성장하고 있다는 내용을 보여주기 위해 CAGR을 라벨로 표현했습니다.

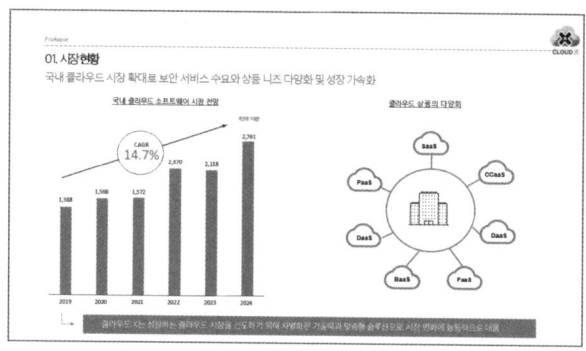

꺾은선 그래프는 개별 항목의 값보다 전체적인 추이를 보여주고 싶거나, 장기적인 추이를 표현할 때 활용합니다.

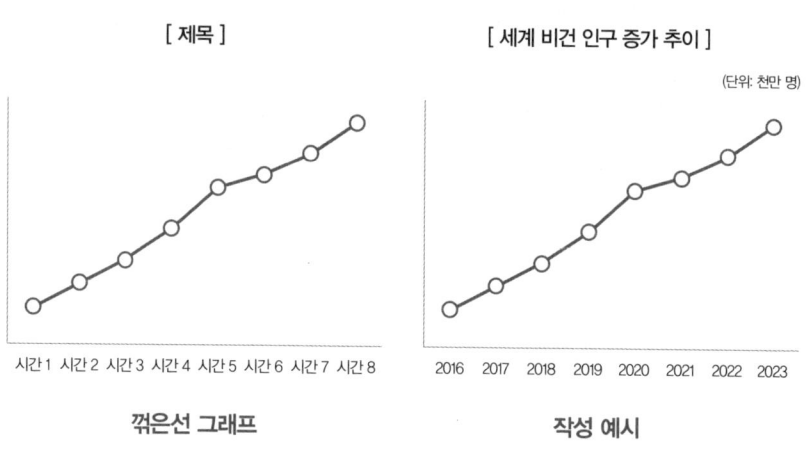

지난 30년간 수출량 변화, 2년간 월별 제품 판매 추이, 월별 매출 추이와

같은 데이터를 보여줄 때 많이 사용됩니다. 이때 항목의 값을 표현하는 표식을 좀 더 선명하게 하거나, 주요 항목이나 의미 있는 부분에 라벨링 기술을 적용하는 것도 좋은 방법입니다.

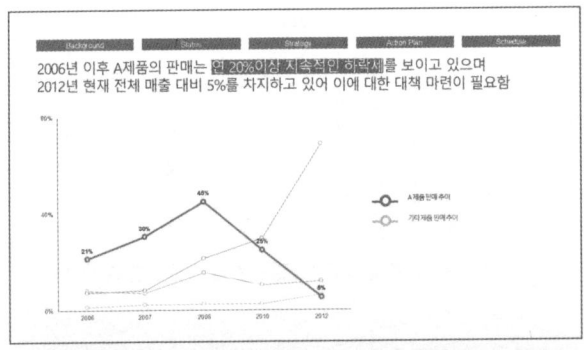

혼합 차트(Mixed Chart)는 두 개 이상의 차트를 결합하여 다양한 데이터의 관계를 시각적으로 표현하는 방법으로, 세로 막대 그래프와 꺾은선 그래프를 혼합해 사용하는 경우가 가장 많습니다. 매출은 막대로 표현하고, 이익률은 선으로 표현해 매출 증가와 이익률 변화를 함께 볼 수 있습니다.

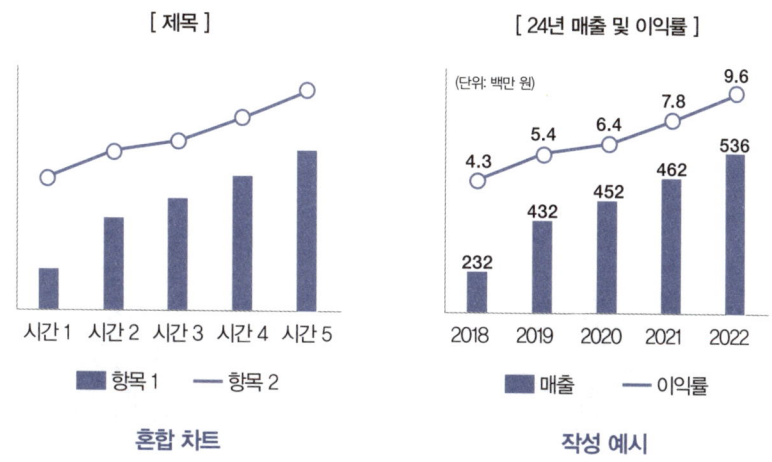

혼합 차트는 매출과 이익률 이외에도 판매량과 비용, 웹사이트 방문자 수와 구매 전환율 등을 보여줄 때 많이 활용합니다.

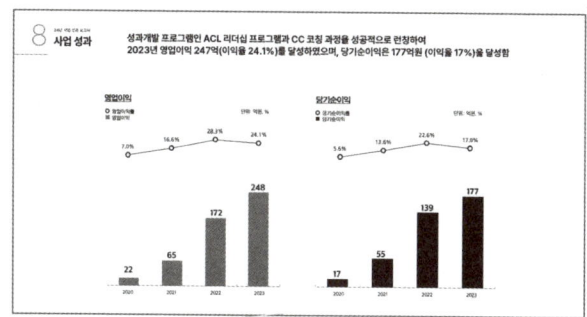

③ 비중을 나타내는 그래프 활용 기술

비중을 보여줄 때 활용하는 차트는 파이 차트, 누적 세로 막대 그래프, 워터폴 차트 세 가지가 있습니다.

CHAPTER 05 보고서의 시각화 **279**

파이 차트는 비중을 표현할 때 가장 많이 쓰는 차트이자, 세로 막대 그래프와 함께 보고서에서 가장 많이 등장하는 차트입니다. 파이 모양을 닮은 차트로, 전체를 100%로 하여 항목의 비중을 표현합니다.

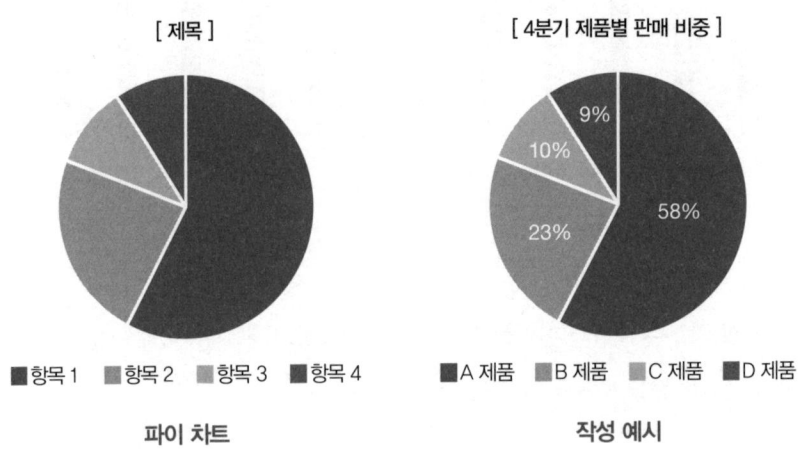

파이 차트 사용의 기본은 12시를 시작으로, 비중이 큰 항목부터 시계 방향으로 배치하는 것입니다. 하지만 필요에 따라 여러 가지로 변형해서 사용하는 것도 가능합니다.

[파이 차트 사용의 기본]

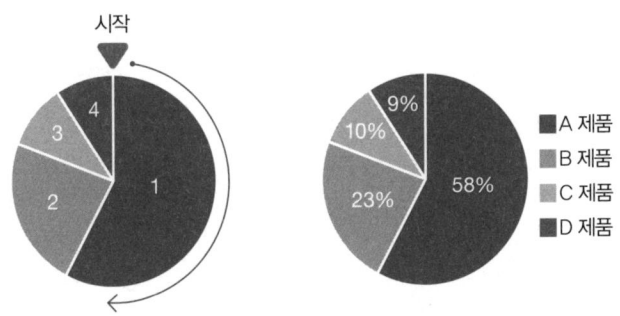

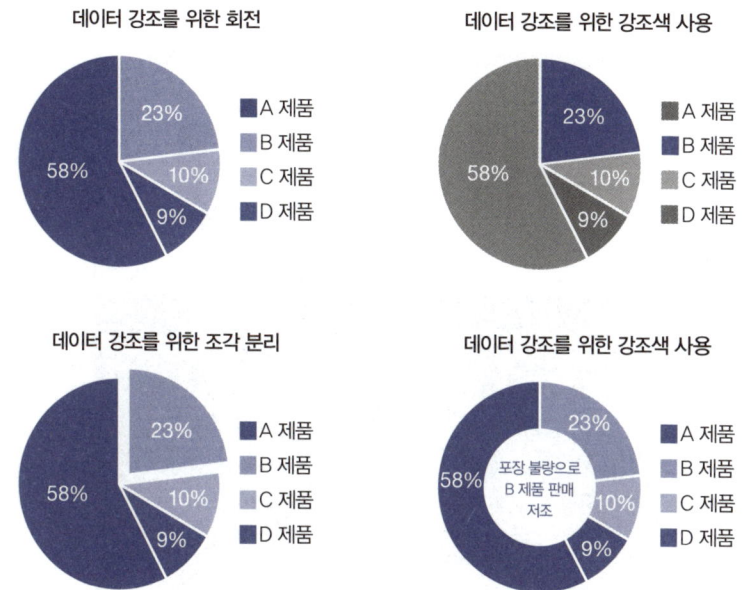

만약 차트를 통해 강조하고 싶은 데이터가 'B 제품의 23%'라면 차트를 회전해 B 제품을 12시에 배치하면 됩니다. 사람의 시선이 가장 먼저 닿는 곳에 가장 중요한 정보를 배치하여 중요성을 강조하는 것입니다.

이외에도 강조색 표현이나, 조각을 분리해서 특정 데이터를 강조할 수도 있습니다. 파이 차트의 중앙 부분을 뻥 뚫어서 도넛 차트로 만들고, 의미 있는 메시지를 쓰는 것도 가능합니다.

파이 차트는 인구 비중, 매출 비중, 만족도(매우 만족, 보통, 불만족 등), 응답률 등을 보여줄 때 주로 활용합니다.

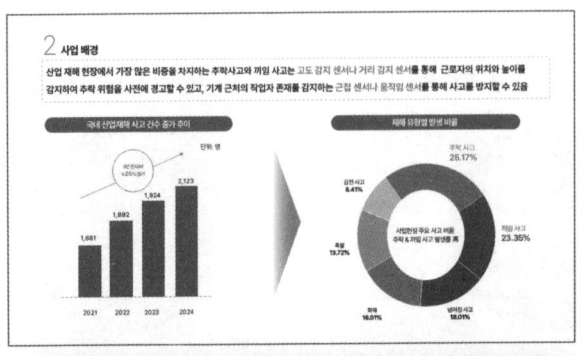

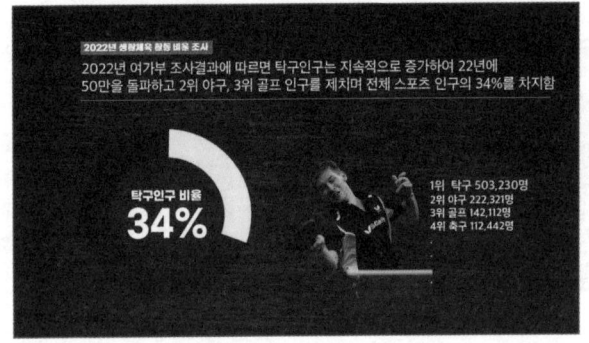

여러 항목의 비중과 시간에 따른 추이를 함께 보여주고 싶을 때는 **누적 세로 막대 그래프**를 사용합니다. 이 그래프는 여러 항목의 값을 하나의 세로 막대에 누적하여, 항목별 비중과 시간에 따른 변화를 동시에 표현할 수 있습니다.

누적 세로 막대 그래프는 시간의 흐름에 따른 여러 가지 제품의 판매량 변화, 실적 보고, 매출 현황 등 보여줄 때 많이 쓰는 차트입니다.

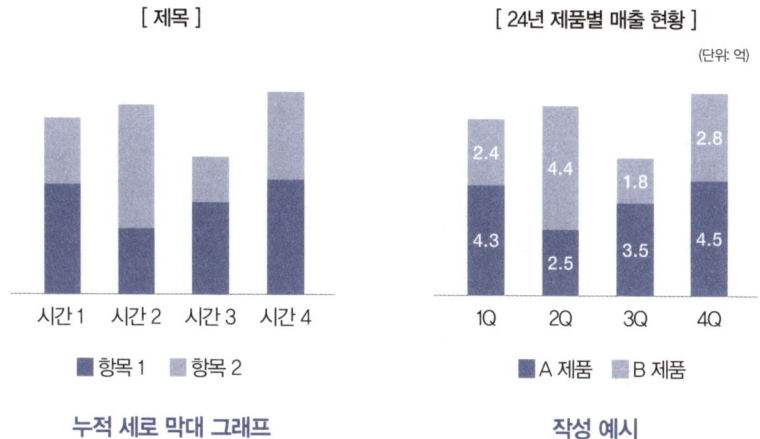

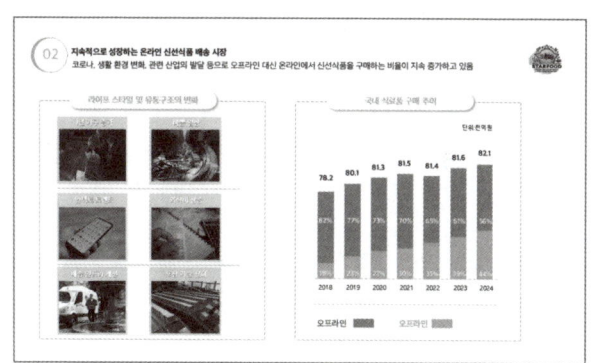

　물론 여러 항목의 변화 추이는 앞서 소개한 세로 막대 그래프를 이용해서 표현할 수도 있습니다. 하지만 막대 개수가 지나치게 많아지면 복잡해 보일 수 있습니다. 다음 예시를 통해, 세로 막대 그래프와 누적 세로 막대 그래프로 표현했을 때의 차이를 확인해보시기 바랍니다.

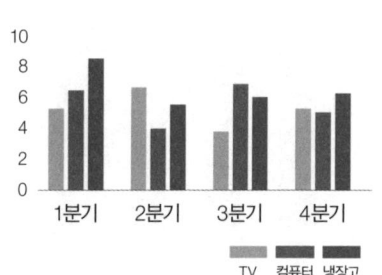
세로 막대 그래프로 표현한 경우

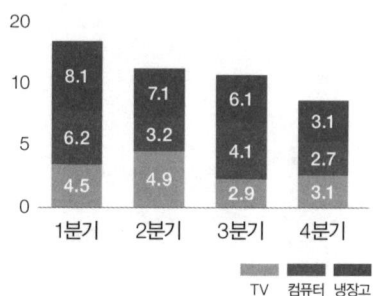
누적 세로 막대 그래프로 표현한 경우

앞서 비염 환자 증가세도 세로 막대 그래프가 아닌 누적 세로 막대 그래프로 표현하면 아래와 같이 좀 더 간결한 느낌을 줄 수 있습니다.

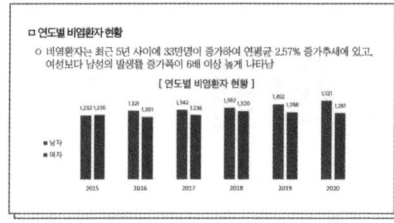
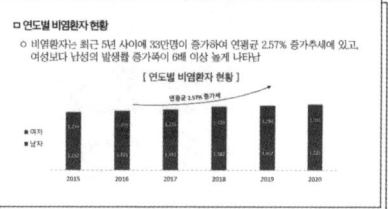

마지막 **워터폴 차트**(Waterfall Chart)는 수익, 비용, 인원수 등 다양한 항목의 변화가 누적되면서 최종 결과가 어떻게 도출되는지를 시각적으로 보여주는 차트입니다. 각 단계에서의 증가나 감소를 구체적으로 확인할 수 있는 차트로 '폭포 차트'라고도 불립니다.

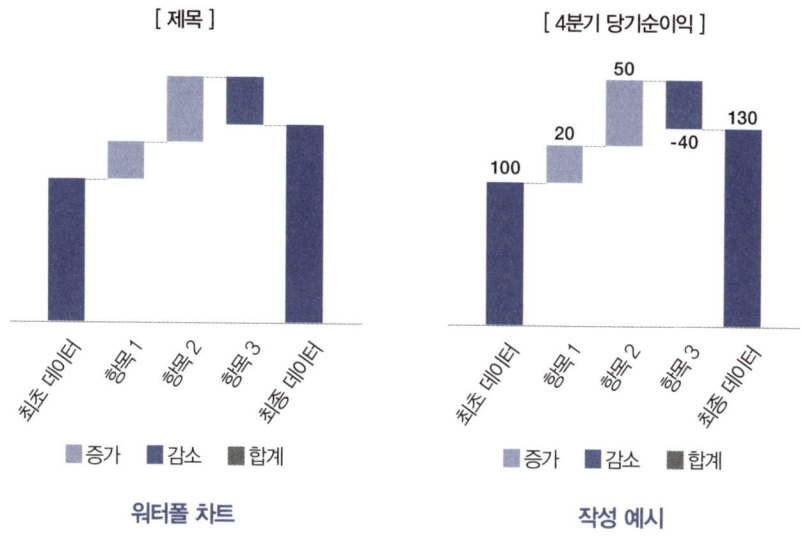

워터폴 차트는 각 항목이 전체 변화에 얼마나 기여했는지를 시각적으로 보여줘서 변동의 원인을 쉽게 파악할 수 있습니다. 시작 값과 최종 값 사이의 변화를 단계별로 분해해 변화의 흐름을 명확히 전달하는 데 효과적입니다.

재무 분석에서는 수익과 비용의 변화 과정을, 프로젝트 관리에서는 단계별 비용 변화를, 경영 성과 평가에서는 부서별 성과 기여도를 한눈에 파악할 수 있습니다.

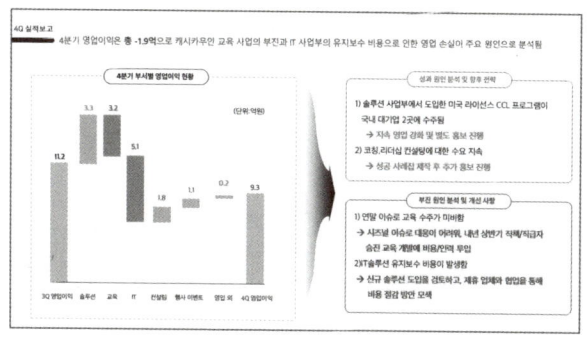

앞서 평양냉면도 적절한 스테인리스 그릇에 담아야 제 맛이라는 설명으로 적절한 차트 유형을 선택하는 것의 중요성을 강조했습니다. 하지만 평양냉면이 맛있다면 사실 어떤 그릇에 담아도 맛있게 먹을 수 있습니다. 마찬가지로 데이터 자체가 가치 있고 신뢰할 만한 정보라면, 차트 유형을 결정하는 것은 크게 중요하지 않을 수 있습니다.

한마디로 차트 사용에 정답이 없다는 뜻입니다. 다만 선택한 차트 유형에 따라 같은 데이터라도 전달하는 메시지가 달라질 수도 있습니다. 보고서를 작성한다면 앞서 소개한 차트 유형을 이해하고 수요자를 배려해 적절히 활용하려는 노력을 기울여야 합니다.

LESSON 05

차트 사용 고급 기술

앞서 데이터 유형에 따른 차트 사용법을 정리했습니다. 이번 LESSON에서는 차트를 더욱 효과적으로 활용할 수 있는 고급 기술 두 가지에 대해 알아보겠습니다. 일명 '뺄 것은 빼고, 더할 것은 더한다'는 원칙으로, 차트의 의미를 좀 더 데이터를 명확하게 전달할 수 있습니다.

① 뺄 것은 뺀다

먼저 차트를 간결하게 하고 가독성을 높이기 위해서 불필요한 요소를 제거하는 것이 좋습니다. 대표적으로 다음 세 가지는 차트에서 제거하는 것이 좋습니다.

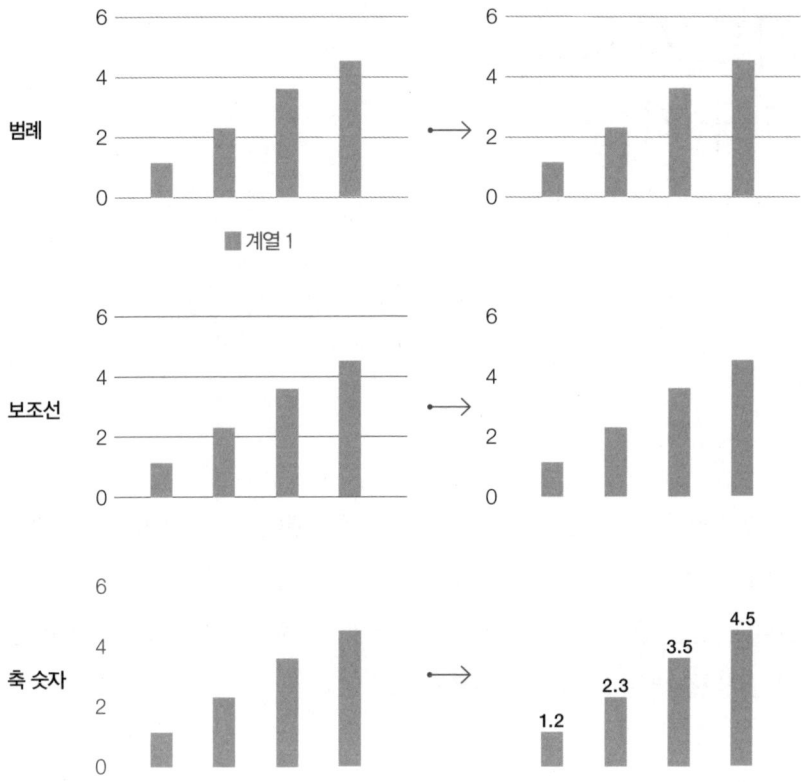

[필요에 따라 없애면 좋을 차트 요소]

첫째, 범례를 제거합니다. 차트 제목에 항목의 내용이 이미 포함되어 있거나, 항목의 개수가 적어서 별도의 범례가 필요하지 않은 경우라면 범례는 제거하는 것이 좋습니다.

둘째, 보조선도 제거하는 것이 좋습니다. 선도 하나의 도형이기 때문에 복잡성을 가중하는 요소가 됩니다.

셋째, 축에 기재되어 있는 숫자들을 제거합니다. 대신 좀 더 직관적으로 데이터를 파악할 수 있도록 그래프 위에 데이터 레이블(값)을 표기합니다.

불필요한 요소 세 가지가 포함된 왼쪽의 차트와 세 가지를 제거한 오른쪽의 차트를 비교해보면 오른쪽의 차트가 좀 더 직관적이고 쉽게 느껴지는 것을 확인할 수 있습니다.

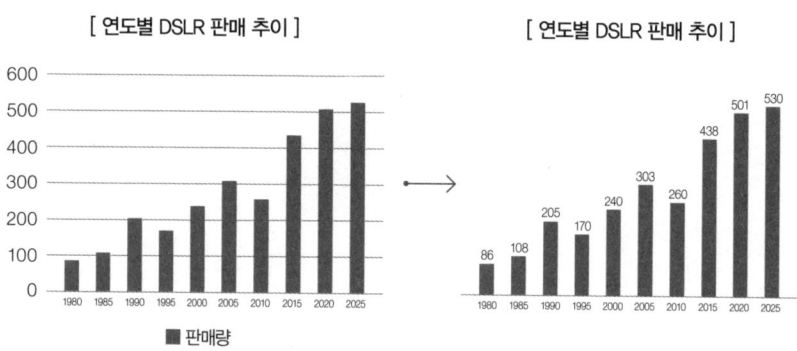

차트가 굳이 복잡할 필요는 없습니다. 차트는 결국 내가 전달하고 싶은 메시지를 뒷받침하기 위한 보조 자료에 지나지 않기 때문입니다. 차트가 주연 역할을 자처해서는 안 됩니다. 뺄 것은 빼고, 최대한 간결하게 작성하는 것이 좋습니다.

② 더할 것은 더한다

다음은 차트의 의미를 보다 명확하게 하기 위해서 더할 것은 더하는 기술 네 가지를 소개하겠습니다.

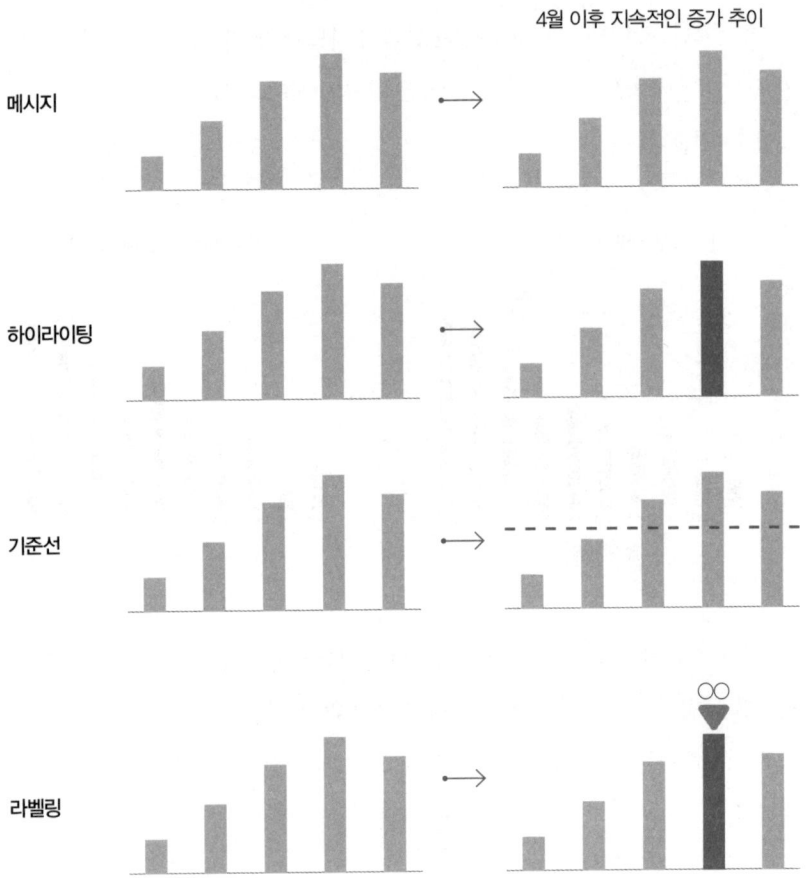

다음 보고서를 확인해보겠습니다. 기본을 잘 갖춘 차트이지만 더할 것은 더하는 기술로 좀 더 효과적인 차트로 만들 수 있습니다.

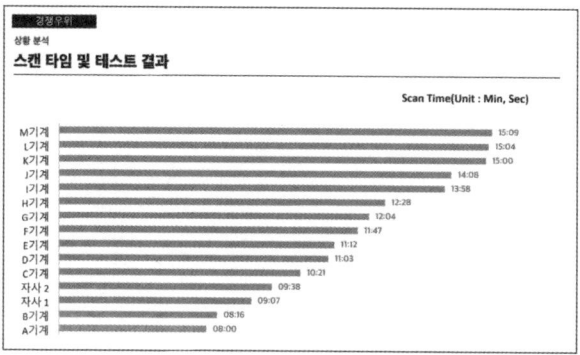

첫째, 메시지를 추가합니다. 차트에서는 데이터 자체가 중요한 게 아니라 데이터의 의미가 중요합니다. 데이터를 해석해서 말하고자 하는 메시지를 차트 상단에 기재해야 합니다. 이렇게 하면 상대방은 상단의 메시지를 먼저 읽고 차트를 보기 때문에 전체 내용을 파악하는 데 효과적입니다.

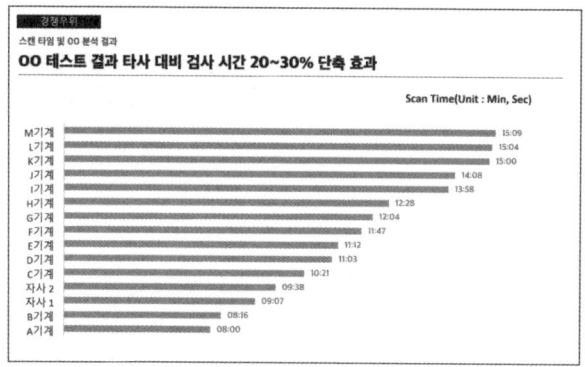

둘째, 하이라이팅을 적용합니다. 모든 게 다 중요하다는 것은 아무것도 중요하지 않다는 뜻입니다. 전체 데이터 중에 색을 통한 강조 표현으로 주요 데이터의 의미를 좀 더 쉽고 빠르게 전달할 수 있습니다.

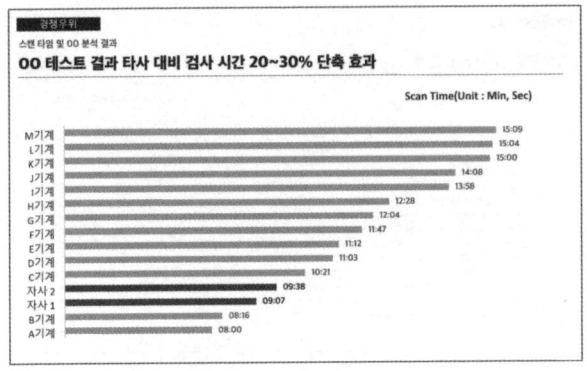

셋째, 기준선을 표시합니다. 비교는 내가 말하고자 하는 바를 명확하게 전달할 수 있는 가장 확실한 방법입니다. 평균, 경쟁사, 전년도 등의 데이터와 비교하는 기준선을 추가하면 데이터의 의미가 보다 선명해집니다.

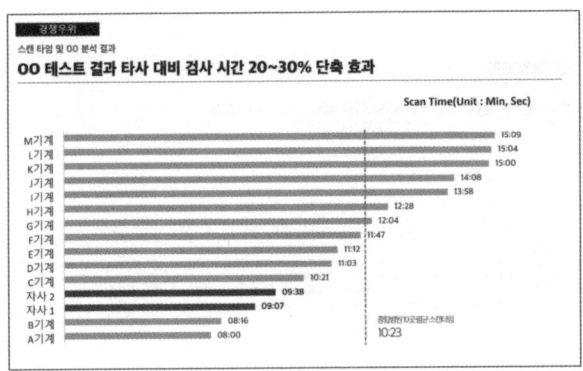

넷째, 라벨을 추가합니다. 밋밋하게 스테이크만 내는 것보다 그 위에 얹어진 파슬리 하나로 풍미가 달라집니다. 마찬가지로 데이터에 살포시 의미 있는 수치나 메시지를 같이 표기해주는 라벨링 기술로 차트를 좀 더 의미 있게 만들 수 있습니다.

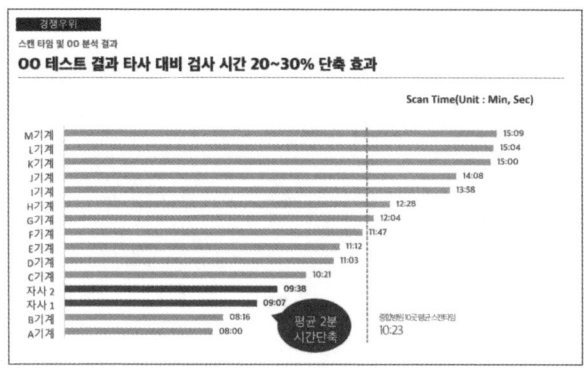

　물론 네 가지 기술을 모두 차트에 적용해야 한다는 것은 아닙니다. 한두 개만 적용해도 되고, 하나도 적용하지 않아도 됩니다. 필요에 맞게, 상황에 따라 스스로 가감해서 효과적으로 사용하면 됩니다.

EPILOGUE

정답이 없는 세계, 보고서

'보고서에 정답은 없다'라는 말에 많은 분들이 공감할 것입니다. 사람에 따라 간결하게 쓰는 것을 선호하기도 하고 구체적으로 작성하는 것을 좋아하는 사람도 있습니다.

텍스트 중심의 워드 보고서가 통하는 순간이 있는 반면 시각적인 표현력이 가미된 PPT 보고서가 선택받는 경우도 있습니다. 한때는 원페이지 보고서가 유행했지만 지금은 오히려 너무 짧아서 깊이 있는 분석을 담기에 어렵다는 의견도 많습니다. 그래서 아마존 같은 세계적인 기업에서는 '식스 페이저(6 Pager)'를 보고서 작성의 표준으로 제시하기도 했습니다. 사람에 따라 상황에 따라 시기에 따라 정답이 바뀌는 곳이 보고서의 세계입니다.

정답이 없는 보고서의 세계, 그 중심에서 강단에 서고 강의를 하는 입장에서는 여간 곤혹스러운 일이 아닐 수 없습니다. 하루에도 수십 번씩 보고서에도 수학 공식처럼 정답이 있었으면 좋겠다는 생각을 합니다. 강의를 준비할 때마다 고민이 깊어지고 걱정이 앞섭니다.

"이게 맞나?"

'내가 잘 가르치고 있는 건가?'

'사람들에게 도움이 되는 내용일까?'

때로는 보고서 세계에 정답이 없다는 사실이 위안이 되기도 합니다. 어차피 정답은 없으니 그냥 제가 맞다고 생각한 내용을 편하게 이야기할 수 있습니다.

'그래. 어차피 정답은 없으니, 내가 정리한 내용을 가르치면 되지!'

'어차피 판단은 그들 몫이지. 나는 내가 아는 걸 충실히 전달만 하자!'

이런 마음으로 강단에 섰고, 지난 5년간 1천 회 이상 보고서 강의를 진행했습니다. 보고서 실습과 컨설팅을 통해 검토한 보고서가 1만 건 이상 쌓였습니다. 이렇게 많은 시간을 보고서와 함께 하다 보니 어느 순간 한 가지 깨달음이 이어졌습니다.

'정답은 없지만, 정답에 가까워지는 길은 있다'

보고서를 통해 사람들의 생각을 읽고 교육생들과 이런저런 대화를 나누다 보니 어느 정도 공통적으로 모아지는 의견들이 있었습니다. 전부는 아니지만 대다수가 공감하고 동의하는 포인트들이 있었습니다. 이런 내용을 중심으로 책의 내용을 구성했습니다. 정답은 아니지만 많은 사람이 정답이라고 생각하는 의견을 담았습니다.

그래서 이 책은 저 혼자 쓴 책이 아니라 많은 교육생들과 함께 만든 책이라는 생각이 듭니다. 본의 아니게(?) 보고서의 정답을 찾아가는 험난한 여정에 동참해주신 많은 교육생 여러분께 지면을 빌려 감사의 인사를 전합니다.

이 책이 정답이 없는 보고서의 세계에서 길을 잃거나 지칠 때마다 꺼내보며 방향을 제시하는 나침반 같은 역할을 해주기를 바랍니다. 흔들리지 않는 자신감으로 보고서를 작성하고 상사에게 보고하며 그 과정에서 작은 성공들을 쌓아가는 데 든든한 디딤돌이 되었으면 합니다.

마지막으로 정답이 없는 보고서의 세계에서 독자 여러분 각자가 스스로 정답을 찾고, 자신만의 스타일을 완성하는 데 등대와 같은 역할을 할 수 있길 기대합니다.

지금까지 정답이 없는 세계에서 정답에 가까워지기 위해 고민하고 노력했던 저의 이야기를 들어주셔서 감사합니다. 이제 이 책을 덮고 여러분만의 이야기를 써 내려갈 차례입니다. 그 이야기가 여러분만의 정답이 되어 특별하고 빛나는 순간들로 가득하길 진심으로 응원합니다.